Début d'une série de documents en couleur

ADOLPHE BRISSON

POINTES sèches

(PHYSIONOMIES LITTÉRAIRES)

Paris, 5, rue de Mézières
Armand Colin & Cie, Éditeurs
Libraires de la Société des Gens de Lettres

Armand COLIN & Cie, Éditeurs, 5, rue de Mézières, Paris.

Histoire et Poésie, par M. le Vicomte E. Melchior de Vogüé, de l'Académie française. Un volume in-18 jésus, broché. 3 50

Drame ancien, Drame moderne, par M. Émile Faguet. Un volume in-18 jésus, broché. . 3 50

Notes d'Art et de Littérature, par M. Joseph Capperon, avec une notice biographique de M. Max Leclerc. Un volume in-18 jésus, broché. . . . . . . 4 »

Montaigne et ses amis : La Boétie, Charron, Mlle de Gournay, par M. Paul Bonnefon, bibliothécaire à l'Arsenal. Deux volumes in-18 jésus, brochés. . . . . 7 »

Lamartine, poète lyrique, par M. Ernest Zyromski, maître de conférences à la Faculté des lettres de l'Université de Bordeaux. Un volume in-18 jésus, broché. 3 50

Pages choisies d'André Theuriet (Bonnemain). Un volume in-18 jésus (*Pages choisies des Auteurs contemporains*), broché, 3 50 ; relié toile. . . . . 4 »

Études italiennes, par M. A. Geffroy, membre de l'Institut, ancien directeur de l'École française de Rome, avec une notice de M. Georges Goyau. Un volume in-18 jésus, broché. . . . . 4 »

La Conscience nationale, par M. Henry Bérenger. Un volume in-18 jésus, broché. 3 50

Paris. — Imp. E. Capiomont et Cie, rue de Seine, 57.

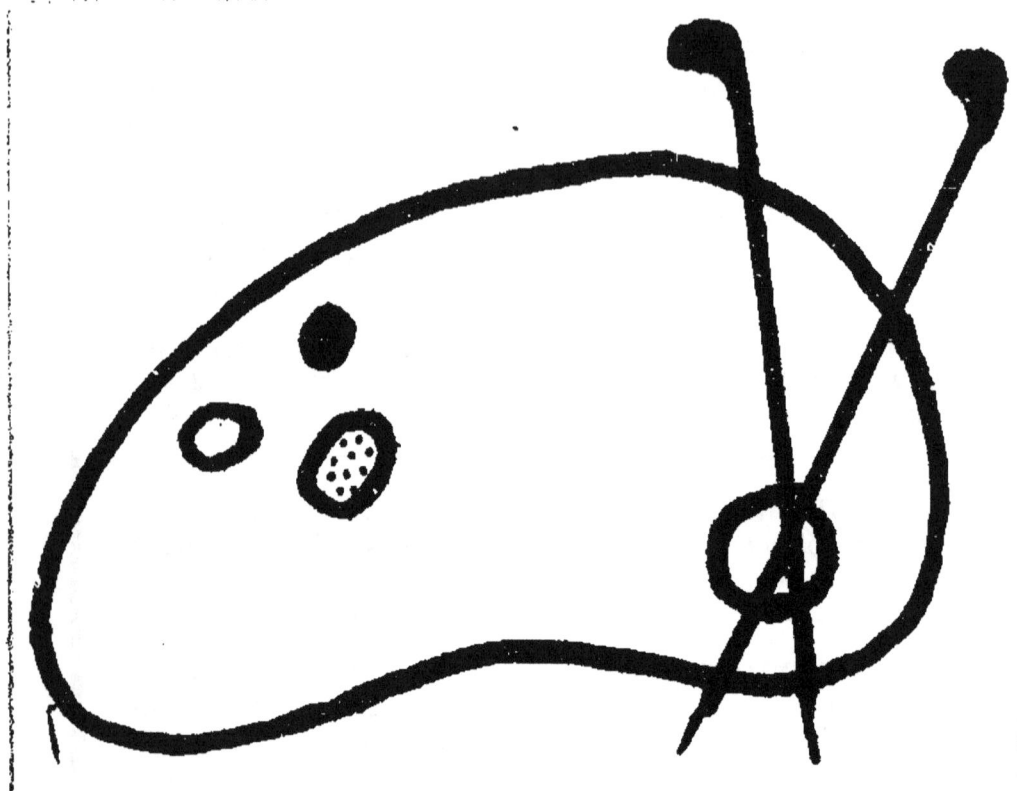

Fin d'une série de documents en couleur

Pointes

sèches

Du même auteur :

La Comédie littéraire. Notes et impressions de littérature. — Poètes et romanciers. — Les fantaisistes. 1 volume in-18 jésus, broché. **3 50**

Portraits intimes, 1re série. Les lettres. — Les arts. — La politique. — Le théâtre. — Quelques fantaisistes. 1 volume in-18 jésus, broché. **3 50**

Portraits intimes, 2e série. Médaillons. — Promenades et visites. 1 volume in-18 jésus, broché. **3 50**

Portraits intimes, 3e série. Promenades et visites. 1 volume in-18 jésus, broché. **3 50**

Droits de traduction et de reproduction réservés pour tous les pays, y compris la Hollande, la Suède et la Norvège.

ADOLPHE BRISSON

Pointes sèches

(PHYSIONOMIES LITTÉRAIRES)

PARIS
ARMAND COLIN ET Cie, ÉDITEURS
Libraires de la Société des Gens de lettres
5, RUE DE MÉZIÈRES, 5
1898
Tous droits réservés.

LES PROSATEURS

M. ÉMILE BERGERAT

Il faudrait être un autre Bergerat pour parler congrûment de M. Émile Bergerat. Il est vrai d'ajouter qu'il n'a besoin de personne pour cet office, et qu'il y suffit parfaitement. Si l'on réunissait les chroniques, préfaces, manifestes, fantaisies en vers et en prose, qu'il a consacrés à son apologie, à ses haines, à ses malheurs, on aurait la matière de vingt volumes. On y trouverait des pages qui se répètent. M. Bergerat a publié cinquante fois sa catilinaire bien connue contre la Comédie-Française, et renouvelé cent fois pour le moins l'accusation de *tripatouillage* qu'il lança contre un directeur de l'Odéon. Mais on lui pardonne ses redites, en considération de sa belle humeur. Car M. Émile Bergerat a la colère extrêmement comique. Il n'est jamais si gai que quand il se fâche. C'est ce qui fait souhaiter à ses admirateurs qu'il continue d'avoir quelques mécomptes, et particulièrement au théâtre. Jusqu'ici, leur vœu s'est réalisé. M. Bergerat n'a pu décrocher la timbale du succès, j'entends du succès pécuniaire, qui se chiffre par de nombreuses représentations. Il n'a connu que les « insuccès d'estime ». On s'est récrié sur son talent; les artistes — ses pairs — l'ont congratulé; il s'est congratulé lui-même. Mais la foule n'est pas venue. Et M. Bergerat continue de voir fuir devant lui, indéfiniment, son espérance suprême, qui est de palper les recettes du *Tour du Monde en quatre-vingts jours.*

En vérité, il a de quoi se consoler, et sa carrière a été brillante. Enfant prodige, il échoue à son baccalauréat, mais il broche une pièce en un acte qu'il envoie chez Molière, et qui est reçue sans coup férir. Par une étrange ironie, cet homme, qui poursuivit toute sa vie la chimère du théâtre, y débuta à dix-sept ans, et y fut plus précoce qu'Augier, Dumas fils et Pailleron... Puis, il se tourne vers le journalisme : il publie au *Figaro*, en 1864, des articles qu'il signe du pseudonyme de Jean Rouge; il collabore au *Gaulois*, au *Paris-Journal*, au *Bien Public*, au *Voltaire*. Il traite tous les sujets, il aborde tous les genres : le conte, le roman, la critique d'art, la satire, l'étude de mœurs; il y déploie une vivacité, une verve funambulesque, et surtout une virtuosité de langage qui lui assignent une place au premier rang des humoristes. C'est un Sterne, avec moins de flegme, un Rabelais, avec moins de philosophie et de bon sens. Du bon sens, M. Bergerat, dès cette époque, ne se pique guère d'en avoir. Il le méprise... Il est le paradoxe fait homme; il se plaît aux raisonnements facétieux qui se tiennent en équilibre sur une pointe, comme les chapeaux de clowns.

Son irrévérence s'attaque à tout ce qui inspire aux hommes du respect et de la considération, à tout ce qui est assis et posé. S'il s'occupait de politique, il fronderait les corps de l'État, la magistrature, le clergé, les fonctionnaires et les ministres. Dans le domaine des lettres, il attaque les écrivains bien rentés, ceux qui séduisent les bourgeois et les gens du monde et qui possèdent un fauteuil sous la Coupole. L'Académie est sa bête noire. Tantôt il la transperce de sa flamberge, avec les gestes du spadassin Lampourde; tantôt, quittant le ton tragique, il accommode les Quarante à la sauce verte, il leur lance des nasardes et gambade autour d'eux, comme Arlequin, en leur allongeant des coups de batte, en les saluant d'un pied de nez. Si quelque confrère malavisé eût prédit, vers 1872, à M. Émile Bergerat qu'il aspirerait un jour à la succession de quelque immortel, un éclat de rire homérique eût accueilli cette prophétie. Et de même, il y a vingt ans, Caliban ou Bergerat (c'est tout un) eût repoussé avec horreur le ruban rouge, si on le lui avait offert. Sa mémorable philippique contre la Légion d'honneur restera comme un de ses morceaux les plus brillants. C'est un modèle du genre. L'ironie s'y allie à l'invective. Et il est très bien composé. M. Bergerat s'est souvenu, pour une fois, qu'il avait fait sa rhétorique. Je vous assure que ces deux cents lignes valent qu'on les soumette à l'analyse. On y découvre l'essence même du genre de M. Émile Bergerat.

Et, d'abord, pour ne pas désorienter ses lecteurs, il se lance en pleine fantaisie. Il déclare que Napoléon Ier est un faux grand homme; que les historiens ont exagéré son prestige; qu'il ne fut ni grand capitaine, ni grand diplomate, ni grand empereur; qu'il sut simplement profiter des circonstances, et se servir d'une élite de guerriers incomparables et d'un état-major de généraux qui se dévouèrent à son ambition. Donc, Napoléon est surfait; c'est un point établi pour M. Bergerat. Il n'eut, durant sa carrière, qu'une minute de génie : celle où il fonda son ordre, où il inventa ce prodigieux moyen de gouvernement que l'on nomme la Légion d'honneur : « Avoir observé cela que plus on avance en Égalité, plus on éprouve le besoin d'en sortir, et avoir opposé à la grande utopie de la Révolution française cette « noblesse de poche » qu'on appelle la Légion d'honneur, grâce à laquelle nous sommes tous égaux sans l'être, quelle trouvaille !... » Et il était temps de s'en aviser, car la nation devenait impatiente, elle menaçait de s'insurger. Ce bout de moire, miroitant au soleil devant ses yeux, l'apaisa, la rendit joyeuse : « La mare aux grenouilles coassait affreusement et elle refusait tous les soliveaux. Il prit un bout de ruban rouge et il l'attacha à sa ligne. Toutes les rainettes entrèrent en danse. Elles avaient un dieu, une patrie, des lois, une justice, une société et des mœurs. Le ruban rouge leur représentait tout cela. Leur vie, à présent, avait un but. » Napoléon disparut. Son œuvre ne mourut pas. Elle est plus que jamais vivace. Les croix continuent de pleuvoir. Sur quelles poitrines tombent-elles? Ici, M. Bergerat devient lyrique; il fouaille à revers de bras; il se hausse au ton de Juvénal. Écoutez-le : « Un bon chef d'État s'inquiétera moins de savoir pourquoi un citoyen est décoré que d'apprendre pourquoi un autre ne l'est pas encore. » Et quelles conditions met-il à cette faveur? Caliban les énumère. Il passe sous silence le mérite; il n'admet pas que ce motif puisse entrer en ligne. L'âge, à la bonne heure! « On est décoré pour cause de maturité. La France vous félicite d'avoir passé la quarantaine. On dirait qu'elle vous en indemnise... » D'autres titres ont leur importance, que le pamphlétaire dénombre complaisamment. Un rond de cuir est décoré pour sa patience. Il a souffert. Un Français ne doit pas souffrir. « Ah! les belles mœurs! L'un des titres irrésistibles à la décoration, c'est de l'avoir demandée plusieurs fois sans l'obtenir. » Et M. Bergerat conclut par cette phrase charmante, où sa pensée se résume : « Demander la Légion d'honneur au gouvernement, c'est une politesse à lui faire... »

Je sais bien que ces plaisanteries ne sont pas neuves, et que M. Bergerat n'est pas le premier qui les ait couchées sur le papier. Il en a renouvelé la saveur en la rendant plus violente, en l'exaspérant. Nous saisissons en ce chapitre, comme en vingt autres que nous aurions pu choisir, le secret de sa manière. C'est l'*outrance* dans le fond et dans la forme, une plaisante déviation de la vérité. Les hommes et les choses qu'il raille apparaissent en son style, comme en une boule de jardin, grimaçant en long ou en large, selon son caprice. Il est doué, à un degré éminent, du don caricatural. Mais ce n'est pas un caricaturiste indolent, ni indifférent. Il est passionné. Il ne rit que du bout des lèvres, il ricane; il montre les dents. M. Bergerat n'est tout à fait excellent que lorsqu'il s'échauffe; et comme il s'échauffe de préférence sur les questions qui mettent en jeu son intérêt personnel, il en résulte que les meilleures pages qu'il ait produites sont celles où il parle de lui-même.

Cet intransigeant, ce révolté s'est adouci. On raconte que, rendant visite un jour à M. Lockroy, ministre de l'instruction publique et des beaux-arts, il le pria d'interposer son autorité pour faire jouer, soit à la Comédie-Française, soit à l'Odéon, le *Capitaine Fracasse*. Le ministre se déroba à ces sollicitations; mais, voulant offrir à l'écrivain, qu'il aimait beaucoup, une compensation, il se déclara prêt à lui accorder n'importe quelle marque d'estime, de celles qui dépendaient de lui, exclusivement. M. Bergerat s'écria brusquement : « Décorez-moi! » Et le décret parut le lendemain à l'*Officiel*. Authentique ou non, l'historiette est jolie; elle nous ouvre un coin de l'âme du chroniqueur. Au moment où M. Bergerat sollicitait ce « hochet », il n'oubliait pas les facéties qu'il lui avait prodiguées. Quand, un peu plus tard, il se soumettait à la corvée des visites académiques, il se souvenait des brocards impitoyables dont il accablait les candidats. Il savait à quel danger l'exposait ce revirement, et qu'un jeune Bergerat, frais éclos dans la presse, pouvait se servir de ses propres verges pour le fouailler. Que voulez-vous? M. Bergera se sentait las, las de ses pirouettes et de ses lazzis, las de ce métier de danseur de corde qui saute pour amuser la galerie, las de l'article à faire, las de cette pierre du journalisme qu'il était obligé, depuis tant d'années, de rouler chaque matin. S'il s'obstinait à chercher au théâtre le succès qui le fuyait, je veux bien admettre qu'il y fût poussé par un sincère amour de l'art dramatique, mais il espérait aussi, n'en doutez pas, y trouver la fortune matérielle et tous les avantages qui en découlent : le repos d'esprit, l'indépendance, le loisir de ne travailler qu'à ce qui vous plaît et que quand cela vous plaît. Il me dit une fois : « Il arrive un âge où l'on a besoin de gloire ! » Et il me sembla que cette parole était profonde et touchante. Oui! il est un âge où les ardeurs combattantes tombent avec les cheveux, où le marin aspire au port après les orageuses traversées. Les comédiens fatigués s'achètent, avec leurs économies, une maisonnette, et se retirent à Nemours, pour y attendre la mort. Ils y vivent, d'ailleurs, généralement jusqu'à un âge avancé. N'est-il pas naturel que M. Émile Bergerat, illustre comédien qui redoute la vieillesse, cherche à bâtir sa petite maison de Nemours?

M. GEORGES OHNET

Le cas de M. Georges Ohnet est un des plus singuliers qui soient. C'est un exemple des ravages que peut causer la critique quand elle s'exerce avec unanimité dans un même sens. On peut dire que M. Ohnet a eu contre lui, pendant quinze ans, tous les écrivains qui ont mission de juger les productions de l'esprit. Et s'il n'y avait eu que ceux-là ! Les chroniqueurs, les échotiers, les reporters, les tirailleurs du petit journalisme vinrent à la rescousse. Une sorte de consigne s'établit sans que l'on sût précisément de qui elle émanait. Elle n'émanait de personne. Ce courant de dénigrement s'institua de lui-même, comme se forment d'autre part certains courants d'enthousiasme. Il fut convenu, du haut en bas de la presse, que l'auteur du *Maître de Forges* devait être vilipendé. Et une guerre commença, féroce, excessive. Chacun emboîta le pas à M. Jules Lemaître, qui, en composant son cruel article, avait obéi à divers mobiles, d'où la malignité n'était pas exclue. Il était jeune; il aspirait à être célèbre : il pensa qu'un bel éreintement ne serait pas inutile à sa renommée, et il choisit comme victime M. Georges Ohnet. Cette campagne ne nuisit pas matériellement au romancier — du moins, tout de suite. Ses productions continuèrent de se vendre. *Le Maître de Forges* atteignit sa trois cent vingt-huitième édition, cent cinquante éditions de plus que les meilleurs ouvrages de Daudet et de Bourget. *Serge Panine*, que de bons esprits préfèrent au *Maître de Forges*, arriva à cent soixante-douze éditions. *La Comtesse Sarah, Lise Fleuron, la Grande Marnière*, n'obtinrent pas une moindre faveur. Les derniers volumes ont un peu diminué : *Dette de Haine, Nemrod, l'Ame de Pierre, la Dame en gris*, n'ont atteint que quatre-vingts éditions : symptôme inquiétant et qui semblerait indiquer que le public se refroidit. Mais, d'autre part, on assure que M. Ohnet, en baisse chez nous, est en pleine vogue dans l'Amérique du Sud. La gloire de ce littérateur est comme le soleil : lorsqu'elle se couche sur un point de la terre, elle se lève aux antipodes. Peut-être reviendra-t-elle luire à Paris, quand elle aura accompli le tour du monde!...

Quelles sont les causes de l'extrême sévérité dont on a accablé M. Ohnet? Il l'attribue, je suppose, à de bas sentiments, à la jalousie qu'aurait excitée l'étonnante diffusion de ses écrits. Et cependant, nous voyons d'autres romanciers populaires que les journaux couvrent d'or et que la critique ne tourmente point. A-t-elle eu jamais l'idée de s'acharner sur les feuilletons de l'excellent Richebourg ou de M. Xavier de Montépin? Elle considère que ces ouvrages, uniquement affectés à l'amusement du public, sont à côté de son domaine, et qu'ils sont dénués de prétention, et qu'ils échappent, par cela même, à ses rigueurs. Richebourg et M. Xavier de Montépin comptent des lecteurs et des lectrices dans la meilleure société; on dévore avec empressement, quelquefois avec passion, leurs récits : on n'y attache pas d'autre importance; on sait qu'ils ne comptent pas au point de vue de l'art pur. M. Georges Ohnet se présentait avec un appareil moins modeste. La bourgeoisie française adopta *le Maître de Forges* et ne fut pas loin de considérer ce livre comme un chef-d'œuvre. Il répondait à ses besoins d'idéalisme et de sensibilité ; il s'élevait, comme une protestation contre le naturalisme triomphant. Beaucoup d'honnêtes gens exaltèrent *le Maître de Forges* pour rabaisser *Nana* et *Pot-Bouille* dont la grossièreté les révoltait. M. Georges Ohnet leur apparaissait comme le restaurateur du goût et le sauveur des bonnes mœurs. Il était donc assez naturel que la critique s'occupât de ses ouvrages; le soin qu'elle mit à les examiner prouvait l'importance qu'elle y attachait. Or, elle crut découvrir que le mérite de ces œuvres n'était pas en parfait accord avec leur fortune. De là, sa mauvaise humeur, un désir de réaction qui lui était inspiré par l'amour de la justice, mais qu'elle poussa sans doute trop loin et qui l'entraîna à verser dans l'excès opposé. Elle se proposait de remettre M. Ohnet à son rang; elle eut l'air de le persécuter. L'opinion fut d'abord avec M. Ohnet contre ses ennemis; puis elle se laissa ébranler. Il vint un moment où les femmes du monde n'osèrent plus acheter ouvertement les romans de M. Ohnet; elles s'en excusaient, si elles étaient surprises chez le marchand, et croyaient devoir expliquer la singularité de leur goût : « Cela vous étonne que je lise encore Ohnet? Que voulez-vous! Il m'amuse! »

Cette réaction inévitable contre l'engouement des premiers jours n'a pas lieu de nous confondre. Depuis une dizaine d'années, les circonstances ont changé. Le naturalisme est mort; la rénovation idéaliste entreprise par M. Ludovic Halévy (avec *l'Abbé Constantin*) et par M. G. Ohnet (avec *le Maître de Forges*), a suscité une nouvelle génération de romanciers, dont quelques-uns, MM. Marcel Prévost, Paul et Victor Margueritte, Édouard Rod, sont doués d'un talent remarquable. On s'est attaché à ces jeunes maîtres, on s'est détourné des précurseurs. Un écrivain qui s'impose avec éclat, à moins d'être un grand génie, doit presque toujours une part de sa réussite à un heureux concours d'événements. Il est arrivé à une heure favorable, il a trouvé un filon inexploré; il a répondu à de certaines aspirations plus ou moins conscientes de la foule. Ces conditions disparues, le dieu tombe de son piédestal, et, s'il ne possède pas une très forte personnalité, un tempérament de premier ordre, il se brise en mille miettes. Je crains que M. Ohnet ne demeure enseveli sous les quatre cents éditions du *Maître de Forges*... Ayons le courage de le constater : les livres qu'il a publiés à la suite de ce roman fameux ne le valent pas. Ni *la Comtesse Sarah*, ni *Lise Fleuron*, ni *les Dames de Croix-Mort*, ni *Volonté*, ne sauraient lui être comparés. *Le Maître de Forges* présentait un réel mérite; c'était, dans son genre, un modèle. L'action en était très habilement conduite, rapide, pathétique; les personnages avaient du relief, de la couleur; ils avaient l'apparence de la vie, et l'on s'intéressait à leurs gestes. L'auteur avait accompli un effort louable dans la voie de l'analyse. Il ne sut pas ou ne voulut pas y persévérer. Il roula dans la puérilité des fictions romanesques; il n'y ajouta point ce goût de vérité, ce sens philosophique par où se peuvent relever les plus frivoles compositions. Cela n'était pas précisément ennuyeux, — mais inutile et, par suite, indifférent.

Si le don de l'invention s'est un peu affaibli chez M. Georges Ohnet, la forme qu'il imprime à ses ouvrages ne s'est pas modifiée. Elle a gardé les imperfections qu'on lui a tant reprochées. La langue de M. Ohnet est médiocre et moyenne, grossoyée et dépourvue de délicatesse; elle est de pâte commune, ce qui ne veut pas dire qu'elle soit dénuée de prétention. Il s'en exhale une impression de vulgarité qui est due, je pense, à deux causes : 1° M. Ohnet fait un abus considérable des locutions éculées par l'usage, de ce qu'on nomme familièrement, les *clichés*; 2° il est attiré par une inconcevable prédilection vers le mot banal et inexpressif. Ayant à rendre l'aspect d'un objet, Alphonse Daudet et Théophile Gautier choisiront l'épithète la plus colorée. M. Ohnet prendra — d'instinct — l'épithète la plus vague. Supposons qu'il ait le dessein de rendre l'atmosphère d'une réunion mondaine, d'un « bal aristocratique », et écoutons-le : « La fête du comte Worézeff avait tenu ses promesses. Dans le hall de l'hôtel des Champs-Elysées *féeriquement* éclairé, une foule *animée* et *joyeuse* circulait dans une atmosphère *enivrante*, faite du *parfum des fleurs* et de la *capiteuse odeur des femmes*... Des couples dansaient au son d'une musique *entraînante*, qu'un orchestre laissait tomber en *ondes sonores*... Des *éclats de rire perlés* résonnaient, *fanfare joyeuse* de cette *nuit de plaisir*... Tout était ouvert dans l'hôtel, *merveille d'installation artistique*... » etc... Quand vous avez lu cette description, fermez les yeux et dites, en toute sincérité, si vous voyez ce que l'auteur a voulu peindre! Les images qu'il accumule flottent dans le souvenir; aucune d'elles n'est assez aiguë, ni assez nette pour s'y fixer... L'hôtel du comte Worézeff est identique à tous les hôtels qui sont *féeriquement* éclairés, où l'on respire une atmosphère *enivrante*, où l'on écoute une musique *entraînante*, où l'on passe des *nuits de plaisir*, égayées par des *éclats de rire perlés*... Cette *merveille d'installation artistique* est d'une déplorable imprécision. Il me serait aisé de multiplier les exemples du même ordre. Je relève ailleurs cette courte phrase : « Mme Descharmais avait un *bel* appartement, un *superbe* mobilier. » Jamais un homme ayant le noble souci du style n'adopterait cette façon de parler. Il y a des milliers de manières d'être *beau* et d'être *superbe*. L'appartement de Mme Descharmais est-il beau selon le mode des chambres de l'Hôtel Continental ou des boudoirs de Trianon? Deux termes judicieusement choisis nous donneraient ces nuances sans que la phrase en fût alourdie...

A d'autres moments, M. Ohnet éprouve le besoin d'être fringant. Et, là encore, il déconcerte : « Sa bouche rose avait le *contour suave* de celles des *madones*. C'était le plus adorable visage qu'un amant pût rêver, avec la pureté séraphique de la bouche, et l'*audace infernale du nez*, qui *défiait l'univers*... Déjà on avait fait cercle autour d'elle tandis qu'elle ripostait à une des plus *fines lames du monde littéraire*. Elle raillait avec une aisance charmante. Rien de violent, ni de brutal; un badinage élégant, dans lequel les répliques à l'emporte-pièce éclataient comme des *pétards* un soir de fête... » J'ai quelque honte à insister sur ces défaillances. J'ai l'air d'y mettre un parti pris de malice qui est loin de ma pensée. M. Georges Ohnet a eu du mérite, et, certainement, il continue d'en avoir. Ç'a été un constructeur très solide, un narrateur agréable et fécond en ressources. Ses œuvres ne sont pas destinées, vraisemblablement, à durer au delà de ce siècle. Qu'importe, si plusieurs générations s'y sont diverties! Combien y a-t-il de romans, parmi ceux que nous prisons, qui aient chance de durer plus de vingt ans?

M. HECTOR MALOT

M. Hector Malot a cessé d'écrire. Il a informé le public de cette intention dans un livre qui n'est pas un roman, mais l'histoire de ses romans. Il a renoncé à ce genre, qui lui valut tant de succès. Et pourquoi a-t-il pris cette résolution, alors que l'âge n'a pas encore glacé sa plume? Se trouve-t-il las, découragé? A-t-il envie de goûter un repos qu'il a certes gagné, ou bien se repose-t-il contre son gré, vaincu par l'indifférence du public? La foule est ingrate et brûle volontiers ses vieilles idoles! Mais non! M. Hector Malot n'a rien à lui reprocher. Il s'est retiré sur une victoire très honorable, et l'on peut croire que l'explication qu'il donne de sa retraite est sincère. Il estime que l'artiste ne peut produire éternellement, que sa faculté créatrice s'affaiblit au delà de l'âge mûr; que ceux qui veulent durer en dépit des lois naturelles s'exposent aux pires désagréments; que leur décadence apparaît à tous les yeux; qu'ils sont les seuls à ne pas la voir : « L'homme-plante se cramponne pour prolonger son rôle. Mes fleurs étaient belles, mes fruits étaient bons, pourquoi ne le seraient-ils pas toujours? Misérables discussions avec son orgueil et son intérêt dont je ne veux pas pour moi! Misérable esclavage qui ne sera pas le mien, car j'entends finir libre comme j'ai vécu, sans faiblesses ni compromissions avec moi-même. » Ainsi parle M. Hector Malot. Ainsi parle la sagesse. Il ajoute, non sans fierté :

« En quoi l'artiste, son œuvre accomplie, fait-il acte méritoire en mourant la plume ou le pinceau à la main, au lieu de s'arrêter dans une production qui n'a plus d'autre but que d'exploiter un nom auquel les années ont donné une valeur commerciale, alors que cette exploitation n'est indispensable ni à sa vie matérielle ni à celle de sa famille? N'y a-t-il pas là une obstination sénile et aussi une âpreté de gain qui ni l'une ni l'autre ne méritent l'éloge? Ce n'est pas la plume à la main que ceux-là meurent, c'est l'argent à la main. » Ce n'est point là une vaine déclamation. Le romancier a conformé ses actes à ses paroles. Quelques semaines avant sa retraite, il reçut du directeur d'un grand journal populaire une alléchante proposition. On lui offrait cinquante mille francs pour un feuilleton de vingt mille lignes. Or, vingt mille lignes sont un jeu d'enfant pour la fécondité de M. Hector Malot. Il eut le courage de résister à la tentation. « J'ai dit que je partais... Je pars! »

M. Malot est parti... Honneur aux grands caractères !

Il est délicat de sonder la conscience et les reins d'autrui, surtout lorsqu'on n'y est pas autorisé. On peut cependant se demander s'il n'entre pas un soupçon de mélancolie et d'amertume dans la philosophie de M. Hector Malot. Considérons sa carrière. Il arrive à vingt ans de sa province normande et, après quelques tâtonnements de courte durée, il s'assied à sa table de travail. Il n'en bouge plus pendant un quart de siècle. Il besogne comme un bénédictin. De cinq heures à onze heures du matin, de deux heures à sept heures du soir, il « met du noir sur du blanc ». Il se refuse tout délassement qui pourrait l'enlever à son labeur. Il vit en ermite dans sa maisonnette de Fontenay; il ne va jamais dîner en ville, et il s'abstient du théâtre, pour éviter les fatigues et les lourdeurs de tête du lendemain. S'il voyage pendant l'été, ce n'est point pour s'amuser, mais pour recueillir des notes et documenter son prochain livre. Il ne savoure pas un seul plaisir *inutile*. Son esprit est constamment tendu vers le « manuscrit à faire », dont la tyrannie est plus absorbante que celle de la « scène à faire ». Je ne crois pas qu'il y ait jamais eu un ouvrier plus patient et plus tenace que M. Malot... *Bos suetus aratro!*... Il met au monde, avec une merveilleuse régularité, dix volumes, vingt volumes, cent volumes. Il porte ses romans comme les pommiers de son pays donnent leurs pommes. Quand vient l'automne, le fruit est toujours mûr et prêt à être cueilli. Cela est admirable. Et ces romans échappent à la banalité courante. Ils sont moraux sans froideur; ils disent quelque chose; ils instruisent le lecteur et le réconfortent. L'auteur s'attaque courageusement aux abus; il peint loyalement les mœurs de son temps. Il s'occupe de l'armée dans *le Lieutenant Bonnet*, du clergé dans *Marié par les prêtres*, des magistrats dans *Complices*, des médecins dans *le Mari de Charlotte*. Si ces livres sont un peu massifs, ils sont fortement construits. Il ne subordonne pas, comme certains de ses confrères, l'intérêt du récit à l'analyse des âmes, mais il ne sacrifie pas entièrement la psychologie à la rapidité de la narration. Il a soin d'inventer une action dramatique qui ne laisse pas languir la curiosité. Et sur cette fiction qui constitue la charpente de l'ouvrage, il bâtit sa thèse. Il signale une lacune du code, il flétrit un abus, il revendique un progrès. Et presque toujours ce qu'il demande est juste, probe et sain. Cet homme de lettres est un brave homme.

Telle fut sa tâche. En fut-il équitablement récompensé? Assurément, il a connu les triomphes populaires, l'ivresse des éditions enlevées, la gloire de la « pile » sous les galeries de l'Odéon, et aussi, disons-le, la satisfaction du gain légitime et copieux. Mais à côté de ces jouissances il en est d'autres dont l'artiste, quand il a le cœur bien situé, est encore plus friand. Il est très doux de captiver un million de bourgeois anonymes qui se délectent à votre prose. Il est plus doux, peut-être, de plaire à cent mandarins, qui, à tort ou à raison, représentent l'élite des connaisseurs. Ils règlent le ton, pérorent dans les salons et dans les cénacles, préparent les élections académiques, décident si *un tel* est de premier ou de second ordre, dosent le talent ou le génie, et rendent des arrêts qui sont acceptés sans résistance et répandus en tous lieux par l'innombrable légion des snobs. Que ces arrêts soient toujours sensés, je me garderai de l'affirmer. Et cependant on est obligé d'en tenir compte, car ils suffisent à vous élever ou à vous abaisser dans l'opinion générale. Eh bien! ils n'ont jamais été très favorables à M. Hector Malot. Il n'est jamais tout à fait sorti de la grosse popularité. Il n'a pas cessé d'être aux yeux des dilettantes un romancier pour la foule, non pas sans doute au même degré que M. Émile Richebourg. On lui a accordé une nuance d'estime particulière; on a rendu hommage à son mérite, à l'intégrité de son esprit, à l'excellence de ses intentions. Mais il n'a pu conquérir la réputation d'un Daudet, d'un Bourget, d'un Zola. On n'admet pas qu'il soit de la même essence.

Me fais-je bien comprendre? Supposez, au siècle dernier, une réunion de gentilshommes de la plus pure noblesse, auxquels vient se joindre le fils d'un riche marchand. Ce dernier fût-il encore de meilleure mine, ne sera pas avec eux sur un pied de complète égalité. M. Malot est un peu comme ce fils de marchand. Il lui manque quelque chose pour se fondre dans la race des gentilshommes artistes. Que lui manque-t-il? Mon Dieu! nous pouvons le proclamer sans offense, M. Malot pèche par la forme. Sa langue est lourde, sauf lorsqu'il est entraîné par le mouvement du récit; elle est souvent incorrecte. Il s'en exhale comme un parfum boutiquier, comme une odeur de cassonade et de chandelle. Écoutez-le quand il rédige son testament, dont nous citions plus haut quelques lignes : « J'aurais pu continuer *d'exploiter* un nom, auquel les années ont donné une *valeur commerciale.* » Il se défend, plus loin, de ressembler à « ces jeunes peintres qu'un petit succès vient de signaler à l'attention des marchands de tableaux, qui les enrôlent à leur service, en *leur achetant d'avance leur fabrication...* » Un négociant rédigeant son prospectus userait à peu près des mêmes termes. M. Malot ignore l'élégance des demi-teintes, les caresses du style, la subtile ironie des sous-entendus et des malices perfides. Cela a éloigné de lui les estomacs difficiles qui préfèrent à la solidité des viandes substantielles et communes la saveur des cuisines raffinées. Et puis, ce qui lui a nui plus que tout le reste, c'est son parfait équilibre, son air de santé inaltérable. Le moraliste affirme que les amants veulent faire tout le bonheur et, s'ils ne le peuvent, tout le malheur de ceux qu'ils aiment. De même l'écrivain arrive à conquérir le public par ses défauts non moins que par ses mérites. Il s'impose par ses traits saillants, par un *je ne sais quoi* qui constitue sa physionomie et qui n'est pas toujours ce qu'il y a de meilleur en lui. Ce *je ne sais quoi*, M. Hector Malot en est dépourvu. Il fut toujours excellent. Que n'a-t-il été parfois exécrable et parfois sublime! Son malheur fut d'avoir des qualités trop unies et d'être trop bien portant.

M. JORIS-KARL HUYSMANS

M. Joris-Karl Huysmans ne livre pas sa vie aux curiosités banales, et nous ne savons guère de lui que ce que ses ouvrages nous ont appris. Il exerce au ministère de l'intérieur un emploi quelconque qui lui assure l'indépendance matérielle et lui permet de travailler lentement et selon son goût. Il occupe, dans un pieux quartier de Paris, une sorte de cellule où les bruits du monde ne viennent pas le troubler. Son logis est pris dans les bâtiments d'un couvent désaffecté. Il ne le quitte que lorsque la préparation de ses romans l'oblige à des voyages d'études. Il est souvent allé à Lyon pour s'y entretenir avec l'abbé Boullan, qu'il a mis en scène dans *Là-bas*, et en Belgique pour y visiter le chanoine Docre, l'ennemi intime de l'abbé Boullan. Il a beaucoup étudié la cathédrale; l'art gothique n'a plus de secrets pour lui; il s'est également occupé de spiritisme, d'occultisme, et de magie. Enfin, au moment où il composait *En route*, il crut devoir faire une retraite de quelques semaines dans un couvent de trappistes. Il y fut accueilli avec les égards dus à son nom déjà célèbre et à l'excellence de ses desseins. Il se montra digne de l'hospitalité qui lui était offerte, et se soumit sans plainte et sans défaillance à la règle rigoureuse de l'ordre. Il veilla, fit maigre chère, s'infligea des pénitences. Il fut, en somme, un très bon moine. Il ne demanda au Père supérieur qu'une faveur, qui était de fumer des cigarettes. Celui-ci trouva le moyen d'accorder le désir qu'il avait de lui complaire avec les scrupules de sa conscience : « Mon fils, lui dit-il, nous devons suivre les intentions de saint Benoît, notre fondateur, mais non pas aller au delà. Or, saint Benoît, ayant vécu au xe siècle, ne pouvait connaître le tabac qui fut répandu en Europe quatre cents ans après sa mort. Il est donc muet sur l'usage de cette herbe. Et je n'ai point de raison de m'opposer à votre caprice. Fumez, mon fils!... » M. Huysmans fuma et n'eut que plus de courage pour supporter les macérations. Telles sont les particularités qui nous ont été révélées sur l'existence intime de M. Huysmans.

Au point de vue littéraire, son cas est tout à fait exceptionnel. Il s'enrôla d'abord dans l'armée du naturalisme, et fut un des collaborateurs des *Soirées de Médan*. Émile Zola lui consacra, ainsi qu'à Henry Céard, un long article, et le loua avec la tendresse d'un maître qui protège son disciple. Mais il ne tarda pas à remarquer en lui des velléités d'indépendance. Huysmans n'était pas homme à longer paisiblement des routes déjà frayées ; une force le poussait à chercher des divers nouvelles. Son originalité s'affirma dans divers volumes, qui correspondent aux évolutions successives de son esprit. Le premier (*A rebours*) était la fantaisie paradoxale d'un cerveau que hantaient la haine du convenu, la poursuite des sensations rares et une vague aversion de l'humanité. Le duc des Esseintes a servi de modèle à plusieurs générations de snobs; et jamais, je pense, ce travers qui consiste à considérer, en toute chose, l'envers de l'usage, de l'opinion générale et du sens commun ne s'incarna dans un personnage de plus haute allure. On ne se trompa pas à l'ironie dédaigneuse de des Esseintes. C'était l'auteur lui-même qui parlait; et il préludait, par la violente expansion de ce mépris, à sa conversion future. Il y a dans l'histoire de l'Église des exemples de ces étranges révolutions. On cite des prostituées qui sont devenues des saintes pour avoir pris en exécration les délices de la chair. De même, comme l'a fait observer M. Jules Lemaître, c'est par le dégoût que M. Huysmans est arrivé à la foi. Ce sentiment a commencé de s'affirmer dans *Là-bas*; mais il y était confus, tourmenté, mêlé à toutes sortes d'inquiétudes. *Là-bas* est un amalgame monstrueux de manifestations contradictoires; la prière et le blasphème s'y côtoient et s'y confondent; l'auteur apporte une égale prédilection à décrire la messe noire du chanoine Docre, les infâmes pratiques de Mme Chantelouve et l'idéale perfection de l'abbé Boullan, qui symbolise les vertus du prêtre. *En route* et *la Cathédrale*, qui succédèrent à *Là-bas*, marquent les dernières étapes mystiques parcourues par M. Huysmans. Sa fièvre s'est apaisée ; s'il est encore troublé par le satanisme, il découvre un refuge qui le délivre de ce tourment. Huit jours de méditation au fond d'un cloître ont suffi pour le guérir... M. Huysmans consacre cinq cents pages d'un texte serré à examiner cette crise par où passe son héros, Durtal. C'est l'analyse d'une âme, et non pas d'une âme se développant de la naissance à la mort, mais d'une âme localisée dans un court espace de temps. Le récit du séjour au couvent de la Trappe absorbe à lui seul les trois quarts de *En route*. Quand on l'a fermé, après en avoir savouré le charme puissant, on est assailli par d'étranges doutes. On se demande, à supposer — ce qui est admissible — que M. Hysmans se soit dépeint sous les traits de Durtal, si le littérateur, en lui, ne fait pas tort au chrétien, si sa confession, par cela même qu'elle est divulguée, ne perd pas de sa valeur et de sa franchise. Car, enfin, un homme de lettres est toujours homme de lettres par quelque côté. M. Huysmans, en écrivant son roman, devait songer, malgré lui, au public qui serait appelé à le juger. N'a-t-il pas cédé au désir très naturel de le divertir en insistant plus que de raison sur les tentations démoniaques dont l'infortuné Durtal subit l'assaut, en outrant jusqu'à la caricature la physionomie des chantres de Saint-Sulpice, des archéologues et des réparateurs de vitraux ? Il y a dans ces violences un soupçon d'affectation, je dirai même de coquetterie, — comme un lointain vestige du duc des Esseintes... M. Huysmans n'est pas fâché d'étaler la richesse de son verbe et de nous éblouir par sa truculence...

Mais attendez... Ce virtuose a les qualités de ses défauts. Son amour pour les bizarreries lui suggère des trouvailles. Au milieu d'un chapitre tortillé, une phrase éclate, superbe, qui brille d'un éclat de diamant. Il compare, par exemple, les cantiques chantés dans les cathédrales à des « geysers qui jaillissent au pied des piliers gothiques »; il caractérise avec une admirable justesse la poésie du plain-chant, « cette musique de toile rude qui enrobe les phrases ainsi qu'un suaire et en dessine les contours rigides », et l'humble grâce des vieilles églises enfouies dans les quartiers populeux. « C'était, dit-il, une église agenouillée, et non debout. » Et la foule qui emplit ces basiliques revêt à ses yeux une apparence grandiose : « La foule devenait elle-même, en se coulant dans ce moule crucial de l'église, une immense croix grouillante et sombre »... De plus, M. Huysmans, qui a des nerfs de femme, infiniment délicats, réussit à saisir les plus fugitives nuances de la percection. Il opère, d'un sens à un autre, des transpositions subtiles. Pour mieux traduire la beauté de la musique religieuse, il lui prête un corps. Nous ne l'entendons plus, nous la voyons. Les syllabes brillent, palpitent, tombent sur le sol, rebondissent : « Dans le silence de l'église, les strophes gémissaient à nouveau, lancées, ainsi que sur un tremplin, par l'orgue. En les écoutant avec attention, en tentant de les décomposer, en fermant les yeux, Durtal les voyait d'abord presque horizontales, s'élever peu à peu, s'ériger à la fin, toutes droites, puis vaciller en pleurant et se casser du bout... Et, soudain, à la fin du psaume, alors qu'arrivait le répons de l'antienne *Et lux perpetua luceat eis*, les voix enfantines se déchiraient en un cri douloureux de soie, en un sanglot affilé, tremblant sur le mot *eis* qui restait suspendu dans le vide. » On ne saurait pousser plus loin l'art de la description. Cette art est si ténu qu'il en devient maladif. M. Huysmans est bien un décadent, au sens élogieux du terme, c'est-à-dire qu'il ne s'arrête pas aux sensations vulgaires et n'attache de prix qu'aux sensations raffinées. Il est atteint de *littératurite* (maladie, selon la définition de M. Jules Lemaître, qui consiste à faire vivre les mots en soi, à côté des réalités dont ils sont les signes). Et cependant, lorsqu'il éprouve une émotion qui le secoue jusque dans les moelles, il oublie ces quintessences ; son style revêt une ampleur, une gravité classiques. Il obéit, sans s'en douter, à cette loi qui veut que les très belles choses soient simples.

En résumé, de l'excellent, du mauvais, de l'extravagant, du juste, du compliqué, du trivial et, par moments, du sublime. Voilà de quoi se compose le talent de M. Huysmans. On en peut penser beaucoup de bien ou beaucoup de mal. Il irrite les uns, il édifie les autres ; il ne laisse personne indifférent...

M. ERNEST LEGOUVÉ

Il y a au moins trois hommes en M. Ernest Legouvé : l'éducateur, l'académicien, l'écrivain. Et ces trois hommes n'en font qu'un seul. M. Ernest Legouvé a exercé dans des directions diverses l'activité de son esprit. Et cependant sa vie présente une unité singulière. Ce vénérable homme de lettres, doyen de la compagnie à laquelle il appartient depuis plus d'un demi-siècle, a rempli complètement sa destinée ; il a suivi, sans s'en écarter d'une ligne, la voie qu'il s'était tracée dès le premier jour ; il a fait exactement ce qu'il a voulu. Ce cas est assez extraordinaire pour qu'on s'y arrête.

Éducateur, M. Ernest Legouvé l'a été d'un bout à l'autre de sa carrière, mais surtout à partir de l'âge mûr. Excellent père et meilleur grand-père, c'est en s'occupant de ses enfants et de ses petits-enfants qu'il a appris à s'intéresser aux questions pédagogiques. Son autorité s'y affirma tout de suite. Il avait le don. Certains artistes supérieurs sont des maîtres déplorables. Ils sont incapables d'analyser leur effort et d'expliquer leurs procédés de travail. On dirait qu'ils agissent sous l'impulsion d'une énergie inconsciente. D'autres, au contraire, donnent de merveilleux conseils qu'ils appliquent eux-mêmes imparfaitement. Ils ont l'intelligence déliée et ils manquent de génie : les moyens d'expression leur font défaut. Je n'oserais dire que M. Ernest Legouvé appartienne à cette seconde catégorie; il est l'auteur d'ouvrages fort distingués et dont quelques pages sont assurées de survivre; mais enfin, à considérer les traits essentiels de sa personnalité, il me semble qu'il apparaît plutôt comme un démonstrateur que comme un créateur. Tandis que, dans ses œuvres littéraires, il se montre circonspect, modéré, prudent disciple de l'école un peu vieillie d'Eugène Scribe et de Casimir Delavigne, en matière d'enseignement il va de l'avant, il combat la routine et il se met à la tête des réformes, il rajeunit les méthodes et il en indique de nouvelles. L'un des premiers il introduisit dans les lycées le goût de la lecture à haute voix; il composa sur ce sujet des ouvrages qui sont devenus classiques et dont le fond, très judicieux, et dont la forme, très élégante, ont instruit et charmé trois générations... Audace plus grave, il s'attela, avec M. Camille Sée, à l'enseignement secondaire des jeunes filles. Lorsque le projet de loi fut déposé, des clameurs s'élevèrent de toutes parts, clameurs railleuses ou indignées que colportaient aux quatre coins de la France les feuilles boulevardières. M. Legouvé ne s'en laissa point troubler. Il multiplia les conférences, les articles, les brochures, et indiqua avec une remarquable netteté le point qu'il voulait atteindre et qu'il entendait ne pas dépasser. Je ne demande pas, dit-il, que les femmes reçoivent une culture virile, qu'elles deviennent des hommes. La femme n'est ni supérieure, ni inférieure à l'homme, elle le complète. Elle n'est pas appelée à lui ressembler. Ce que je réclame, c'est l'*égalité dans la différence*. La définition fit fortune ; elle indiquait excellemment le but des améliorations poursuivies. M. Legouvé obtint gain de cause. L'école normale de Sèvres fut instituée. Il fut chargé d'en diriger les études. Et c'est là, dans l'accomplissement de cette tâche, qui lui était chère entre toutes, que ses mérites de pédagogue se révélèrent. M. Henri Chantavoine, qui l'a vu à l'œuvre, en a rendu témoignage :

« Quand il venait là-bas, et il y venait à l'improviste, en bon directeur qui préfère les visites soudaines aux inspections prévues, c'était un plaisir et un profit pour nos grandes élèves et pour nous. Avec l'autorité la plus bienveillante, la bonne grâce et la bonne humeur la plus distinguée, toujours très simple, très paternel — et très attentif, — il enseignait à ces jeunes filles non seulement à lire, mais à comprendre, à expliquer, et, ce qui vaut encore mieux, à sentir nos grands classiques. Il leur donnait sans y tâcher, presque sans y toucher, les meilleurs conseils de composition, de style et de goût; il leur prêchait d'exemple la simplicité, le naturel, l'agrément, toutes les bonnes habitudes d'esprit et d'âme que l'instruction, si elle est dirigée comme il convient a pour but et pour récompense de développer. »

Le parfait professeur doit avoir la foi et la vie, croire à l'utilité de sa mission, et l'accomplir avec allégresse. Tel a été l'état d'âme de M. Ernest Legouvé. Et c'est pourquoi ses leçons furent si intéressantes et ses livres d'éducation si attrayants...

Et maintenant, parlons de l'académicien. M. Ernest Legouvé l'est devenu de bonne heure et par droit de naissance. Son père était de l'Institut; les amis de sa famille en étaient; il avait grandi dans le voisinage de cette maison; la première cérémonie à laquelle il assista fut une solennité académique, académiques furent les premiers discours qu'il entendit, le premier ouvrage qu'on lui mit entre les mains, la première pièce qu'il vit au théâtre, les premières paroles qu'il bégaya... Le respect de l'Académie, le désir d'y pénétrer, étaient pour lui inséparables de l'idée que se font les honnêtes gens du métier de littérateur. C'était le couronnement, la sanction suprême. M. Legouvé franchit docilement les étapes qui sont imposées aux néophytes. Il fut d'abord couronné. Il composa une *Ode sur la découverte de l'imprimerie* qui lui valut, en 1829, un prix Montyon et les éloges de M. le secrétaire perpétuel. Il concourut une seconde fois, une troisième, avec le même succès. Les Immortels ne s'y trompèrent pas, ils reconnaissaient M. Ernest Legouvé pour un des leurs. Après l'avoir comblé de faveurs, ils lui ouvrirent les bras. M. Legouvé revêtit le frac vert et pénétra dans cette enceinte où flottaient encore l'ombre et le souvenir de M. Legouvé le père, auteur d'*Epicharis* et du *Mérite des femmes*. Et, tout de suite, il s'y sentit comme chez lui. Et il devint l'académicien modèle, l'académicien type, celui qu'on ne prend jamais en défaut, qui s'acquitte avec une impeccable correction de toutes les besognes que sa haute situation lui impose. Qu'il s'agît de rendre compte des actes de vertu, ou de recevoir officiellement un confrère, ou de lire en séance publique la pièce ayant obtenu le prix d'éloquence, M. Legouvé était là. Et jamais en n'eut à lui reprocher une maladresse, un manque de tact, ce que nous appelons, d'un mot qui n'est pas encore académique, — mais qui le deviendra, — une « gaffe ». Il consacrait les loisirs que lui laissait la rédaction du dictionnaire à préparer des causeries qu'il débitait dans les théâtres le dimanche, ou dans la salle des Capucines. Il jouit, comme conférencier, d'une grande réputation. On admirait les grâces de son éloquence, qui donnait l'illusion d'être spontanée, tant elle était vive et naturelle. On raconte qu'un auditeur, ravi du merveilleux talent de M. Legouvé, et ne se lassant pas de l'écouter, résolut d'assister à deux leçons consécutives qu'il faisait, à huit jours d'intervalle, sur Lamartine. Il pensa mourir d'étonnement en constatant que la seconde leçon était l'exacte répétition de la précédente. L'orateur soulignait les mêmes phrases, s'enflammait, se calmait aux mêmes endroits; les gestes, les intonations, l'expression du visage, le timbre de la voix étaient exactement reproduits. Ce discours, que l'on avait pu croire improvisé, était appris par cœur, et récité avec une sûreté magistrale. M. Ernest Legouvé demeurait académicien jusque dans la façon dont il comprenait la conférence, puisque l'ordre, la convenance et le souci du détail sont, par définition, les principaux traits de l'esprit académique...

Reste l'écrivain... M. Ernest Legouvé, outre ses ouvrages didactiques, que l'on ne saurait trop louer, a composé des comédies, *Bataille de Dames*, *Adrienne Lecouvreur*, en collaboration avec Scribe; une tragédie, *Médée*, qui le brouilla avec Rachel; un drame, *Louise de Lignerolles*, qui fut joué par Mlle Mars. Il a publié des notices sur ses plus illustres contemporains, évoqué la physionomie d'Eugène Sue, de Népomucène Lemercier, de Samson, de Labiche, de vingt autres. Ces pages présentent un rare agrément et sont écrites dans une langue très pure. Peut-être y manque-t-il un grain d'imagination ou de fantaisie. Peut-être leur pourrait-on reprocher un soupçon de sécheresse. On éprouve, en les lisant, la sensation de causer avec une douairière spirituelle, qui n'aime pas à rêver... Pourtant, comme il arrive souvent, M. Ernest Legouvé, en approchant de la fin de sa vie, s'est attendri. Sous ce titre *les Fleurs d'hiver*, il a fait paraître un petit volume qui renferme, à ce qu'il me semble, les choses les plus délicates qu'il ait écrites. M. Legouvé jette un regard sur le passé. Une douce mélancolie — la mélancolie d'automne — le pénètre. Il confie au public ce que l'expérience et le commerce des hommes lui ont appris. Les jugements qu'il porte sont dénués d'amertume, empreints d'une sereine raison :

« Je n'ai qu'à regarder au dedans de moi, comme Socrate et Descartes. « Connais-toi toi-même », dit l'un. « Je pense, donc je suis », dit l'autre. Eh bien! je fais comme eux. Je ne m'appuie que sur ce qui se passe en moi. Qu'est-ce que j'y vois? Que si je fais du bien à quelqu'un, j'en suis heureux; que si je lui fais du mal, j'en ai remords et souffrance. Je n'ai pas besoin d'une autre règle de vie. Faire à mes pauvres confrères en humanité le plus de bien et le moins de mal possible. Grâce à cette simple formule, je vis dans ce monde et je m'en irai dans l'autre avec une parfaite tranquillité d'esprit, emportant pour viatique cette phrase de Fénelon : Dieu sait de quelle boue il nous a pétris, et il a pitié de ses pauvres enfants. »

Ainsi s'exprime le sage. Ainsi s'exprime M. Ernest Legouvé. Il représente la règle, l'équilibre, la soumission au devoir, la fidélité aux traditions, les respects et les scrupules que la jeunesse affecte de mépriser. C'est en cela que M. Legouvé est un ancêtre. Et c'est pour cela que nous devons l'honorer.

M. GUSTAVE LARROUMET

M. Gustave Larroumet eut une carrière très variée, très brillante, qui n'est pas près d'être finie et qui, sans doute, nous réserve des surprises. Il est un exemple de ce que peuvent le labeur et le talent quand ils s'allient à une persévérante énergie. Dès l'âge le plus tendre M. Larroumet montra qu'il avait de la volonté. Il se fit renvoyer du collège où l'avaient placé ses parents; et comme le censeur, afin de motiver cette expulsion, gratifiait l'élève insoumis de *mauvais sujet inintelligent*, le jeune Larroumet se promit de tirer vengeance de cette injure. Il entra au lycée de Cahors, prit la tête de la classe, remporta tous les prix et, chaque année, il envoya à son ennemi, au vilain censeur, le palmarès, où son nom était imprimé victorieusement. Quand il conquit son premier grade universitaire, il s'empressa de l'en informer, et lorsqu'il devint licencié, puis agrégé, il eut également soin de le lui faire tenir. Le pauvre homme est mort, sans quoi M. Larroumet serait trop heureux de le convier aux séances de l'Institut et de se montrer à lui sous son habit de secrétaire perpétuel!

Donc, M. Larroumet est un admirable travailleur. Il a fait son chemin en dehors de l'Ecole normale, et est arrivé à la Faculté des lettres par la grande route, ouverte à tous. Mais que de nuits passées dans la fièvre de l'étude! Quel implacable désir d'arriver! Et l'on parle de la patience des bénédictins! Un de ses condisciples, M. Ch. Formentin, a tracé de lui un joli portrait; il le montre « bûchant », préparant ses examens dans les salles humides du collège d'Aix : « Oh! la vieille masure toute décrépite, avec ses longs corridors sombres, ses classes et sa cour où quatre arbres étiques faisaient peur aux moineaux! C'est là que notre camarade devait commencer la moisson de lauriers universitaires que quelques années plus tard il achevait si brillamment à Paris. Je vois toujours la petite chambre sous les toits, près des gouttières, où le candidat à la licence ès lettres piochait le thème grec et le vers latin. » Vous vous représentez l'état d'âme de ce pédagogue de vingt-deux ans. Il tournait les yeux vers le Nord, d'où vient la lumière et d'où vient la gloire, vers la ville sans rivale, vers Paris! Aller à Paris, y coudoyer les hommes célèbres, et, comme eux, emporter d'assaut la renommée : quel est l'étudiant de province que ces rêves n'aient pas hanté! Larroumet se dit : « Je serai Parisien ». Il le devint promptement; en tout cas, il y mit tout son zèle. Je me rappelle l'avoir rencontré à la Bibliothèque nationale, alors qu'il préparait sa thèse sur Marivaux; il besognait côte à côte avec M. Brunetière. Tous deux ont réussi dans la vie, et un peu grâce aux mêmes aptitudes. Tous deux se ressemblaient, avec quelque différence. M. Brunetière avait plus de rudesse que son voisin; M. Larroumet avait plus de charme, mais je crois bien qu'ils étaient dévorés, l'un et l'autre, d'une ambition sans limite et pétris du limon dont le Seigneur fait les pasteurs d'hommes. Ils étaient nés pour exercer le commandement; ils appartenaient à la famille des « autoritaires ». Le volume sur Marivaux obtint un joli succès, qui franchit les frontières du quartier Latin et s'étendit jusqu'au boulevard. M. Francisque Sarcey s'en occupa et quelques belles mondaines le lurent avec plaisir. L'auteur, qui enseignait la rhétorique dans un lycée suburbain et qui, entre temps, avait remplacé M. Chantavoine à Henri IV, fut enfin chargé d'un cours à la Faculté des lettres. C'est là qu'il allait se révéler, c'est là que sa fortune allait prendre un nouvel essor. On estimait en lui l'érudit et l'écrivain. Le conférencier devait emporter tous les suffrages.

On naît conférencier, comme l'on naît rôtisseur. Ces deux métiers exigent des dons que l'application peut développer, mais qui sont un présent de la nature. M. Larroumet a été créé pour s'asseoir dans une chaire et commenter devant un public élégant les chefs-d'œuvre de la littérature classique. C'est sa fonction, c'est sa raison d'être, c'est le rôle que lui a dévolu la Providence. Il possède les qualités essentielles de l'emploi, et qui permettent d'y exceller. Il est plaisant, il a une barbe sympathique, une voix harmonieuse et veloutée, un délicieux accent du Midi, pas aussi prononcé que celui de Clovis Hugues, juste ce qu'il faut pour relever la saveur du discours et faire sonner les périodes. Il est discret..... on ne saurait l'être davantage. Il s'exprime en une langue pure et précise; il n'a pas l'emphase des orateurs politiques; et, s'il lui arrive de sacrifier aux élégances, elles sont toujours d'un ordre très noble et d'un goût irréprochable. Ajoutons qu'il est constamment égal à lui-même. Cette sûreté tient du prodige. Il lui arrive de faire, en certains mois d'hiver, une conférence par jour, de parler le mardi et le vendredi à la Sorbonne, le jeudi à la Bodinière, le lundi aux cours de la rue Saint-Honoré, le samedi à Bruxelles. Il paraît à l'heure dite et il commence, et il poursuit, et toujours le mot arrive, sans qu'il ait l'air de se donner aucun mal pour le chercher. Et, malgré ce surmenage, il ne paraît pas trop fatigué. Une jeune fille, qui est son auditrice passionnée, me disait : « Quand j'écoute Larroumet, il me semble que je tiens entre mes doigts une étoffe de soie qui se déroule ». Nous savons des conférenciers de qui l'étoffe est de laine et même de grosse toile !

Je n'affirmerai pas que M. Larroumet doive à ses

talents oratoires d'avoir été appelé à exercer des fonctions publiques. Ils lui furent précieux. Choisi par M. Lockroy comme chef de cabinet, puis, au bout de quelques mois, promu à la dignité de directeur des Beaux-Arts, il dut prononcer force harangues. Il s'en tira à merveille. Il excella particulièrement dans l'oraison funèbre. M. Larroumet a laissé tomber sur certaines tombes du Père-Lachaise des morceaux qui sont des modèles achevés du genre. On assure que tous les membres de l'Institut qui lui ont donné leurs voix y avaient mis comme condition qu'il les enterrerait et se chargerait de leur éloge. Ceci n'est qu'une boutade. M. Larroumet avait tous les titres pour pénétrer dans la docte compagnie. Et d'abord, durant son passage aux Beaux-Arts, il avait montré du tact, du courage et un réel esprit de justice. Il s'était conformé au programme tracé par lui-même lors de son entrée en fonctions. « Le représentant de l'État, avait-il dit, doit s'élever au-dessus des querelles d'école, des rivalités égoïstes, des partis pris individuels, n'être sensible qu'au talent, le distinguer et le consacrer partout où il le rencontre. C'est le droit, c'est le devoir de l'artiste de se montrer exclusif, de réaliser sa conception propre de la nature et de la vie, d'opposer système à système, de former des disciples et de recruter des partisans. Mais celui qui s'occupe d'art au nom de l'État, c'est-à-dire au nom de tous, s'il se permettait de batailler pour des préférences personnelles, celui-là deviendrait le plus dangereux des sectaires : il abuserait du pouvoir qui lui est confié. » Ces paroles étaient sages et libérales. M. Larroumet s'attacha à ne pas les oublier. Il y conforma ses actes, dans la mesure du possible. Mais l'entreprise était rude. Un directeur des Beaux-Arts qui ne veut écouter que l'impulsion de sa conscience doit être armé d'un triple airain. Il a à lutter, au dedans, contre la routine des bureaux; au dehors, contre l'intrigue des petits cénacles. Il lui faut tenir la balance égale entre les conservateurs et les progressistes, ne pas aller trop avant et, cependant, ne pas s'immobiliser. Il ne peut prendre la moindre initiative sans soulever des clameurs et, ce qui est plus dangereux, sans éveiller de sourdes rancunes administratives. M. Larroumet osa encourager par un très léger subside le Théâtre-Libre. Quel scandale! Il ne craignit pas de favoriser les progrès de l'art décoratif, il noua des rapports étroits avec les Chambres syndicales, et suivit d'un œil attentif le développement des écoles de Nice, de Roubaix et de Limoges. Il fut attaqué par ceux-là mêmes qui auraient dû le défendre, par des publicistes qui s'érigent volontiers en novateurs. Nous touchons ici à la misère des passions humaines. Un directeur des Beaux-Arts a mille occasions d'obliger ou de désobliger ses contemporains. On lui demande des faveurs. Ceux à qui il les accorde ne lui en sont pas toujours reconnaissants; ceux à qui il les refuse lui en gardent une éternelle rancune. Je vous assure qu'il vaut encore mieux vivre à la campagne et planter ses choux.

M. Larroumet éprouva-t-il quelque regret en descendant du pouvoir? Il eut de quoi se consoler. Il retourna vers sa chère Sorbonne, il reparut à l'Odéon; il se mit à écrire dans les revues, dans les journaux. Il habite un calme logis, encombré de toiles de prix et de bibelots; il y vit en ermite; — entendons-nous! — en joyeux ermite qui n'est pas ennemi de la gaieté. Et il attend?... Qu'attend-il?... Un fauteuil à l'Académie (pas celle des Goncourt, l'autre, qui est au coin du quai). Un siège au Palais-Bourbon? Une ambassade?... Un portefeuille ministériel?... Nul ne le sait exactement. Peut-être lui-même l'ignore-t-il. Mais je serais bien étonné s'il ne poursuivait un but, lointain ou proche, vers lequel d'ores et déjà tendent ses efforts. Ce conférencier, ce critique, cet excellent écrivain, cet éminent professeur, ce galant homme est de ceux qui ne peuvent se tenir à la même place et que dévore un impérieux désir d'avancer. Une heureuse étoile le protège. Et les sorcières de *Macbeth* lui ont dit : *Tu seras roi!*

M. GABRIELE D'ANNUNZIO

Il semble que les écrivains de la génération nouvelle veuillent nous étonner par leur extrême précocité. Ils dépensent une activité fébrile; ils se hâtent vers la gloire. M. Edmond Rostand, avant d'avoir atteint la trentaine, a déjà produit une demi-douzaine d'ouvrages considérables. M. Gabriele d'Annunzio n'a guère dépassé cet âge, et son œuvre égale, par la quantité, celle de M. Anatole France. Il est célèbre dans tout l'univers. Ses romans ont été traduits dans les deux mondes; il n'est pas une femme un peu lettrée, Française, Slave, Américaine, Anglo-Saxonne, qui n'en ait savouré les grâces troublantes. M. Gabriele d'Annunzio est un homme heureux. Dans quelle mesure peut-il passer pour un écrivain original? C'est ce que peut indiquer un rapide examen de sa vie et de ses livres.

A proprement parler, l'auteur de la *Ville Morte* n'a pas d'histoire. Ou du moins, les aventures dont son adolescence fut agitée ne relèvent point de la critique. Il naquit sur l'Adriatique, à bord d'un vaisseau marchand, et fut mis, dès ses premiers jours, en contact avec la nature. Il passa son enfance auprès de la mer, dans les Abbruzzes, puis il entra au collège, où il se signala par une grande paresse. Il regrettait son indépendance; ce poulain échappé s'habituait malaisément à sa nouvelle prison; il prit en horreur les Latins et les Grecs, et ne commença à les aimer qu'à l'époque où les premiers émois de la puberté éveillèrent ses sens et son imagination. Alors, il les aima avec fureur. Il traduisit Homère, Catulle, Tibulle. Il dévalisa la boutique d'un libraire de Bologne et y découvrit un opuscule qui acheva de lui révéler sa vocation. C'étaient les *Odes barbares* d'un critique-poète nommé Chiarini. Il les dévora et, impuissant à contenir son enthousiasme, il l'épancha dans une lettre qu'il envoya à l'auteur; il joignit, comme de juste, à ses compliments, un essai de sa façon que M. Chiarini accueillit avec bienveillance. Il s'ensuivit un copieux échange de congratulations. Les choses se passent, chez nous, de la même manière. Les débutants demandent des conseils aux anciens, en attendant qu'ils les injurient lorsqu'ils n'ont plus besoin de leur appui. Et les doyens condescendent volontiers à tendre la main aux débutants, cette attitude protectrice flattant, en secret, leur vanité. Donc, M. Chiarini se montra parfait pour le petit d'Annunzio; il daigna même publier, dans le supplément du *Fanfulla*, des fragments de son épître et de ses vers que M. Gaston Deschamps nous a révélés. Toute l'Italie se réjouit de la malice de cet écolier, qui s'entendait si bien à amadouer les vieux critiques. Gabriele d'Annunzio eut le cœur chatouillé par ce tapage. Il y puisa une ardeur et une ambition extraordinaires, dont il s'empressa de faire part à son respectable ami. « J'ai en mains diverses traductions *(diverze traduzioncelle)*. Sachez que je me suis encore pris aux cheveux avec le grec. Furie! Enthousiasme! Figurez-vous qu'en l'espace d'une semaine, j'ai traduit en hexamètres sept hymnes d'Homère : l'hymne à Séléné, l'hymne à Arès, les hymnes à Apollon, à Neptune, à Bacchus. Et maintenant, je me prépare à traduire, dans le même mètre, le grand hymne à Aphrodite. J'y travaillerai pendant les vacances, en même temps qu'à l'achèvement de sept autres hymnes. » A ce feu succède bientôt un excès d'abattement. Le futur homme de lettres apparaît dans l'enfant, tel qu'il sera plus tard, inquiet, nerveux, impatient. « Voici une demi-heure que je suis devant ma table, à tourmenter la plume et l'encrier, et je ne réussis pas à trouver mon commencement. » Au lieu de s'endormir paisiblement, sa tâche finie, il rêve tout éveillé, il remue de fabuleux projets : « Je n'ai pas fermé l'œil de toute la nuit, et pourtant ce fut une nuit délicieuse. J'ai caressé, avec un plaisir mêlé d'espérance, mes songes, les plus beaux qui soient sous le soleil. J'ai rêvé

amoureusement à mon avenir lointain... » On est
tenté de sourire, en lisant cette confession. Et l'on
en est effrayé comme d'une monstrueuse anomalie.
Un écolier n'écrit pas de la sorte, à moins qu'il ne
soit atteint d'une maladie nerveuse ou doué d'un
génie exceptionnel.

Gabriele d'Annunzio brûlait du désir d'être imprimé. Il supplia son père d'avancer les frais de son premier livre. Il n'avait pas quatorze ans, quand parut ce recueil, intitulé *Primo Vere*, qui excita une vive curiosité. L'exécution en était inégale. Mais on y remarquait une fraîcheur, une abondance, une virtuosité qui donnaient pour l'avenir de magnifiques promesses. Elles furent en partie réalisées dans le *Canto Nuovo*, qui renferme des pages d'un lyrisme supérieur. G. d'Annunzio était allé à Rome pour y achever ses études. Il ne tarda pas à devenir le favori de la cour et de la ville. On ne jurait que par lui. Les patriciennes étaient éprises de ses vers, et l'on assure que sa figure, qu'il avait fort avenante, et l'élégance cavalière de ses moustaches retroussées, et l'éclat de ses yeux, et la douceur de sa voix, ne les laissèrent point indifférentes. Il leur rendit ses devoirs et trouva le moyen, en même temps, de composer cinq à six romans qui consolidèrent sa réputation naissante et consacrèrent son autorité : *l'Enfant de Volupté*, où l'on voulut voir une autobiographie; *l'Intrus*, *Episcopo*, *le Triomphe de la Mort*. Ils excitèrent un engouement qui s'étendit promptement et se changea presque en idolâtrie. Les Parisiennes montrèrent à Gabriele d'Annunzio autant de tendresse, pour le moins, que les Romaines. Les triomphes d'ordres divers qu'il obtint ne pouvaient manquer d'irriter la jalousie de ses confrères. Elle se manifesta par des attaques d'une violence inouïe. M. Enrico Thovez entreprit de démontrer que M. Gabriele d'Annunzio n'était qu'un plagiaire, et que ce que l'on goûtait dans ses volumes appartenait en propre à Shelley, Mæterlinck, Verlaine, Baudelaire, Flaubert... et Josephin Péladan! Et à l'appui de ses allégations, il apporta des preuves catégoriques. Il démontra que l'auteur de *l'Intrus* avait fait à ces maîtres des emprunts à peine déguisés et quelques-uns même textuels. M. Gabriele d'Annunzio, brutalement mis en cause, dut se défendre. Il le fit avec esprit : « Il n'y a, dans tout cela, répondit-il, rien qui vaille la peine d'être relevé. Je m'assimilai quelques images et quelques détails d'un livre contemporain, tombé sous mes doigts, comme j'en cherchai d'autres dans les chroniques du XVIe, du XVIIe siècle, et dans les joyeux conteurs toscans, ou bien dans les hasards des conversations mondaines. Ce sont des petits gestes et de petits mots assez bizarres. Quelle importance ont-ils dans la composition et dans la signification d'une œuvre d'art? » Il ajouta, non sans raison : « Ai-je su marquer à mon sceau personnel ces emprunts insignifiants? Ceux qui connaissent la langue italienne en décideront. » Et il conclut malicieusement en citant les exemples des écrivains illustres qui ont pris leur bien où ils l'ont trouvé : La Fontaine, Gœthe, Racine, Virgile, Ronsard, et le premier de tous, Molière, qui n'a jamais caché ses larcins. Enfin, rendant à ses ennemis coup pour coup, il termina son plaidoyer par un mot dédaigneux sur la littérature italienne moderne qui n'est « qu'un gentil commérage qui se traîne dans les pharmacies et les cafés du royaume ». Le duel s'acheva sur ces paroles, et je ne pense pas qu'il recommence de sitôt. M. d'Annunzio put s'avancer librement sur la route déblayée...

Est-ce à dire que tout soit à négliger dans les observations de M. Enrico Thovez? Cet homme de méchante humeur a eu le tort de chercher à M. d'Annunzio une querelle misérable, une querelle de cuistre. Si au lieu de s'en prendre à la forme de ses ouvrages, il en avait examiné le fond, s'il avait recherché de quelle matière ils étaient formés et quelles choses s'y reflétaient, il aurait pu leur adresser des reproches d'une plus grave portée. Il eût établi aisément que M. G. d'Annunzio, bien loin d'être un instinctif, comme Guy de Maupassant, Émile Zola et Pierre Loti, est un intellectuel à qui toutes les littératures sont familières, un cerveau nourri par une forte culture, et qui résume, avec une rare intensité, toutes les idées qui ont eu cours depuis un demi-siècle en Europe, et particulièrement en France. On démêle dans ses œuvres : 1° l'influence du Naturalisme (les contes qui accompagnent *Episcopo* pourraient figurer dans le volume des *Soirées de Médan*); 2° l'influence de Bourget (*le Triomphe de la Mort* est une minutieuse enquête psychologique); 3° l'influence de Tolstoï (*l'Intrus* se dénoue selon les pures doctrines de ce philosophe); 4° l'influence de Maurice Mæterlinck (elle se fait sentir dans la *Vierge aux Rochers*, œuvre volontairement obscure et imprégnée de mystère). Joignez à ces influences, celles plus vagues du satanisme baudelairien, et du symbolisme instrumental; un profond amour de la nature, et un goût violent pour les beautés de la chair : et vous aurez M. Gabriele d'Annunzio dans sa séduisante complexité. Ayant puisé à toutes ces sources, il ne ressemble néanmoins à aucun des modèles qui l'ont inspiré. Il est demeuré lui-même. Il a donné un tour saisissant à des sujets qui sous une autre plume eussent été médiocres. Ce qu'il faut admirer en lui, c'est une puissance de développement qui tient du prodige. M. G. d'Annunzio est poète dans les moelles : il l'est par la conception, il l'est par le style. Ses mots, dont la traduction de M. Hérelle a su garder la couleur, sont pleins de parfums et de musiques. Cela vous grise. Il semble, en feuilletant ces pages, que l'on se promène dans un jardin où des fleurs capiteuses, des fleurs sans nombre s'épanouissent sous les baisers brûlants du soleil. C'est un bourdonnement de vie en germe, le sourd travail de la création, l'atmosphère chaudement humide et trop chargée d'odeurs de la flore tropicale. On en est accablé. Rien n'est plus malsain. Rien n'est plus délicieux. M. Gabriele d'Annunzio est arrivé à son heure. Il est le virtuose en qui s'exaspèrent nos décadences.

M. MARCEL PRÉVOST

M. Marcel Prévost est un écrivain aimé des femmes, ce qui ne signifie nullement qu'il soit un écrivain efféminé. Il ne cherche pas, comme certains, à les séduire par des mignardises; il ne cherche pas davantage à les latter. Il va son chemin, jetant autour de lui des regards assurés, faisant sonner ses talons et retroussant sa moustache. Il y a en M. Marcel Prévost un grain d'insolence soldatesque. Et peut-être cette impertinence n'est-elle pas étrangère à ses succès. Il est deux moyens de gagner le cœur des femmes : ou les accabler de compliments, ou affecter de se moquer d'elles : les prendre par la tendresse ou par le dépit. Et le second procédé n'est pas le plus mauvais. M. Marcel Prévost en use, mais avec discrétion. Il faut le lire avec soin pour pénétrer son tempérament. Presque toujours, des rapports assez étroits unissent l'être physique et l'être intellectuel. L'auteur du *Jardin secret* ressemble à ses livres.

Agile, bien découplé, la voix nette et la parole précise, il paraît taillé pour l'action plus que pour le rêve. Il est sûr de lui-même et de ce qu'il fait. Il est né combatif; il riposte du tac au tac à ses adversaires... M. Jules Lemaître ayant loué, dans une figurine du *Temps*, ses qualités d'homme pratique et son remarquable savoir-faire, M. Marcel Prévost lui répondit avec quelque sécheresse. Il releva les sous-entendus du critique et lui fit comprendre que ce jeu lui déplaisait. Pourtant, M. Jules Lemaître n'avait pas excédé ses droits en recherchant quelles qualités expliquaient la fortune brillante et extraordinairement rapide du romancier. Qu'il le veuille ou non, M. Marcel Prévost doit une part de sa renommée à son habileté, à sa souplesse, non moins qu'à son très réel talent. Il a su deviner les aspirations du public, il s'y est plié dans une honnête mesure. Il n'a pas sacrifié sa conscience d'artiste au désir de plaire; mais il n'a pas mis son orgueil à lutter contre le goût général. Il n'a pas poursuivi quand même le succès; il ne l'a pas dédaigné.

Gascon d'origine, élevé par les jésuites, admis à l'École polytechnique dont il sortit dans un bon rang, on retrouve en son caractère ces diverses influences. Il a l'intrépidité des Méridionaux. Il a pris au séminaire l'habitude de la réflexion, de l'analyse, de la casuistique. L'École lui a donné la méthode et l'esprit de précision, et aussi un vif amour des classifications et des formules mathématiques, une tendance à traiter les sentiments ainsi que des chiffres et à réduire en équation les phénomènes psychologiques. Dès ses plus jeunes ans, il fut attiré vers les lettres. Exilé dans un département du nord, il consacra à écrire les loisirs que lui laissait l'administration des tabacs. Il brocha son premier ouvrage, *le Scorpion*, dans lequel est étudié avec sûreté et peint avec beaucoup d'art le milieu spécial et peu connu du vulgaire où s'exerce l'enseignement ecclésiastique. Ses maîtres, ses condisciples y étaient saisis dans l'intimité de leur conscience, dans le secret de leur âme. Ce début fut remarqué; il méritait de l'être. Ce n'était qu'un début. Notre auteur voulait frapper un second coup plus retentissant. Il regarda autour de lui, comme Figaro, et s'enquit de quel côté soufflait la brise. Il crut remarquer que l'on était las des subtilités de l'analyse, que l'on commençait à détester les romans *où il ne se passe rien*, et qui ne sont qu'une image desséchée et plate de la vie. De même que M. Ludovic Halévy, en écrivant *l'Abbé Constantin*, avait servi le mouvement de protestation contre le naturalisme, de même M. Marcel Prévost entrevit la réaction imminente qui se dessinait et se plaça à la tête du mouvement. Il proclama la renaissance du roman d'imagination; il demanda un manifeste à M. Alexandre Dumas fils qui, « grand préfacier » de son naturel, voulut bien le lui fournir. La *Confession d'un amant* naquit au milieu des polémiques. Il fallait une étiquette. M. Marcel Prévost inventa le *roman roma-*

nesque. Et, dans son avant-propos, il imprima cette phrase : « Il y avait une chaise inoccupée, je m'y suis assis. » On ne manqua pas de faire observer au jeune écrivain que cette chaise inoccupée servait de siège à nombre d'auteurs, André Theuriet, Hector Malot, Victor Cherbuliez, Henri Gréville, à qui s'appliquait excellemment le titre de « romancier romanesque ». M. Marcel Prévost n'en démordit point. Il avait la prétention de créer ou, tout au moins, de renouveler ce genre. Et le public sembla lui donner raison, puisqu'il applaudit à ses théories et dévora ses ouvrages...

Dans quelle mesure M. Marcel Prévost a-t-il été novateur, et l'a-t-il été réellement ? Le roman romanesque est aussi vieux que la littérature. Dès l'instant où un roman, s'écartant de l'étude rigoureuse de la vérité, s'embellit par la fiction et montre non pas ce qu'est l'existence humaine, mais ce qu'elle *pourrait* et *devrait* être, il justifie l'appellation de *romanesque*. Ces sortes de récits sont généralement agréables et répondent aux aspirations secrètes de la plupart des lecteurs. Chacun de nous est accessible au romanesque. Être *romanesque*, c'est ressentir vivement la disproportion qui existe entre l'idéal que l'on porte en soi et la réalité où l'on est assujetti. Une femme est romanesque quand elle s'imagine être incomprise ; un épicier est romanesque quand il rougit de l'épicerie. Ajoutons que tous les romanesques ne sont pas ridicules, loin de là. Il y a des cœurs injustement meurtris et très supérieurs à la condition qu'ils sont contraints d'endurer. Ce sont ces cas d'*isolement moral* que le roman romanesque s'attache à peindre ; et c'est par là qu'il éveille, dans la foule, un si vibrant écho, qu'il la touche en ses fibres les plus délicates. Telle est la tâche que M. Marcel Prévost s'était assignée. Il a eu l'imprudence de la délimiter trop strictement. C'est le danger des théories qu'elles se retournent presque toujours contre leurs auteurs. M. Prévost, désirant évoluer entre deux écueils également périlleux, redoutant, d'un côté, les puérilités de la fiction pure, et, de l'autre, la sécheresse de la dissection, s'est engagé solennellement à ne donner dans ses livres « ni révélations sur des classes sociales peu connues, ni applications de théories médicales, ni découvertes métaphysiques ». Or, il n'a tenu qu'à demi cette promesse, il a été entraîné, malgré lui, à aller moins loin et plus loin qu'il n'avait dit. Qu'est-ce donc que son roman des *Demi-Vierges*, sinon l'étude d'une *classe sociale peu connue*? Sa raison d'être n'est-elle pas justement de nous apporter des « révélations » sur un milieu d'exception? Il faut bien avouer que le monde où s'agitent Maud de Rouvre et Julien de Suberceaux, ce monde où l'on flirte avec frénésie, où les jeunes filles se laissent caresser dans les petits coins par leurs danseurs, et les vont visiter le lendemain en leurs garçonnières, que ce monde vicieux et vicié ne correspond pas aux mœurs générales de la société française. Et quoique

M. Prévost désapprouve les écrivains qui étalent dans leurs livres des *théories médicales*, il n'est pas loin de les imiter; ses demi-vierges sont des malades, au même titre que certaines héroïnes d'Émile Zola, et s'il décrit plus sommairement leur état pathologique, il ne le laisse point ignorer.

Mais laissons les *Demi-Vierges*. Considérons les autres œuvres publiées par M. Marcel Prévost, et en particulier ces *Lettres de femmes* dont la vogue a été retentissante. Qu'y trouvons-nous? Des figures montées de ton, modelées avec un soin curieux, mais légèrement artificielles. Toutes ces créatures, pétries d'une main savante, et dont quelques-unes sont exquises, sont névrosées, inquiétantes, trépidantes, pour ne pas dire hystériques. Il y a en elles un je ne sais quoi d'anormal et de malsain.... Mlle Roberte a envie d'épouser le capitaine de Langallery. Et si impétueux est son désir qu'elle n'y peut résister. Elle exige que le mariage s'accomplisse sur-le-champ, et, comme on fait mine d'y résister, elle se pâme, elle enlève à la baïonnette le consentement de sa famille. Mlle Roberte sera plus tard Mme Bovary, à moins qu'elle ne soit Séraphine des *Lionnes pauvres*. Les autres jeunes filles qui coudoient dans le volume Mlle Roberte sont bâties sur ce modèle. Elles n'ignorent rien, elles sont, à dix-huit ans, savantes comme la Macette de Régnier, et de la même façon. Les épouses pratiquent l'adultère avec une virtuosité supérieure. Et les mères ne sont pas

moins compliquées. M. Marcel Prévost nous expose
minutieusement l'état d'âme d'une douairière, excellente dame au demeurant, qui est jalouse de la maîtresse de son fils. Celle-ci est une sorte de sphinge,
aux cheveux roux et aux yeux verts. La mère la hait
de toutes ses forces, mais elle cesse de la détester
dès l'instant où son fils lui est rendu : et d'autre part
elle lui sait presque gré de le faire souffrir, car elle
pense que cet excès de souffrance le lui ramènera.
Et elle évite de consoler le malheureux pour
l'amener plus vite au désespoir. « On eût dit qu'il
avait quelque chose à me confier, qu'il n'osait pas
et qu'il souffrait de ne pas oser. Il souffrait, le
pauvre chéri, et moi, qui l'adorais, je devinais bien
d'où venait sa souffrance, et je ne voulais pas qu'il
me la versât dans un aveu ; il fallait qu'il la bût
jusqu'à la lie, tout seul, sans conseil, sans témoins,
pour qu'après il me revînt comme je le voulais,
meurtri et pantelant, — pour que je le guérisse, et
qu'il me dût sa vie. Maintenant, je commençais à ne
plus haïr cette Juliette puisqu'elle lui faisait du
mal. » M. Marcel Prévost se complaît dans ces raffinements maladifs qui s'écartent singulièrement de
son programme. Et notez qu'il n'approuve pas les
actions coupables. Il les censure ; mais pour les
mieux censurer, il les décrit en détail. Il éprouve
comme une jouissance voluptueuse à étaler ces plaies
qui lui font horreur. Saint Antoine énumérant les
pièges que le démon dresse devant lui, et se com-

plaisant à regarder les images de la tentation, tout en protestant de l'aversion qu'elles lui inspirent; ainsi, je pense, agit M. Prévost. Au fond, il a un grand mépris pour l'amour et pour la femme. Il ne voit en elle qu'égoïsme, sensualité, frivolité, vanité. Il partage en cela les idées de Schopenhauer et considère les douces créatures qui sont nos compagnes comme des « êtres inférieurs et séduisants, dont la mission est de conspirer aux fins de la nature et, par l'attrait qu'elles exercent sur l'homme, d'assurer la perpétuité de l'espèce ». Et nous sommes obligés d'avouer que presque toutes les femmes de M. Marcel Prévost répondent, en effet, à cette définition.

Ce prétendu « romancier romanesque » est donc le plus cérébral, et le plus froid, et le moins compatissant des sceptiques. Il est rarement ému. On ne sent pas passer dans ses pages ce frisson d'humanité qui palpite en celles de Maupassant. Et cependant il plaît, il séduit. La grâce de l'écrivain corrige la brutalité du penseur. Cette grâce est extrême. Quoi que prétende la jeune école qui ne pardonne pas à M. Prévost son élévation soudaine et l'éclat de ses triomphes, c'est un prosateur du premier rang. Sa langue est savoureuse, large, limpide, nombreuse, et rappelle, par sa fluide abondance, celle de George Sand, avec quelque chose de mâle et de cavalier qui conquiert la sympathie et empêche l'attention de s'engourdir. Il ne procède pas, ainsi qu'Alphonse Daudet, par petits coups de pinceau ingénieux, par touches finement nuancées; il ne soigne pas le « morceau ». On serait en peine de trouver dans ses livres deux cents lignes pouvant être détachées et formant tableau. Les descriptions, les portraits, les digressions se fondent dans la trame du récit, qui file d'un pas rapide. M. Marcel Prévost se reflète dans son style. S'il n'est le plus sensible, il est le plus intelligent de nos romanciers.

M. RENÉ MAIZEROY

———

Si l'on cherchait à se représenter, en un type accompli, le romancier féministe, il suffirait de dessiner, du bout de la plume, M. René Maizeroy. Et d'abord, qu'est-ce qu'un romancier féministe et quel sens faut-il attacher à ce terme? Le féministe est-il tout simplement celui qui plaît aux femmes? A ce compte, un grand nombre de romanciers seraient féministes, depuis M. Paul Bourget, qui passionne les duchesses, jusqu'à M. Xavier de Montépin, qui fascine les lectrices d'un ordre moins relevé... Le féministe digne de ce nom ne se contente pas de captiver ses clientes : il les séduit, il s'insinue dans leur intimité, il leur montre à de certains signes, difficiles à déterminer, qu'elles peuvent avoir confiance en lui. Il n'est pas seulement un amuseur, il est le confesseur et l'ami de celles qui dévorent ses ouvrages... Il y a entre eux une affinité de tempérament et comme une parenté morale. M. Marcel Prévost serait un féministe parfait, s'il n'avait une impertinence trop cavalière. On le sent sceptique et même dédaigneux sur le chapitre de l'amour. Il a écrit quelques pages que les femmes ne lui ont pas pardonnées. Elles admettent qu'on soit brutal avec elles, à condition qu'il se mêle à ces violences une réelle passion pour leur sexe. Mais elles détestent l'ironie. Sous ce rapport, M. René Maizeroy les rassure pleinement. Il n'est à aucun degré ironiste. Et les qualités par où il a réussi sont de celles qui leur tournent le plus aisément la tête.

Voyez M. René Maizeroy dans le monde. Il a grand air, et c'est un gentleman accompli. Issu de vieille souche française, le baron Toussaint (tel est son nom véritable) a d'abord appartenu à l'armée. Il a servi dans la cavalerie. Et ce devait être un lieutenant de chasseurs d'une suprême élégance. Il a gardé le pli de son ancien métier, mais la correction militaire s'allie en sa personne à une grande affabilité. Il ressemble à ces gentilshommes du dernier siècle qui faisaient bonne figure à la guerre, mais qui déployaient à la cour beaucoup de grâce. Il leur ressemble de toute manière, car avec son nez bourbonien, ses yeux bleus à fleur de tête et ses cheveux bouclés, que l'on dirait couverts d'un doigt de poudre à la maréchale, il rappelle les portraits de la galerie du roi à Versailles. Si La Tour avait connu M. René Maizeroy il en eût fait un délicieux pastel.

Quoique M. René Maizeroy fût en posture de

réussir dans la carrière des armes, il ne tarda pas à s'en dégoûter. Un invincible penchant l'attirait vers les lettres. Il commença par chercher autour de lui des sujets d'inspiration. Il coucha sur le papier ses impressions de jeunesse, les souvenirs de son passage à Saint-Cyr et de ses premières garnisons. Sous ce titre, *les Malchanceux*, il traça un tableau de la vie des officiers en province, considérée sous ses aspects douloureux. Ce livre, qui n'est pas sans mérite et qui renferme des pages pénétrantes, fut remarqué. M. Maizeroy aurait pu persévérer en ces études, mais il avait de l'ambition, il voulait devenir un auteur à la mode, et son bon génie l'avertit qu'il devait poursuivre le succès dans une voie moins sévère. Il résolut de composer des romans voluptueux. Et, du premier coup, il s'affirma, en ce genre un peu spécial, comme un maître. Il chanta les baisers, les caresses, l'enivrement de la chair, et les caprices du sentiment. Son imagination libertine se joua parmi les pires audaces. Je ne crois pas que l'on puisse rien produire de plus libre et de plus osé que *les Deux Amies*, *l'Adorée*, *P'tit Mi* et *La Peau*. Le titre de ce dernier volume résume excellemment le talent de M. René Maizeroy, ce que ce talent a d'exquis et ce qui lui manque pour être puissant et complet. Les héroïnes de M. Maizeroy sont capiteuses, perverses, admirablement soignées; elles exhalent de suaves senteurs, dont la gamme comprend tous les parfums connus, de l'*odor di femina* à l'eau de

Lubin inclusivement. Leurs dessous sont irréprochables. Pour ce qui est des autres dessous — j'entends les dessous psychologiques, — l'auteur y introduit moins de complications. Ce n'est pas, croyez-le bien, que M. Maizeroy soit incapable d'analyser l'âme de la femme et de discerner ses innombrables replis. Mais les ravissantes créatures qu'il a modelées ont, en général, une âme rudimentaire et ne sont mues que par l'instinct génésique et les impulsions qui en dérivent. Il n'a donc pas à se torturer l'entendement pour démonter les rouages de ces adorables et malfaisants petits animaux. Suffit qu'il les montre au naturel et allume dans nos veines, par la suggestion de ses peintures, le frisson du désir et du plaisir. Tel est le rôle que s'est assigné M. Maizeroy dans la littérature contemporaine, et il le joue d'une façon supérieure. Il s'est forgé un style très personnel, que l'on pourrait appeler le *style liberty*, car il ressemble à ces soies légères dont les teintes mourantes sont si fort à la mode en ce moment. Il féminise tout ce qu'il touche. S'il emploie des métaphores, il les emprunte le plus volontiers aux intimités de l'alcôve ou du cabinet de toilette. Son épithète est languissante et se pâme au bout des phrases sous le chatouillement de son pinceau; les blancheurs sont toujours *indécises* ou *liliales*, les clartés sont *aurorales*, les maisons *endeuillées*, les gestes *obsesseurs* et *navrés*. Ou bien son expression est excessive, trépidante comme une attaque de nerfs; ou bien elle s'agenouille en des postures extasiées. Le mot *paradis* est un de ceux qui lui sont le plus chers. Il le plie à des usages que l'auteur de l'*Imitation* n'avait pas prévus... *Paradisiaques instants, jardin paradisiaque*; c'est le baiser qui *enorgueillit* et *emparadise*; c'est l'idole, l'*idole attirante*, de qui les yeux sont pleins d'une *tendresse infinie*, et qui sourit à travers ses *larmes de béatitude*.

Ce procédé communique au langage de M. Maizeroy une sorte de mollesse qui n'est pas sans agrément quand on la savoure à petites doses, mais qui bientôt énerve comme un bain trop prolongé. M. Maizeroy a le goût de sensualité des auteurs du xviiie siècle, mais non pas leur sécheresse spirituelle. Il a subi l'influence du romantisme. Cet homme qui pense comme Crébillon le fils a, dans son style, des effusions lyriques qui eussent étonné son aïeul maternel, le marquis Jolly de Maizeroy, lequel commandait, sous Louis XV, le régiment du royal Aunis. A cette époque, la « bagatelle » s'entourait de moins de cérémonies, et les femmes, pourvu qu'on les divertît, n'exigeaient point qu'on les traitât en idoles et qu'on rendît à leur beauté un culte religieux. Celles d'aujourd'hui n'ont pas l'humeur si gaillarde. La volupté n'a pour elles de piment que si elle se nuance de tristesse ou, en tout cas, de mélancolie. Elles estiment qu'un grain de désespoir rend la passion plus frémissante et elles ne savent pas mauvais gré à M. Maizeroy d'accoupler, dans ses livres, l'idée de l'amour avec l'idée de la mort... M. René Maizeroy est, à l'heure présente, le romancier féministe le plus suggestif que nous ayons. Une seule fois, il essaya d'être chaste. Il écrivit *l'Ange*. Et l'on s'aperçut que ce roman de jeune fille n'était pas moins sensuel que les précédents; peut-être même l'était-il davantage, car il l'était, malgré l'intention très sincère de l'auteur. Ce libertinage, dissimulé, refoulé, prenait une force singulière... Que voulez-vous! on ne se dépouille pas en un jour d'une habitude de vingt ans! M. Maizeroy est tellement accoutumé à peindre les scènes licencieuses qu'il en reste des traces dans ce qu'il écrit. Les fiancés qu'il mettait en scène dans *l'Ange* n'étaient pas des fiancés, mais des amants... M. Maizeroy ne se transforme que lorsqu'il aborde les sujets militaires. Alors, il redevient mâle. Et comme il ne peut néanmoins dépouiller le charme qui est en lui, le mélange intime de ses qualités donne un résultat heureux. Je citerai, comme un modèle, ce discours de la sœur Sainte-Victoire, ancienne infirmière de Saint-Cyr, narrant ses souvenirs aux novices : « Vous n'êtes pas de ce temps-là, ma petite, vous n'avez pas assisté à ces retours de guerre où les drapeaux sont en loques, où l'on ne sait plus ce que l'on crie, où l'on jette des roses et des branches de laurier aux braves soldats, où l'on pleure en écoutant les clairons. Vous ne pouvez vous imaginer ce que c'est que d'apprendre qu'un pauvre carottier de jadis, à qui l'on évita des réprimandes et des punitions, a triplé les étapes, gagné le petit bâton bleu semé d'abeilles d'or et les plumes blanches... J'aurais chanté alors au bon Dieu le *Nunc dimittis* tant j'étais heureuse... et je crois que j'ai une cocarde à ma cornette, une belle cocarde un peu usée, mais dont les trois couleurs tiennent bon quand même, tiendront plus longtemps que moi... » Cet exemple démontre que M. René Maizeroy, quand il le veut bien, sait sortir de la fadeur. Il faudra bien qu'il se résigne à produire, dans l'avenir, des œuvres graves. Car on ne peut éternellement vider le carquois d'Eros... Et il est des frivolités qui s'accommodent mal avec la vieillesse.

ALPHONSE DAUDET

Bien souvent, à Champrosay, tandis que nous nous reposions sous les arbres de son jardin, et, à Paris, dans un coin de ce salon qui fut si largement cordial et hospitalier, Alphonse Daudet m'a conté sa vie. Il se plaisait à animer les choses passées; il les évoquait avec une vivacité incomparable et un charme de mimique et d'expression auquel on ne pouvait résister. Ce n'est pas en quelques pages que l'on peut juger le grand écrivain. Je voudrais, du moins, dessiner sa physionomie et marquer les changements qui y sont intervenus, durant trente années d'une fécondité incessante. J'userai, pour ce travail, des confidences que j'ai reçues; et j'essayerai de traduire l'opinion qu'Alphonse Daudet avait de son œuvre et qu'il exprimait très librement.

Tout d'abord, Daudet est une cigale et n'est guère que cela. Il est né dans la campagne poudreuse de Nîmes; sa famille est d'extraction assez humble, quoique de souche bourgeoise. Il a dix-sept frères et sœurs. Son père fait le commerce des foulards, sa mère est plus raffinée, elle lit des romans, elle rêve sur les livres de Mme Cottin. Mais il a eu un aïeul resté légendaire, un certain chapelier qui vivait du temps de Louis XVI et qui fut un terrible luron. Alphonse a dans les veines quelques gouttes de son sang. Son enfance est turbulente; il prend part à l'agitation de la rue; il agit et pourtant il rêve. Il s'imprègne des parfums de son pays, il passe les nuits dans la montagne avec les pasteurs et garde, gravée en traits impérissables, la vision des larges plaines, des horizons limpides, des rocs brûlés de Provence. Il achève tant bien que mal ses études, manque son baccalauréat, s'engage à seize ans comme maître répétiteur et prend la résolution aventureuse de venir rejoindre à Paris son frère aîné, qui y occupait un modeste emploi et habitait une mansarde dans quelque rue du quartier Latin. M. Ernest Daudet a fixé dans une aimable page l'impression de cette arrivée : « Je le vois encore, exténué de fatigue et de besoin, mourant de froid, enveloppé dans un pardessus usé, défraîchi, démodé et, pour donner à son équipement une allure originale, chaussé, sur des bas en coton bleu, de socques en caoutchouc. » Il s'installa dans le grenier fraternel et vola à la conquête de la gloire. Il y vola mollement. Il n'avait pas encore appris à vaincre sa paresse naturelle; il attendait l'inspiration. Il composait des vers où le frisson voluptueux de Musset s'avivait d'une pointe de bonne humeur; il traduisait des légendes ensoleillées qui arrivaient d'Avignon en droite ligne. Ses premières poésies, ses premiers contes furent remarqués; l'auteur ajouta à leur succès en se montrant dans le monde. Il était beau comme un jeune dieu ou comme le Vincent de *Mireille*. Un gentil mélange de vivacité et d'indolence, beaucoup de délicatesse, une émotion pénétrante, le sens de la couleur, le don du rythme, et, par-dessus tout, cette séduction que l'on subit sans la définir et qui résulte de l'union étroite de ces qualités. Tels sont les mérites qui éclatent dans les *Lettres de mon moulin*, dans l'ébauche primitive de *Tartarin* et par où se signale Alphonse Daudet en cette période de sa carrière. Des deux êtres qui le constituent, le sensitif prédomine. L'observateur prend déjà des notes; il commence à emplir les fameux carnets dont on a si souvent parlé. Daudet amasse pour l'avenir des matériaux; il ne s'en sert pas. Il préfère s'abandonner à la folle du logis. Il chante et dort dans le sillon... C'est une cigale.

De 1870 à 1885, l'observateur prend le dessus. Un autre Daudet se dessine. Sa situation matérielle a changé. Il s'est marié; il a quitté la sainte bohème; il a contracté des habitudes d'ordre et de régularité; il a, à son foyer, une conseillère très sage, et peut-être ambitieuse, qui l'encourage à aborder des œuvres plus vastes, qui voudrait que son talent acquît plus d'ampleur. Il a reçu la commotion de la guerre, il a vu de près les misères de l'humanité ; et les tragiques spectacles auxquels il a assisté ont élargi et, si l'on peut dire, mûri son âme. Il était presque un enfant : maintenant il est un homme. Il publie deux recueils : les *Contes du lundi*, les *Femmes d'artiste*, où l'on ne retrouve plus l'insouciance des *Lettres de mon moulin*. Ces courts morceaux sont, pour la plupart, des drames condensés et suggestifs ; une vision aiguë des réalités s'y allie au prestige d'une forme infiniment souple et savante. Puis, il se consacre au grand roman de mœurs et de caractère. Quelle flamme, quelle fièvre il y apporta, ceux-là seuls le savent qui l'ont vu à cette époque. Si sa santé fut gravement ébranlée, il le dut à l'excès de labeur qu'il s'imposa lorsqu'il écrivit *le Nabab, les Rois en exil, l'Évangéliste*. Pendant huit mois, il besogna furieusement, restant attablé dix-sept heures par jour devant l'écritoire, prenant à peine le temps de manger, se cloîtrant en sa demeure, ne dormant plus, apercevant en songe ses personnages qui lui parlaient, se réveillant en sursaut et couchant sur le papier le mot ou l'épithète qu'il avait peur de perdre au réveil. Quand le sommeil le terrassait, il lui semblait entendre une immense rumeur, comme si un bruit de houle ou de foule lui eût battu aux oreilles. Il murmurait des paroles incohérentes, il était dans un perpétuel délire. On avait placé son lit auprès de son bureau, afin qu'il pût se vêtir en un clin d'œil.

Quand le manuscrit fut terminé, il posa un soupir de soulagement; mais il était trop tard : la machine surmenée refusait le service. L'écrivain fut pris d'une fatigue cérébrale invincible. En vain essaya-t-il de réagir en se jetant dans de rudes exercices physiques. Une nuit, il crut mourir. Il appela Mme Daudet et lui murmura, d'une voix agonisante : « Finis mon bouquin! » Cri d'angoisse du créateur qui ne veut pas partir en laissant sa tâche inachevée. Il ne devait pas succomber tout de suite. Sa robuste constitution triompha du mal. Au surplus, il aurait pu s'éteindre à ce moment; sa renommée était fondée sur des assises robustes; elle était parvenue à son apogée. Il venait de produire, coup sur coup, les livres qui resteront ses chefs-d'œuvre, ceux où il a mis le plus de son cœur et de son cerveau : *Fromont jeune, les Rois en exil, le Nabab, Jack* et *Sapho*. Toutes ses facultés s'y épanouissent dans un accord merveilleux, sans qu'aucune d'elles se développe au détriment des autres. Il a gardé l'éclat d'imagination de sa jeunesse et cette fleur de gentillesse dont il pare ses tableaux les plus cruels et qui en atténue les brutalités et qui empêche qu'ils ne soient déplaisants, tout en demeurant exacts; et, en même temps, il atteint à la plus haute expression des passions; il arrive au pathétique, au tragique; sa peinture a le puissant relief de la vie et elle possède l'ordre, la mesure et l'élégance des formes qui constituent l'œuvre d'art. Je ne sais ce que la postérité conservera de ces huit ou dix volumes ; je suppose qu'elle les mettra en bonne place, à mi-chemin de Balzac et de George Sand, Alphonse Daudet ayant plus de grâce que Balzac et plus que George Sand le souci du détail et la pénétration psychologique.

Dans les dix dernières années d'Alphonse Daudet cet équilibre s'est quelque peu dérangé. La petite cigale du pays nîmois est demeurée bien loin dans le passé. Le Daudet de l'adolescence, le Daudet au fin sourire, aux longs cheveux bouclés s'envolant à tous les vents, s'est assombri. Sa pensée, en dépit des souffrances qui ont torturé son pauvre corps, est demeurée vigoureuse et lucide ; son talent a perdu de sa fraîcheur, il est devenu plus âpre. L'observateur l'emporte décidément sur le sensitif ou, plus exactement, le sensitif n'a plus la même façon de sentir ; il est moins indulgent, moins enclin à la pitié ; il s'irrite. Ce changement est sensible dans *l'Immortel*, roman haineux, où l'ironie va, en de certaines pages, jusqu'à la férocité. Il s'accentue encore dans *la Petite Paroisse*, qui renferme le profil le plus aigu que l'on ait jamais tracé du jeune homme moderne, du *struggleforlifer*. Charlexis, c'est Néron, dépouillé de ses privilèges impériaux, jeté dans l'existence banale d'un siècle civilisé et exerçant ses ravages sur son entourage immédiat, puisqu'il ne peut plus en faire gémir l'univers. Ce type est établi

de main de maître. Daudet y a dépensé des trésors
de clairvoyance. Mais que de violence, quelle implacable dureté dans cette étude! Il s'est placé en face
du monstre et l'a disséqué fibre à fibre avec la
patience, mais non avec la sérénité d'un chirurgien. Au fond, il déteste son modèle et tous ceux
qui lui ressemblent, et sa plume, alors qu'elle
copie sa ressemblance, est agitée par une sourde
colère...

Cette colère, j'en ai plus d'une fois surpris l'explosion, pendant nos causeries de bon voisinage, dans
les allées du parc de Champrosay. Elle était, d'ailleurs, généreuse. Elle s'attaquait à ce qu'il y a de
bas et de méchant dans l'humanité. Daudet considérait avec étonnement, presque avec effroi, les mœurs
littéraires de la nouvelle génération. Les revues, où
toutes les gloires acquises sont insultées par des
envieux obscurs, lui étaient un objet de répulsion.
Je me rappelle l'émotion que lui causa un certain
plébiscite au sujet d'Alexandre Dumas fils et qui
répandit sur sa tombe toute fraîche un flot d'outrages. Cette injustice le suffoquait; et, pour se soulager, il nous disait son admiration pour les maîtres, son affection respectueuse pour ses aînés, pour
Théophile Gautier, pour Flaubert, pour Goncourt,
pour ceux qui l'avaient aidé, à l'instant difficile des
débuts. Pauvre Daudet! Il éprouvera à son tour
l'ingratitude des jeunes hommes de lettres; et sans
doute tiendront-ils à affirmer publiquement le

mépris où ils tiennent son génie. Il en sera vengé par l'admiration naïve des milliers de braves gens, qu'ont charmés les divines fictions de ses livres, et par le culte que voueront à sa mémoire tous les amis qui l'ont approché.....

M. AURÉLIEN SCHOLL

Son nom est assuré de survivre, sinon son œuvre. On dira plus tard Scholl, comme on dit Chamfort. Et l'on citera ses mots, dont quelques-uns seront apocryphes. Depuis bientôt un demi-siècle, on attribue à Scholl toutes les plaisanteries spirituelles qui éclosent sur le boulevard. Il n'a pas besoin de ce surcroît, ayant son propre fonds qui suffit. Mais on ne prête qu'aux riches...

Comment il quitta sa ville natale, comment il vint à Paris, il l'a raconté en des pages sémillantes. Il avait seize ans; il achevait sa rhétorique au lycée de Bordeaux, dont il suivait les cours comme externe, et il amalgamait les vers latins avec la critique théâtrale. Il rendait compte, dans une feuille locale, des pièces nouvelles. Ses parents ignoraient, bien entendu, ce scandaleux vagabondage. Un incident imprévu le leur révéla. Une dame se présente chez eux et demande à parler à Aurélien. « Que voulez-vous à cet enfant? répliquent-ils d'un air courroucé. — Je suis une des pensionnaires du Grand-Théâtre, et je viens le remercier de son dernier article... » On juge de l'accueil que reçut notre potache quand il rentra, sa serviette sous le bras : « Une actrice! Tu nous envoies des actrices! Eh bien! tu les prieras d'aller te rejoindre ailleurs. Je ne veux pas de cela à la maison! » Le professeur de Scholl, M. Garçonnet, qui devait occuper plus tard une chaire à la Sorbonne, se montrait moins rude que son père : « Vous qui êtes influent, lui disait-il, tâchez donc de m'avoir, par-ci, par-là, une loge. » Il n'en fallait pas tant pour exalter l'imagination d'un futur homme de lettres, qui était déjà sensible à la flatterie... Sa préoccupation, le but où tendait son secret désir, c'était Paris, qu'on n'avait pas encore appelé la Ville-Lumière, mais qui était seul dispensateur de la grande renommée. Scholl aimait Bordeaux du fond de l'âme; il avait même des raisons particulières d'y être attaché, car il y connaissait une certaine Léopoldine, grisette et blanchisseuse de son état, qui lui donnait beaucoup de satisfaction. L'amour et l'ambition ne vont pas souvent ensemble. Scholl ayant à choisir entre la gloire et Léopoldine, n'hésita pas : il sacrifia Léopoldine. Et il demanda à l'auteur de ses jours la permission d'aller chercher fortune dans la « capitale ». Celui-ci s'éleva avec véhémence contre ce dessein. « Si encore, tu devais gagner un jour douze mille francs par an, comme

M. Jules Janin!... — J'espère bien gagner davantage!
— Jeune présomptueux! — Alors c'est un refus? —
Catégorique! » Aurélien, qui n'était pas patient, —
c'est là son moindre défaut! — résolut de prendre
la poudre d'escampette. Mais où trouverait-il l'argent nécessaire à ce coûteux voyage? Il avait bien
une tirelire où sa mère glissait une pièce de cinq
francs chaque fois qu'il consentait à « se purger ». Il
se purgeait rarement et cassait souvent la tirelire. Il
vendit ses dictionnaires, ses livres de classe. Il désespérait de réunir le magot rêvé, et maudissait la
barbare tyrannie qui écrasait dans l'œuf sa vocation,
lorsque sa sœur vint à son secours. Elle admirait
Aurélien, elle partageait ses espérances. Elle lui
dit : « Veux-tu mes économies? J'ai six cents francs
dans le fond de ce tiroir. Tu me les rendras quand tu
pourras! » Scholl embrassa la chère enfant en versant des pleurs de reconnaissance, et s'occupa de
tout préparer pour sa fuite. Il acheta une malle qu'il
déposa chez Léopoldine, y empila son habit noir,
ses bottines vernies (il comptait se répandre à Paris
dans la haute société); quelques chemises fraîchement blanchies (Léopoldine y avait mis tout son
cœur); il s'assura d'une place sur la diligence. Et
fouette cocher! Trente-six heures plus tard, il débarquait rue du Bouloi, où les voitures publiques de
Laffitte et Caillard avaient leur remise. Les trente
louis de la petite sœur étaient légèrement écornés.
Mais Scholl se sentait un courage à toute épreuve. Il

regarda sans frayeur ces rues populeuses, ce ciel brumeux, hostile aux nouveaux venus : « A nous deux, Paris! » Il se dirigea d'instinct vers le boulevard des Italiens; et comme il passait devant le perron de Tortoni, brillamment illuminé, une voix intérieure lui cria : « Ce sera là ton domaine! »

A ce moment, aux environs de 1850, une évolution se dessinait chez les jeunes gens. En littérature, ils sortaient du mouvement romantique et y étaient encore à demi plongés. En politique, ils s'étaient nourris d'un certain idéalisme humanitaire et sentimental, et ils éprouvaient comme un mystérieux besoin de réagir contre ces doctrines et ces tendances. Chaque génération s'insurge contre la génération qui est venue avant elle; et ces revirements sont la condition même du progrès, puisqu'ils donnent une direction et une impulsion nouvelle au mouvement des idées. Aurélien Scholl tombait en pleine insurrection. Les poètes, las d'épancher leur enthousiasme, jetaient les fondements du Parnasse, qui proscrivait l'émotion et prescrivait le culte de la rime millionnaire. Les romanciers délaissaient l'imagination pour l'étude de la vie et s'efforçaient d'être « scientifiques ». Les dramaturges s'intéressaient aux questions sociales, et déjà l'on voyait poindre les pièces à thèses. Ceux qui n'étaient tout à fait ni des romanciers, ni des dramaturges, ni des poètes, se jetaient à corps perdu dans le journalisme et le transformaient. Ils y étaient aidés par les circonstances. L'empire, en supprimant la liberté de la presse, en lui imposant un contrôle incessant et rigoureux, l'obligeait à devenir plus frivole. Les feuilles, ne pouvant s'occuper des affaires d'État, se rattrapaient sur les affaires mondaines. A côté des journaux dogmatiques, demeurés fidèles à la tradition d'Armand Carrel, se fondèrent de nombreuses gazettes, très vives d'allure, et qui se cantonnèrent sur le terrain de la littérature et des mœurs. De brillants écrivains s'y révélèrent : Auguste Villemot, Arsène Houssaye, Charles Monselet, Eugène Chavette, Edmond About, Francisque Sarcey, Hector Pessard, Jules Claretie, Rochefort... Aurélien Scholl avait sa place marquée dans cette phalange. Après avoir collaboré à d'éphémères organes, tels que la *Naïade*, journal *pour lire au bain*, imprimé sur tissu imperméable, et le *Satan*, qui s'élaborait dans l'officine d'un marchand de vins, il entra au *Figaro*, il fonda l'*Événement* et le *Nain jaune*. Du jour au lendemain, il devint célèbre. Il avait une note à lui, une façon de trousser l'anecdote et de décocher le trait, une verve alerte et mordante qui conquirent le public. Pendant vingt ans, il se dépensa avec une inconcevable prodigalité.

Je me suis amusé à compulser la collection de ces vieux papiers. Tout d'abord, on en est étonné : ces numéros de huit grandes pages ne renferment que des échos, des nouvelles à la main et des causeries légères. Ce bavardage semble futile. Et peu à peu on s'y laisse reprendre. On est émerveillé de la quantité d'esprit qui s'y gaspillait. Trois fois par semaine, Aurélien Scholl improvisait ses cinq ou six colonnes. Il brodait sur n'importe quoi des variations qui n'étaient presque jamais indifférentes. Et autour de lui se formait une légende. Il plaisait aux femmes, et il était batailleur. Il eut je ne sais combien de duels, seize ou dix-sept, avec des confrères, avec des clubmen, avec M. Sarcey, avec M. de Dion. Enfin, il portait un monocle, et cet appareil, qui n'était pas un vain ornement et qui venait en aide à la myopie du chroniqueur, prit un caractère symbolique. Ce monocle effronté, vissé dans l'œil, et volontiers insolent, le complétait dans l'opinion de la foule, et résumait ce que le personnage de satiriste boulevardier comporte d'aplomb, d'impertinence, de hardi caquet. Il fut convenu que tout journaliste qui ne s'occupait pas exclusivement d'économie politique devait avoir un monocle. Et tous eurent des monocles, à l'exemple d'Aurélien Scholl. Celui-ci voyait grandir sa réputation, et s'accommodait du rôle qui lui était assigné : il le jouait à merveille. Il ne se bornait pas à écrire ses chroniques, il les « causait ». Chaque soir de cinq à sept, autour d'une table de café, il tirait son feu d'artifice et lançait à tous venants des fusées, qui parfois étaient meurtrières. C'est lui qui, interpellant un méchant auteur nouvellement décoré, et dont la boutonnière, trop large, laissait échapper le ruban rouge, s'écria, avec ce ricanement qu'on lui connaît :

« Inutile de remettre ce ruban ! Il tombera toujours. *Votre boutonnière ne peut s'empêcher de rire!!* » Ces trouvailles, qu'on se répétait le lendemain, mettaient Paris en joie. Et c'est ainsi que Scholl affirma sa royauté. Il produisait, entre temps, car il fut grand travailleur, des comédies spirituelles, des romans et des contes ingénieux, voire quelques vers, qui valaient pour le moins ceux de Mürger. Tout ceci ne comptait pas. Scholl avait son étiquette : il était l'homme de France qui faisait le plus de « mots ». Et il fit des mots, sans se lasser, le plus aisément du monde ; les mots lui venaient comme les fruits viennent aux arbres, par l'impulsion d'une force naturelle : mais ils lui venaient en toutes saisons...

Aujourd'hui, M. Scholl est arrivé à l'âge où les généraux quittent le commandement et le passent aux cadets. Il s'est un peu détaché du journalisme ; il montre une politesse bienveillante aux jeunes cannibales du *Mercure de France* et de la *Plume*, qui l'honorent, en retour, de quelques égards. Mais je crains que, de part et d'autre, cette sympathie ne manque de sincérité. Et M. Scholl est, je pense, très heureux. Il a rempli sa destinée, il a gardé sa belle humeur. Il aime les animaux, et sa maison en est pleine, ainsi que d'amis. Il a son perroquet Antoine et son camarade Chincholle, auxquels il a voué une grande affection. N'établissez, je vous prie, aucune assimilation entre M. Chincholle et Antoine. Antoine est un être au cœur sec, égoïste et vicieux. M. Chin-

cholle est le meilleur et le plus fin compagnon...
L'éminent chroniqueur vieillit de la sorte, si c'est vieillir que conserver, sous la neige des cheveux, la bienveillance et la gaîté, cette double jeunesse du cœur et de l'esprit.

M. PIERRE LOTI

(Il y a deux parts dans l'œuvre de M. Pierre Loti. Ses plus fameux ouvrages (à l'exception de *Pêcheurs d'Islande*) ne sont que des fragments d'autobiographies. Dans *Rarahu*, dans *Aziyadé*, dans *Madame Chrysanthème*, dans *Fantôme d'Orient*, il a conté ses amours, et c'est à ces épisodes qu'il dut sa première célébrité. Il s'en exhalait un charme incomparable, et auquel la foule ne pouvait être insensible.) Pendant dix ans au moins, toutes les Françaises sentimentales furent éprises de M. Pierre Loti. Elles goûtèrent en lui l'homme et l'écrivain; l'homme qui avait eu d'étranges aventures et qui les confessait avec une fatuité pleine de grâce, l'écrivain qui savait évoquer, avec une puissance extraordinaire, la féerie des climats lointains, et qui, dans ces décors de rêve, plaçait des drames humains et tendres, drames de sang, de larmes et de volupté. Certains lecteurs, moins prompts à s'émouvoir, reprochaient à M. Pierre

Loti de trop occuper le public de sa personne. « Que deviendra cet auteur, pensaient-ils, quand il aura passé l'âge où l'on excite les passions? Car il est destiné à vieillir, comme les hommes vulgaires. Et dans vingt années, lorsqu'il sera devenu chauve et que sa moustache aura blanchi, il ne pourra sans quelque ridicule nous présenter des héroïnes énamourées, fussent-elles noires comme des taupes ou jaunes comme le safran. Or, dès que M. Pierre Loti ne parlera plus de lui-même, de quoi parlera-t-il? Est-il capable de parler d'autre chose? » Il est visible que l'écrivain a pressenti cette objection. Sa condition a changé; le libre et capricieux officier a pris racine; il s'est marié. Des raisons de convenance s'opposent à ce qu'il continue à narrer ses bonnes fortunes, et je veux croire que, même en eût-il le dessein, il ne trouverait plus dans sa vie, devenue calme, matière à de tels récits. Ne voulant plus se mettre en scène directement, il a créé des héros imaginaires, Yan et Gaud, de poétique mémoire ; le matelot Jean Berney; le couple de *Ramuntcho*, si touchant et si simple. La critique, d'abord défiante, dut avouer que ces figures, pour être fictives, n'étaient pas moins vivantes que les figures réelles que M. Loti avait placées dans ses premiers livres. Et c'est ainsi qu'il conquit la place éminente qu'il occupe aujourd'hui dans le roman français contemporain, et que personne ne songe plus à lui contester..

(Sur quelles qualités acquises et sur quels dons

naturels sont fondés le mérite et la gloire de M. Loti? Si nous considérons la longue série de ses volumes, nous y relèverons quelques traits qui leur sont communs à tous, et qui me paraissent caractériser son tempérament. Et, d'abord, c'est une admirable sincérité. M. Loti est toujours sincère, même quand il se trompe, même quand il se contredit (cela lui arrive quelquefois). Il n'écrit que sous l'impulsion d'un sentiment vrai. S'il laisse tomber de sa plume des pages tristes, c'est qu'il a l'âme en deuil; s'il pousse des cris de joie, c'est que son cœur est en fête. Nous sommes *sûrs* qu'il pense ce qu'il dit, et cette certitude nous inspire, tout ensemble, de la confiance et du respect. M. Loti possède donc une sensibilité très vive. De plus, sa sensibilité est très mobile; elle varie sans cesse; elle nous déconcerte, nous surprend et, par cela, nous attache. Ce romancier est un baromètre qu'influence le plus léger changement de température; ses impressions se succèdent avec une surprenante rapidité; il est indécis, ainsi que la plupart des sensitifs; il passe d'un extrême à l'autre, d'une disposition à la disposition opposée. De là des doutes, des angoisses, des embarras qu'il nous confie en toute franchise et qu'il excelle à nous faire merveilleusement saisir. Enfin, M. Loti, qui s'analyse avec une rare perspicacité, a reçu la faculté d'exprimer exactement et complètement ce qu'il sent, de rendre l'infini détail de sa pensée, les plus subtiles, les plus fugitives nuances de ses sensations d'art et de ses mouvements d'âme. Sa langue est d'une souplesse prodigieuse : elle fait corps avec ce qu'elle traduit; elle ressemble à un délicat tissu qui moule le contour des objets et en épouse la forme. L'adhérence est complète et parfaite... Et l'on ne peut pas dire que cette langue soit recherchée ni savante; elle est purement intuitive. M. Loti n'a rien d'un rhéteur, il n'a point appris à composer selon les règles classiques : il doit à la seule nature ses qualités de styliste. Remarquez que sa prose n'est jamais déclamatoire, ni guindée, ni même élégante (au sens ordinaire du terme); on ne peut guère lui reprocher qu'une nervosité, qu'une fébrilité excessives, mais dans ces défauts mêmes de l'écrivain, nous reconnaissons le tempérament de l'homme. Ils sont compensés d'ailleurs par des avantages supérieurs. Nul ne sait comme l'auteur d'*Aziyadé* donner en quelques lignes la vision d'un pays et saisir et mettre en lumière les points saillants d'une description.

J'arrive au mérite essentiel de M. Pierre Loti, à celui qui, je crois, prime tous les autres et explique le mystérieux ascendant qu'exerce ce magicien sur ses lecteurs innombrables. Beaucoup de romans (et non des moins agréables) n'éveillent que ce genre d'intérêt qui s'attache aux combinaisons d'événements. Chez M. Pierre Loti, il y a toujours un *prolongement*. Des faits particuliers qu'il retrace, jaillissent, peut-être à son insu, ou sans qu'il en ait une conscience très nette, des observations et des idées générales. Il ouvre, de la sorte, chemin faisant des fenêtres sur l'infini ; et cette puissance de généralisation, en même temps qu'elle développe de vastes horizons devant la pensée, élargit le cadre du livre et en dissipe la monotonie. Par exemple, M. Loti explique, au début de *Fantôme d'Orient*, les mobiles qui l'ont poussé à entreprendre un dernier pèlerinage à Constantinople. Se trouvant seul une nuit dans sa maison natale, au milieu de son musée de bibelots exotiques, il met la main par hasard sur un bracelet ayant appartenu à Aziyadé. Et soudain, il est pris d'un grand attendrissement et d'un ardent désir de savoir ce que sa chère petite sultane, jadis tant aimée, est devenue. L'ombre d'Aziyadé l'attire : il partira. Puis surgissent les scrupules, les appréhensions. Par la croisée montent vers lui les fraîches exhalaisons des champs ; la douce paix de la maison familiale le pénètre : « Mon Dieu, je vais, pour ce voyage, perdre nos derniers beaux jours d'ici, avec la plus belle floraison de nos roses sur nos murs, et je ne verrai plus, cette année, deux chères robes noires se promener dans notre cour au dernier resplendissement de septembre. Et qui sait, avec tout l'imprévu de mon métier de mer, quand je retrouverai ces choses? Me voici maintenant indécis, attristé et presque retenu, à cette veille de départ, par le regret de ce que j'abandonne... Puis, brusquement, tout change, dès que je suis rentré dans le logis turc rouge sombre, où luisent les armes; tout s'oublie, dans l'impatience inquiète de Stamboul, à cause simplement d'une amulette que je suis allé querir au fond d'un coffre et que j'ai rattachée à mon cou. » La vue de cette amulette éveille encore d'autres pensées. Loti songe à la main mignonne qui l'a brodée; il se demande pourquoi tous les amants, à quelque race qu'ils appartiennent, éprouvent le même besoin d'échanger de petits objets matériels à titre de souvenirs, et l'uniformité de ce penchant lui inspire des doutes sur l'individualité propre des âmes. Nous ne pouvons nous empêcher d'être touchés par ces réflexions. Et cette page qui ne serait, sans elles, que gracieusement mélancolique, prend un accent d'amertume et de tristesse qui vibre au plus profond de notre être.

Il serait aisé de poursuivre cette recherche et de multiplier les citations; on n'a que l'embarras du choix. Dans les livres intimes de M. Loti comme dans ses livres moins personnels, nous aurions à noter des traits pareils. Nul n'est plus égal à lui-même que cet auteur, dont la force créatrice est en quelque manière impérieuse et spontanée comme un instinct. Dans tout ce qu'il a produit nous le retrouvons avec ses faiblesses et ses prestiges, avec sa mobilité souffrante, ses élans, ses crises, ses étrangetés, ses désespoirs un peu puérils, mais aussi avec ses dons incomparables de peintre et d'évocateur, avec ses nerfs délicats et cette grâce délicieuse qui flotte autour de ses œuvres ainsi qu'un léger encens.

M. GEORGES COURTELINE

―――

S'il ressemblait à ses livres, il serait jovial, débraillé, ventripotent; il aurait des allures de compagnon bon enfant et un peu canaille, et l'on ne serait point étonné de le voir, après boire, vautré sur un divan d'estaminet, le gilet déboutonné, la panse à l'air, expédiant par douzaines les bocks et les calembours. Ce serait un composé de tourlourou en ballade, de rapin en goguette et de commis voyageur facétieux...

Et maintenant, voici Georges Courteline peint au naturel : Petit, maigre, souffreteux, le corps enfoui dans un vêtement trop large, le poil rude et rare, le teint bilieux, le corps frileusement cravaté de laine; cet homme est triste, il donne l'impression d'un retour d'enterrement. Il rappelle Isidore Girodot, le raté de méchante humeur, que M. Coquelin Cadet incarne avec distinction...

Prenez garde, cependant... Ce personnage ouvre

la bouche. Et, soudain, il se transforme. L'œil s'anime et pétille. La voix, tour à tour sourde et claironnante, se répand en drôleries. C'est un feu roulant de mots, d'historiettes, de traits aigus, soulignés de gestes épileptiques. Une gaîté énorme, démesurée, jaillit de ce discours. Et vous éprouvez, à l'entendre, la même joie que vous procura la lecture de *Potiron*, *Lidoire et la Biscotte*, *la Peur des Coups* et *le Train de huit heures quarante-sept*.

Georges Courteline, que Dieu voulut bien envoyer aux Français pour les consoler de leurs misères, naquit à Tours en 1860. Son père était Jules Moinaux, qui donna pendant cinquante ans à la *Gazette des Tribunaux* des comptes rendus judiciaires humoristiques et dépensa à cette besogne plus de verve qu'il n'en eût fallu pour assurer le succès de vingt comédies. On l'envoya faire ses humanités au collège de Meaux. Il les fit très mal. Il fut un mauvais élève et surtout un élève malheureux. Sa sensibilité comprimée se déchaînait en des mouvements de sourde révolte. Il haïssait la discipline scolaire, comme il devait haïr plus tard celle du régiment et celle des bureaux, et celle de la censure. Il prenait déjà une attitude d'insurgé. Il a laissé de ces années d'école un tableau désolé, dont le ton contraste avec celui de ses récits habituels. Il n'a pas le courage de rire, quand il repense à ces choses. Et d'abord, la description du décor : « La cour des moyens commençait à sortir de l'ombre. C'était un rectangle allongé, de terre crayeuse, qu'emprisonnait sous trois de ses faces une enfilade ininterrompue de cloître pleine de nuit : voûtes basses où la voix sonnait deux fois dans le silence, et dont les dalles vallonnées, effleurées à peine, autrefois, du pas discret des Ursulines, s'achevaient d'user aux semelles ferrées des lycéens, au bois de leurs lourdes galoches »... Plusieurs centaines d'enfants étaient lâchés entre ces murs. Courteline n'est pas tendre pour les compagnons de ses premiers jeux. « Tout en eux était odieux, depuis leurs faces parsemées de son, jusqu'au chantonnement de leur parler. Ainsi, c'était au sein d'un pareil monde qu'il fallait vivre désormais, parmi ces rustres aux lourdeurs de bœufs, aux cous puissants, aux poignets rouges s'allongeant, ridiculement nus, hors des manches fripées de la tunique. » On sent de la colère et de la rancune dans ces lignes. On les croirait écrites par Jules Vallès. Lorsqu'il eut terminé tant bien que mal ses études, Georges Courteline s'engagea pour cinq ans au 13ᵉ chasseurs, en garnison à Bar-le-Duc. Ce fut un cavalier déplorable, un tireur au flanc extraordinairement subtil. Nul ne savait comme lui duper le major et lui arracher, à l'aide de quelles ruses! des exemptions de service. Son congé se composa d'une série ininterrompue de permissions de convalescence. Il tenta, pour se faire réformer, un coup d'audace qui aurait pu l'envoyer à « biribi ». Il acheta chez un fripier une capote d'une ampleur démesurée, y épingla le numéro de

9.

son régiment et se présenta, en cet équipage, aux bureaux du gouvernement militaire de Paris pour solliciter une « petite prolongation ». Pâle comme un spectre, toussant, crachant, s'appuyant aux meubles, il comparut devant le chef. « — J'ai bien maigri, murmura-t-il, d'un ton dolent, en montrant le vêtement où son corps d'aztèque semblait se fondre... Le chef ne le laissa pas finir. — Voulez-vous f... le camp tout de suite, malheureux! Allez vous soigner chez vous! vous ne tenez pas sur vos guiboles! » Georges Courteline n'en demandait pas davantage. Il obtint sa libération anticipée et entra au ministère de la justice, où de hautes protections lui firent obtenir un modeste emploi. Et là encore, il ne mit aucun zèle à s'acquitter de sa tâche. Il commençait à être tourmenté de la tarentule littéraire. Il accommodait en nouvelles ses souvenirs militaires; et tout de suite le succès lui vint. Le public fut séduit par ce talent original et primesautier. Les journaux demandèrent de la copie au jeune expéditionnaire, qui dut se partager entre ces travaux intelligents et sa besogne administrative. Il n'hésita pas : il sacrifia les intérêts de l'État à ceux des lettres. Il s'abstint de paraître à son bureau, où un collègue obligeant voulut bien dissimuler ses absences et assurer son service. On s'aperçut, au bout de quelques années, de ces irrégularités. Courteline donna noblement sa démission, et ne compta plus que sur l'art pour assurer sa subsistance.

D'ailleurs, si peu de temps qu'il eût effectivement passé au régiment et au ministère, il y avait amassé des trésors d'observations. Sa mémoire était peuplée de silhouettes qu'il allait élever, en les élargissant, à la dignité de types. Et les traits de mœurs qu'il avait notés allaient lui suggérer des scènes et des dialogues d'une incomparable force comique.

L'auteur de *Boubouroche* appartient à une pléiade à qui nous devons, depuis quelques années, une éclatante résurrection de la littérature bouffonne. Ce genre a toujours été cultivé dans notre pays. Sans remonter jusqu'à Rabelais, et pour n'envisager que ce siècle, on peut suivre la lignée des humoristes qui y ont brillé. Pigault-Lebrun, Paul de Kock, Henri Monnier, Eugène Chavette et Jules Moinaux sont, avec quelque divergence de détail, des esprits du même ordre, et qui considèrent la vie sous le même aspect, c'est-à-dire comme une farce dont il est légitime et louable de se divertir. Ils ne prennent au tragique aucun sentiment de l'âme humaine. Si, d'aventure, Pigault-Lebrun et Paul de Kock introduisent dans leurs livres un individu agité de passions violentes, ils en font un monomane ou un naïf; ils ont soin de le rendre ridicule; ou bien, ils en font un libertin; ils considèrent l'amour comme on le comprenait au temps de Crébillon fils : ils le confondent avec la galanterie; et d'ailleurs ils le dépouillent de toute délicatesse. Henri Monnier est peut-être moins superficiel; mais ses qualités d'analyste sont gâtées par l'insupportable minutie de ses digressions. Eugène Chavette et Jules Moinaux restent à fleur d'épiderme ; ils s'amusent en nous amusant ; ce sont d'aimables caricaturistes ; leur plume est proche voisine du crayon de Cham, qui n'était pas un grand philosophe, mais un gamin de génie. Ils portent l'un et l'autre à son plus haut point de perfection ce que l'on peut appeler la « chronique vaudevillesque », sorte de causerie située à mi-chemin du roman et du théâtre, et qui n'est pas, quand ils veulent bien s'y appliquer, d'un médiocre agrément. Ceci nous conduit à la guerre de 1870. Ce n'est pas l'instant de rire. Les vieux auteurs gais continuent de produire ; mais on les suit mollement. Il ne s'en révèle guère de nouveaux. Quelques efforts isolés se manifestent. Il y a M. Armand Silvestre ; mais le poète se fait sentir, en lui, sous l'humoriste ; et son style constamment lyrique ne s'adapte pas avec franchise aux sujets rabelaisiens... Enfin aux environs de 1890, ce fut une éclosion soudaine. Un certain nombre de jeunes hommes s'affirmèrent simultanément dans la note fantaisiste. Ils s'appelaient Alphonse Allais, Tristan Bernard, Alfred Capus, Grosclaude, Xanrof, Willy, Jules Renard, Pierre Weber et enfin Georges Courteline. Les uns venaient du Chat-Noir et des cabarets du quartier Latin ; d'autres du café-concert ; d'autres s'étaient affirmés, du premier coup, dans la presse quotidienne. Et assurément ces écrivains étaient joyeux, mais non point tout à fait à la façon de leurs aînés. Et l'on s'aperçut à les lire que la gaîté d'aujourd'hui différait de la gaîté d'autrefois...

Qu'est-ce exactement qui les sépare? Quel est ce fossé qui s'est creusé entre les deux générations? Tout d'abord nous remarquons qu'une qualité qui n'était qu'en germe chez Paul de Kock et chez Chavette s'est développée au point d'absorber toutes les autres. C'est l'ironie. Et l'ironie n'est plus cette forme de blague légère qui égratigne sans blesser profondément; elle devient agressive, l'amertume y déborde, et le mépris de l'humanité. Quand Henri Monnier mettait sur la sellette un pauvre diable de rond de cuir, il le parait de couleurs grotesques, et le présentait comme un fantoche, mais cela n'avait pas d'autres conséquences. Regardez la même figure dessinée par Courteline. « Le père Soupe était un petit vieux à lunettes de qui l'édentement, peu à peu, avait avalé les minces lèvres. Sur sa face luisante, comme vernie, ses sourcils broussailleux débordaient en auvents, et des milliers de filets sanguins se jouaient par la fraîcheur caduque de ses joues, y serpentaient à fleur de peau avec le grouillement confus d'une potée de vers de vase. Stupide, de cette stupidité hurlante qui exaspère à l'égal d'une insulte, il passait les trois quarts du temps à faire la sieste en son fauteuil, le reste à ricaner tout seul sans que l'on pût savoir pourquoi, à se frotter les mains, à pouffer bruyamment, la tête secouée des hochements approbatifs d'un petit gâteux content de vivre. Et quand Lahrier, crispé, l'interrogeait sur le mystère de cette gaîté intempestive, il ébauchait un geste vague, le geste de l'homme qui se comprend, un lent aller et retour de ses doigts de squelette séchait ses yeux baignés de larmes; en sorte que c'était vraiment à prendre une trique et à taper dessus jusqu'à ce qu'il s'expliquât. » Ce n'est plus la bonhomie tranquille d'Henri Monnier. Courteline est âpre et cinglant. Il se fâche. Il serait homme, comme il le dit, à prendre une trique et à taper sur ce petit père Soupe, qui est pourtant bien inoffensif, mais qui symbolise tous les travers et toutes les déchéances de son métier. Qu'il parle des abus qui sévissent dans l'armée française, ou des laideurs de la bourgeoisie, ou de l'abrutissement des joueurs de dominos, c'est avec la même fureur concentrée. Sous ses apparences de « pince-sans-rire », Courteline est le plus ardent des hommes : il est constamment en état d'ébullition. Et c'est ce frémissement intérieur qui fait la haute valeur de ses œuvres, et que certaines d'entre elles ont une saveur moliéresque. Dans un *Client sérieux*, il expose le cas d'un avocat qui se trouve appelé, au cours d'une audience, à occuper le siège du ministère public et qui accable sans vergogne l'accusé qu'il défendait quelques minutes auparavant. Cela est simplement admirable et d'une beauté classique. La légèreté de conscience de l'avocat s'étale avec une aisance souveraine. Cet homme ne soupçonne pas un moment qu'il accomplit une action abominable, et qu'il dégrade en sa personne la dignité humaine. Il a le sentiment d'exercer sa profession, voilà tout. Et il se félicite intérieurement d'être un si habile virtuose. La satire est achevée, rien n'y manque; la physionomie des deux plaideurs est d'une franchise qui égale celle de *Pathelin*, et la phraséologie avocassière, pompeuse et vide, est supérieurement saisie. Mais ne pensez pas que l'auteur demeure calme devant cette palinodie de la justice. Au fond, il est plein d'une fureur généreuse. Il semble qu'on entende sa voix gronder dans la coulisse : « Voilà le soutien de la veuve et de l'orphelin! » Molière devait connaître ces bouillonnements, alors qu'il démasquait sur la scène l'hypocrisie de Tartufe et la cuistrerie de Trissotin.

Nous sommes loin, avec ces peintures vigoureuses, des excellentes charges d'Eugène Chavette. Les autres fantaisistes contemporains de Georges Courteline n'atteignent pas à ce degré d'énergie. Pourtant, d'une façon générale, ils dépassent en intensité leurs prédécesseurs : ils sont plus aigus; la grivoiserie de Paul de Kock tourne à la sensualité sadique dans les romans de Pierre Weber et de Willy; Alphonse Allais pousse jusqu'à l'insenséisme les coq-à-l'âne de l'ancien *Tam-Tam*. Et ainsi du reste. Cette outrance est la marque caractéristique de l'époque où nous vivons. En toutes choses, on fuit la modération, on affectionne les brutalités; on veut frapper fort, afin d'être entendu de la foule. M. Georges Courteline n'est pas exempt de ces défauts. Il lui arrive de passer les limites du goût et de la décence. L'obscénité ne lui fait pas peur. Mais il rachète ces excès par des qualités surprenantes. On peut dire de lui ce qu'on a dit de son maître Rabelais : Là où il est mauvais, il passe les pires; là où il est bon, nul ne lui saurait être comparé.

M. HENRY FOUQUIER

M. Henry Fouquier restera comme un parfait exemple de ce que le journalisme comporte de prestiges et de vanités. Nul n'aura mis plus de talent en une œuvre périssable, et versé plus de sagesse en un discours vite oublié. Il vaut mieux assurément que le métier qu'il exerce. Ses qualités de grâce, d'élégance, sa distinction d'esprit, son goût pour les idées générales, son intelligente curiosité pouvaient trouver cent occasions utiles de s'affirmer. La presse a dévoré cet homme supérieur que la nature avait formé pour être un grand homme. Il a reçu tous les dons : des agréments corporels et un charme de visage par où il conquit de bonne heure le cœur des femmes (et l'on assure qu'en dépit de l'âge il n'a pas cessé d'être aimé d'elles); une facilité merveilleuse, une souplesse qui se plie à tous les travaux, une sûreté dans la pensée et le style qui donne à sa plus rapide improvisation comme un air d'avoir été longtemps méditée. Enfin, que vous dirai-je?... Il séduit... On lui connaît des faiblesses, et on les lui pardonne, car elles deviennent aimables en passant par lui... Il a du courage et il l'a prouvé en allant sur le terrain, et en s'y comportant comme feu Saint-Georges. Il y a en lui du gentilhomme et du philosophe, courant volontiers les tripots et les ruelles, et puisant en ce commerce un enseignement. Ce moraliste a prodigué d'excellents conseils à ses contemporains. Il n'a oublié que d'y conformer sa vie. On a souvent comparé Henry Fouquier à un Athénien épris d'art et de beauté, et ayant la ceinture un peu lâche. Il me fait songer plutôt aux grands seigneurs qui peuplaient la cour galante et facile du Régent...

Concevez-vous ce qu'il eût été, si le ciel l'eût fait naître à cette époque? Je le vois, issu d'une noble et riche famille du royaume. On le remet aux mains des jésuites, qui lui inculquent les principes d'une solide culture, mais qu'il déconcerte par la vivacité de son humeur et ses velléités d'indépendance. Il est impatient de s'arracher à l'autorité paternelle et de se mêler au monde. Enfin, le voilà libre, avec la disposition de sa fortune. Le roi et les duchesses lui veulent du bien. On lui confie un emploi dont il s'acquitte d'une façon brillante. Son ambition croît avec le succès. Il n'est pas un poste qu'il ne convoite et qu'il ne soit, en effet, capable d'occuper. Il est ambassadeur, il est ministre, à l'occasion homme de guerre, et, pour se reposer, homme de lettres. Il mène de front les affaires, le plaisir; il a son cabinet à Versailles et sa petite maison dans les faubourgs de Paris; il suffit à des occupations qui tueraient trois hommes ordinaires. Et il n'en paraît pas fatigué : il garde jusqu'à l'extrême vieillesse la taille fine, l'œil conquérant, et il éblouit par ses manières aisées et par la variété de ses connaissances, ces messieurs de l'Académie française, dont il n'a pas dédaigné de devenir le confrère...

Je suis venu trop tard dans un siècle trop vieux.

Il a dû quelquefois répéter, à part lui, ce vers qu'il aurait pu prendre comme devise. Ce n'est pas qu'à un certain point de vue il ait lieu de se plaindre. Il est arrivé au niveau le plus élevé de sa profession. Il gagne avec sa plume des émoluments de fermier général. Sa carrière s'est déroulée sans accident; et, dès l'heure du début, il eut l'estime de ses pairs et la faveur du public.

Après avoir suivi en Italie la bannière de Garibaldi, il rentra en France, et tout de suite le *Courrier du Dimanche* et les journaux indépendants imprimèrent sa prose. Quand la République fut proclamée, il se fit nommer directeur de la presse au ministère de l'intérieur, puis préfet. Aujourd'hui, on s'arrache sa collaboration. Les tribunes les plus retentissantes lui sont ouvertes. Il eut le caprice de s'approcher d'une autre tribune : les électeurs de

Barcelonnette l'envoyèrent siéger au Palais-Bourbon. Mais il ne sollicita point le renouvellement de son mandat. Il expliqua, dans un article très piquant, que l'atmosphère du Parlement n'allait pas à ses poumons de citoyen libre, et qualifia durement ses collègues, qu'il compara au pharmacien Homais, de légendaire mémoire. Ceux-ci se vengèrent, en insinuant que M. Fouquier aurait eu d'eux une meilleure opinion, s'ils avaient applaudi davantage à ses talents d'orateur. La vérité est que M. Fouquier n'avait pas l'éloquence assez forte et assez grosse pour agir sur une Assemblée. Sa parole discrète, parfumée de miel attique, n'y trouva qu'un faible écho. Et il est possible que ce mécompte ait contribué à l'aigrir contre le suffrage universel. M. Henry Fouquier est comme les généraux habitués à la victoire. Il ne s'accommode pas du second rang. Il s'est dédommagé des harangues politiques par les conférences littéraires. Il en a fait de fort jolies à la Bodinière et ailleurs. En somme, il a eu l'occasion, depuis vingt ans, d'éprouver de grandes joies. Et cependant un amer désenchantement perce en ses écrits. Il y prend volontiers le ton d'un Alceste qui conserve jusqu'en ses fureurs un reste de grâce, mais qui se déchaîne en violents transports contre le siècle, et les mœurs. Tout prétexte lui est bon pour décharger sa bile. Ayant lu que le ministre va présider la distribution des prix du concours général, il s'adresse aux jeunes élèves : « Je lui dirais volontiers, à ce beau jeune homme qui affronte la bataille de la vie, de jeter là son inutile armure azurée de chevalier, d'armer son bras de l'ignoble matraque ou du poignard assassin... N'aie pas de foi, jeune homme! Si tu es de ceux qui se bercent encore aux légendes chrétiennes, tu seras méprisé par ton valet. Si tu cherches à l'univers une loi nouvelle, on se moquera encore de ton rêve, ou tu tomberas, confondu avec elle, dans la foule des fous habiles, des charlatans mystiques et industriels, des faiseurs de miracles qui ne croient à leurs miracles que lorsqu'ils y trouvent la satisfaction de leurs vanités ou de leurs appétits. Notre admirable époque de progrès enverrait Jésus en police correctionnelle, et Platon serait interdit par les juges de paix du cap Sunium! Ne cherche pas à être utile à tes semblables. Sois bien portant, ô bon jeune homme! égoïste, individualiste, spécialiste, hypocrite, convenable, farouche et jovial au besoin!... » Voilà bien des affaires. Ce tableau semble un peu chargé en couleurs, et l'on n'y reconnaît pas la mesure et la calme raison où s'enferment les vrais sages. L'écrivain ne se possédait pas en traçant ces lignes; ou, du moins, il obéissait à quelque inquiétude personnelle qui lui enlevait momentanément le juste sentiment des choses. D'habitude, M. Fouquier est mieux pondéré, il l'est même excellemment. Il regarde passer, de très haut, les événements, et les juge avec un détachement et une clairvoyance admirables. Il ne craint

10.

pas de heurter l'opinion commune; il dit sa pensée en toute franchise et trouve, pour l'exprimer, des mots décisifs. Personne n'a mieux défini le malaise dont souffre la nouvelle génération, et n'en a mieux démêlé les causes : « Il est certain que la génération dont je suis, accablée par les malheurs de la patrie, éprise surtout de libertés politiques, ayant eu la lourde tâche (dont elle s'est acquittée à son honneur) d'assurer la forme républicaine dans ce pays, a fait faillite à d'autres espérances. *Elle a beaucoup fait pour le citoyen et peu de chose pour l'homme.* » Et plus loin, cette observation si humaine et si profonde : « C'est dans le cœur même des hommes, plus fort que la raison, qu'il faut faire refleurir les résignations, la discipline et le sacrifice. On ne domptera légitimement l'esprit de révolte que si l'on satisfait l'esprit de justice, dont il n'est souvent que l'expression exaspérée et furieuse. »

On pourrait ramasser des traits semblables dans les milliers d'articles jetés par Henry Fouquier aux quatre vents de la presse, et en composer la matière d'un volume qui lui assurerait une place éminente parmi les moralistes français. Mais qui se chargera de ce travail? Il n'en a pas le loisir : il est entraîné dans le tourbillon de son existence surmenée. Ah! s'il pouvait s'arrêter, respirer, se ressaisir! Mais non! Il continuera de tourner sa meule jusqu'à ce qu'il tombe mort d'épuisement, Sisyphe du journalisme, martyr du labeur quotidien...

Mme EDMOND ADAM

Qui ne connaît Mme Edmond Adam? Et qui ne l'a, dans quelque mesure, aimée? Les ambassadeurs se sont rencontrés en son salon; les poètes y ont lu leurs vers; les philosophes et les romanciers ont collaboré à sa Revue. Elle a eu des amitiés et des querelles également retentissantes. Elle a agi, pensé, travaillé comme un homme; et pourtant elle reçut de la nature des qualités féminines : une beauté remarquable, des bras de statue, un corps de déesse, des yeux brillants et tendres, dont l'âge n'a pas éteint la vivacité. Elle compte aujourd'hui soixante ans passés, et elle a autant d'occupations — et de préoccupations — qu'un premier ministre. D'abord elle songe à la France (son plus dur souci!). Je ne sais plus quel chroniqueur racontait qu'étant allé la voir, il la trouva préoccupée, marchant avec agitation dans son cabinet, et que, lui ayant demandé le sujet de son ennui, elle lui répondit d'une voix grave et sourdement irritée : « Je ne suis pas satisfaite de l'Europe, ce matin! » Il est probable que le mot est apocryphe; c'est une de ces boutades qui circulent sur le boulevard et que chacun répète sans trop y croire. Mme Adam est si célèbre qu'elle doit avoir des ennemis. Ils ne sont pas parvenus, malgré tous leurs efforts, à la rendre ridicule. Ceux qui l'approchent sont aussitôt conquis par sa grâce; ceux qui n'ont pas eu l'honneur d'être ses hôtes respectent son ardeur chauvine, sa bonne foi, sa merveilleuse activité et le mérite d'un labeur allégrement affronté.

Sa vie est remplie d'événements, de passions et d'orages. Née dans un village de Picardie, elle grandit au sein d'une famille profondément divisée. Son père, sa mère, son grand-père pouvaient être unis par le cœur; ils professaient, à tout autre point de vue, des opinions divergentes. L'un était monarchiste, l'autre impérialiste, le dernier républicain. Juliette Lamber (c'est son nom de jeune fille qu'elle devait, plus tard, illustrer) est élevée au milieu de ces discussions qui lui donnent, de bonne heure, la curiosité de la politique. Elle croit conquérir son indépendance en épousant, à quinze ans, un avocat, M. Lamessine, qui la dépouille de ses illusions et la rend affreusement malheureuse. Elle plaide en séparation de corps. M. Lamessine, compromis dans une méchante affaire, se brûle la cervelle. Ce fut la seule fois où sa femme ait eu à se louer de lui... Cependant la jeune veuve demandait aux lettres de la consoler de ses infortunes conjugales. Elle se lie avec George Sand, elle polémique avec Michelet et Proudhon, elle aborde tous les genres : le roman, la nouvelle, les questions de morale, les études psychologiques; elle ne craint pas, à dix-sept ans, de dire son mot sur *la papauté et la nation italienne!* Elle exalte la gloire de Garibaldi et se repose en composant des histoires villageoises où l'on retrouve la fraîcheur un peu apprêtée de Florian. Enfin, elle rencontre l'époux de ses rêves, celui qu'elle devait aimer profondément et perdre si vite, Edmond Adam, ancien collaborateur d'Armand Carrel, doué comme lui d'un caractère chevaleresque. Edmond Adam mourut en 1877, après neuf années d'une union parfaite. Mme Adam ne s'endormit pas dans sa félicité domestique. Quand on a goûté à la joie d'écrire et que le succès vous a frôlé de son aile, on est pris dans l'engrenage, on est voué au métier de producteur. Des volumes, des brochures vinrent grossir l'œuvre de Mme Adam, qui menait de front, avec une aisance incomparable, le multiple fardeau de ses travaux littéraires et de ses devoirs mondains. Si elle n'avait écouté que son cœur, quand elle fut si cruellement frappée, elle eût enfoui sa douleur dans la retraite, — au moins pour un temps. Mais ses nombreux amis la supplièrent de ne pas les fuir, et elle se laissa doucement persuader et réconforter. Une seconde femme s'éveille alors en

Mme Adam. Elle avait connu du mariage ce qu'il a de pis et de meilleur; elle avait traversé successivement l'enfer et le paradis; elle ne jugea pas à propos de renouveler l'expérience, craignant peut-être de ne rencontrer, en sa troisième expérience, que le purgatoire. D'ailleurs, il lui plaisait de rester indépendante. Jeune, riche, célèbre, liée avec tout ce que Paris comptait d'éminent dans le Parlement et dans les arts, elle caressa un projet infiniment agréable : c'était de fonder un salon politique qui ne fût pas un salon réactionnaire : le grand salon politique du parti républicain. Le moment était bien choisi. La tentative du Seize-Mai venait d'échouer; Gambetta et son état-major savouraient l'enivrement du triomphe; un personnel nouveau entrait en scène. Mme Adam en fut en quelque sorte la vivandière, ou, si le mot vous semble trop familier, l'Égérie. Elle eut part aux conseils; elle en prodigua d'excellents, qui ne furent pas toujours suivis, mais qui furent écoutés avec sympathie et reconnaissance. Elle créa la *Nouvelle Revue*, qui promettait, au début, d'éclipser la gloire de la *Revue des Deux Mondes*.

A ce moment, vers 1880, on put supposer que Mme Adam tenait en main les destinées de son pays; et réellement son influence fut considérable. Ses dîners, où trônaient Gambetta et le général de Galliffet, avaient plus d'importance que les repas officiels de l'Élysée. On y causait plus librement, on y dépensait plus d'esprit, on y arrêtait, entre l'entremets et le dessert, de vastes desseins, et j'imagine que souvent la carte de l'Europe y fut audacieusement remaniée. La délicieuse hôtesse ne se bornait pas au rôle d'auditrice bienveillante, elle avait sur toutes choses des opinions arrêtées et les soutenait avec intrépidité. Apporta-t-elle trop d'ardeur à les défendre? Quelque grave dissentiment s'éleva-t-il entre elle et Gambetta? Le grand orateur désapprit le chemin du logis qui lui avait été si hospitalier. Que n'a-t-on pas dit pour expliquer cette rupture? On a prétendu que Gambetta et Mme Adam n'avaient pas tout à fait les mêmes idées sur la direction à donner à notre diplomatie; que Mme Adam voulait pousser la France vers la Russie, tandis que Gambetta préconisait l'alliance des peuples de race latine. Et, sans doute, ce point d'histoire ne sera jamais élucidé, à moins que Mme Adam ne le fixe en ses Mémoires. Encore y aura-t-il des gens qui suspecteront sa véracité. Quoi qu'il en soit, la directrice de la *Nouvelle Revue* poursuivit sa tâche; et si une déception lui fut infligée, elle eut le tact de n'en rien laisser paraître. Elle s'attacha de toutes ses forces, je ne dis pas à consolider l'accord franco-russe, du moins à le rendre populaire. Elle n'y ménagea ni son temps, ni sa peine, ni son argent, ni l'argent de ses amis. Elle forma des comités, organisa des souscriptions, rédigea des adresses, s'intéressa aux miséreux de Saint-Pétersbourg, inventa des emblèmes patriotiques, envoya un ou plusieurs Livres d'or à l'impératrice de

Russie, fit frapper des médailles commémoratives. Je l'ai vue, au cours des fêtes de Toulon, fraterniser avec les officiers de l'amiral Avellan et vider des coupes de champagne à l'avenir des deux nations sœurs. Et comme elle se promenait, ce jour-là, sur la vieille Darse, je crus remarquer (je n'affirme rien) que les bas de l'aimable femme, teintés de bleu pâle, s'harmonisaient aux couleurs du pavillon de la flotte russe. Ne pensez pas que je raille. Cette ferveur qui serait, chez une autre, légèrement irritante, ne nous blesse point chez Mme Adam. Elle nous touche, car nous la devinons admirablement sincère. Oui, Mme Adam adore la Russie, elle pleure l'Alsace et la Lorraine, elle aspire à la revanche, elle n'a dans le cœur que de loyaux et nobles sentiments. Tout au plus, y démêlerait-on, en regardant de très près, un soupçon d'exaltation personnelle. Elle ne hait pas les hommages, particulièrement ceux qui s'adressent à ses facultés d'homme d'État. Et, après tout, Mme Adam a le droit d'être orgueilleuse. Beaucoup de députés qui furent ministres — ou qui le seront — ont moins d'expérience que cette Parisienne qui a reçu les confidences de tant de ministres !

Mme Adam aurait pu aisément se mettre à la tête des revendications féministes, devenir quelque chose comme la maréchale de cette nouvelle Armée du Salut qui aspire à bouleverser la société moderne. Elle s'est sagement abstenue ; elle n'a pas paru dans les congrès et n'a pas disputé à Mme Pognon la sonnette présidentielle. Et sur ce problème, toujours irrésolu, de l'égalité des sexes, elle a écrit quelques lignes qui méritent d'être citées. C'est une apologie des devoirs qui s'imposent à la femme, quelle que soit sa condition, et dont le plus sacré est de veiller à la bonne tenue de sa maison, au bonheur de son mari et de ses enfants :

> Pour une femme d'intérieur tout devient utile ou plutôt utilisable. Chez le peuple, l'aisance s'accroît; chez la bourgeoise qui a le goût de sa maison, la fortune s'augmente et, par la même raison, au faîte de la société. La famille qui compte des femmes d'intérieur prend plaisir aux réunions et le bonheur naît, se continue et se conserve dans des milieux qui bénéficient de toutes les joies qu'apportent les deux grandes vertus de la société et de l'individu : l'utilisation des ressources et la stabilité des goûts.
> Associée de l'époux, réalisant l'idéal de l'union conjugale, la femme de plus en plus doit prendre sa part au labeur commun, des responsabilités du compagnon de sa sa vie. Ses facultés ne sont point identiques à celles de l'homme, mais elles sont égales, parce qu'elles sont complémentaires et réalisent le beau mot social d'équivalence.
> La joie que donne un intérieur soigné, ayant toutes choses classées, retrouvables et utilisées, que ces choses soient en petit ou en grand nombre, est plus complète qu'on ne croit pour tous les hommes, fussent-ils désordonnés eux-mêmes. Il y a là une œuvre qui n'a rien d'inférieur, comme beaucoup de femmes se l'imaginent, et l'une de mes fiertés a toujours été d'être ce qu'on appelle en France une « femme de ménage ».

On ne saurait mieux exprimer des idées plus raisonnables. Il convient assurément de ne pas prendre au pied de la lettre ces derniers mots. Mme Edmond

Adam est une « femme de ménage » à la façon de George Sand, qui passait ses nuits à composer des romans, à boire du café, à fumer des cigarettes, et qui, le lendemain, s'amusait à vérifier le compte de sa blanchisseuse. Mme Adam ne peut être, comme on dit, au four et au moulin, surveiller en même temps les agissements de sa cuisinière et ceux de l'empereur d'Allemagne. Sachons-lui gré de ses intentions excellentes. On peut contester le génie politique de Mme Adam et douter que sa voix soit entendue au sein du concert européen. On ne saurait, sans injustice, lui refuser deux traits de nature qui la rendent sympathique : elle aime l'héroïsme et elle aime la beauté.

GUY DE MAUPASSANT

Des confidences qui m'ont été faites par sa mère, Mme Laure de Maupassant, et par son ami, M. Léon Fontaine, je voudrais essayer de dégager un profil ressemblant de l'auteur de *Pierre et Jean* et montrer ce que fut, à diverses époques de son évolution intellectuelle et psychique, cet être exceptionnel sur lequel tant de légendes mensongères ont couru...

Enfance, adolescence. — Guy de Maupassant, né en pleine Normandie, au château de Miromesnil, élevé au bord de la mer, à Étretat, ressemble, selon le mot de sa mère, à un « poulain échappé ». Elle s'applique, avec le concours de M. le curé, à le nourrir du pain de la science. Il écoute leurs leçons, mais il aime, par-dessus tout, la libre existence, le commerce des pêcheurs, les dangers affrontés avec eux, les parties de bateau, les courses sur les falaises... Ses seuls compagnons, ce sont les gas du village; ils le traitent, tout ensemble, avec respect et familiarité, comme un jeune gentilhomme qui daigne se mettre à leur niveau et est totalement dépourvu de prétention. A ce régime, il acquiert des poumons vigoureux et une assez maigre culture. Mme de Maupassant comprend la nécessité de l'arracher à ce milieu; elle l'envoie dans un pensionnat religieux d'Yvetot; Guy s'y trouve fort malheureux, et la mélancolie, qui s'empare de lui, le rend poète. Il exprime, en des vers naïfs, la nostalgie des biens qu'il a perdus, sa pensée s'envole au delà des murs maussades du couvent, vers le soleil, vers la joie... Mme de Maupassant a conservé quelques-unes de ces compositions enfantines, qui, à défaut d'autres mérites, ont celui d'une extrême simplicité :

> Il faut quitter les charmants pâturages,
> Il faut quitter les bois et les ombrages.
> Du monde, hélas! nous verrons les orages.
> Il s'est enfui, ce temps, cet heureux temps,
> Où nous courions, si joyeux, si contents,
> Dans les vergers, les vallons et les champs;
> Où nous suivions, dans les vastes prairies,
> Dans les jardins, dans les plaines fleuries,
> Cheveux au vent les brillants bataillons
>   Des papillons.

Quelques peccadilles, un mot impertinent au professeur d'histoire, des strophes galantes improvisées en l'honneur d'une cousine, le firent expulser de la sainte maison. Il eut tout juste le temps de revoir son cher Étretat, d'embrasser sa mère, et il fut conduit au lycée de Rouen, pour y achever son instruction.

Louis Bouilhet avait promis de veiller sur lui ; il discerna les dispositions du rhétoricien, il les encouragea, les dirigea. Guy retira un grand profit de cette sollicitude ; son humeur s'adoucit, il devint à peu près civilisé. Il se croyait, de bonne foi, un poète, et soumettait ses essais à l'excellent Bouilhet, qui les jugeait avec patience et sévérité. Les vers qu'il composa à cette époque ne valent ni mieux ni pis que ceux des écoliers bien doués qui se mêlent de taquiner la Muse. Tout homme de lettres, à ses débuts, et sans doute aussi plus d'un futur notaire, en ont produit de semblables. Ils sont pleins de réminiscences ; l'influence de Musset s'y fait sentir. Musset était alors le dieu des amoureux. Et le cœur de Maupassant était un volcan constamment en éruption. Il chante tour à tour les grâces et les trahisons de ses « maîtresses ». Ce mot prend sous sa plume une amusante emphase. Maupassant est désespéré ; sa peine s'exhale en des flots d'amertume ; il lance au ciel de violents reproches — tel un Titan foudroyé par la colère divine. Lisez cette pièce datée de 1868 et intitulée *Dernière Soirée avec sa maîtresse*. C'est un modèle de ce genre, directement inspiré de la *Nuit d'octobre* :

> Elle partait. Mon Dieu ! c'était le dernier soir.
> Elle me laissait seul ; cette femme cruelle
> Emportait mon amour et ma vie avec elle.
> Moi, je voulus encor errer comme autrefois
> Dans les champs et l'aimer pour la dernière fois.
> La nuit nous apportait son ombre et son silence,

Et pourtant j'entendais comme une voix immense ;
Tout semblait animé par un souffle divin.
La nature tremblait. J'écoutais. Et soudain
Un étrange frisson troubla toute mon âme.

Il n'y a guère, dans ces plaintes, que de la littérature. Guy de Maupassant qui devait, plus tard, devenir misanthrope, était un joyeux garçon, épris de la vie et des joies positives qu'elle procure. Il fréquentait dans les endroits (dans tous les endroits sans exception) où l'on s'amuse. Il aimait les femmes, il aimait la poésie. Il était imaginatif et sensuel. Il se servait de la poésie pour toucher les femmes. Peut-être rêvait-il d'égaler la fortune de Louis Bouilhet et d'écrire pour l'Odéon un drame historique en cinq actes et en vers. Son ambition n'allait pas plus loin. La guerre de 1870 vint changer le cours de ses pensées. Il s'engagea dans un corps de mobiles; il vit de près les horreurs de l'invasion et de la débâcle; et les scènes auxquelles il assista et qu'il a retracées avec tant de force chassèrent de son esprit le vain fatras des fadeurs et des élégies et y jetèrent le premier germe de ce talent d'observer et de conter, où il devait acquérir tant de maîtrise.

A vingt-cinq ans. — La paix est rétablie. Guy de Maupassant, pourvu d'un emploi de quinze cents francs au ministère de la Marine, est le plus remarquable canotier de l'administration française. Les loisirs que lui laisse son bureau, il les consacre à explorer les rivages de la Seine, entre Argenteuil,

Maisons-Laffitte, Bougival et autres lieux. Quand il est absolument obligé de demeurer à Paris, pour son service, il organise de vastes et copieuses mystifications aux dépens de ses collègues. On montre encore, rue Royale, le trou qu'il avait percé dans une cloison, et par lequel, à l'aide d'une seringue, il envoyait des gouttes d'une eau parfumée sur le crâne chauve d'un honorable chef de division, son supérieur hiérarchique. Entre temps, il brochait des proverbes de salon et des sonnets pessimistes. Cependant, sous l'influence de Flaubert qui lui donnait de sages conseils et le soumettait à de dures disciplines, il ne tarde pas à se transformer. Ses vers s'imprègnent d'une chaude sensualité; les pièces intitulées *Au bord de l'eau* et *la Vénus rustique*, et qui sont d'une brutalité et d'une intensité surprenantes, datent de ces années de transition. Elles ont une éloquence irrésistible, mais elles émeuvent par des qualités qui sont plutôt des qualités de prosateur que de poète : une singulière netteté de vision, le don de suggérer la sensation de la vie et de créer une atmosphère autour du sujet. Cette solidité allait s'affirmer d'une façon définitive dans *Boule de suif*. Maupassant avait fixé, dans ce récit, ses souvenirs de la guerre; l'héroïne qu'il mettait en scène n'était point imaginaire, il l'avait copiée au naturel; mais son art, élargissant la réalité, avait fait un type de cette figure vulgaire et donné une allure épique à ce qui n'eût été, sous une autre plume, qu'une anecdote. Gustave Flaubert avait lu ce chef-d'œuvre. Et, tout aussitôt, il avait écrit à Mme de Maupassant, qui se trouvait malade en Corse, une lettre débordante d'enthousiasme, et qu'elle n'a pas livrée au public. Flaubert dit à sa « chère sœur Laure » le bien qu'il pense du « petit », la satisfaction que lui cause son début et l'heureux présage qu'il en augure pour l'avenir. C'est une révélation. Encore deux ou trois morceaux comme celui-là, et messieurs les critiques devront compter avec Guy! Son affaire est dans le sac! » On juge de la joie que la mère ressentit à ces nouvelles. Flaubert n'eut pas la satisfaction d'assister au triomphe de son disciple. Il mourut quelques semaines avant la publication des *Soirées de Médan*. On sait dans quelles circonstances ce recueil fut composé. Maupassant avait coutume de se réunir chaque semaine avec quelques littérateurs qu'il avait rencontrés chez Zola : Paul Alexis, Huysmans, Henri Céard, Hennique. Quand chacun eut achevé sa nouvelle, ils s'assemblèrent au logis de l'un d'eux; et il fut convenu qu'une lecture à haute voix serait faite de ces pages inédites. Maupassant commença *Boule de suif*. Ses amis l'écoutèrent en silence. Puis ils se levèrent et lui pressèrent les mains et déclarèrent unanimement que *Boule de suif* l'emportait, par la beauté de l'exécution, sur le reste du volume. Ce mouvement, aussi honorable pour eux que pour lui, montre qu'il est des cas où la sincérité est plus forte que tout autre sentiment. Ils avaient été profondément touchés, et ils éprouvaient un généreux et noble plaisir à proclamer leur admiration.

Dès lors, un changement se produit dans l'allure de Guy de Maupassant. Son inconscience disparaît. Il est mordu par le désir de la gloire. Il fuit les endroits tumultueux qu'il recherchait précédemment; il loue avec Léon Fontaine un petit logement à Sartrouville, en face de Maisons-Laffitte; et là, isolé du monde, il rêve à ses œuvres futures; il se met sérieusement au travail. L'ancien Maupassant, l'habitué de la Grenouillère, le pilote de la *Feuille-de-Rose*, fait place à l'homme de lettres. Il a, par moments, des réveils de gaieté où il se reprend à aimer la gaudriole. Mais un pli s'est creusé sur son front, pli d'ambition et d'inquiétude. A partir du moment où Maupassant deviendra célèbre, il cessera d'être heureux...

Ses dernières années. — Il a publié dix ouvrages qui ont répandu son nom dans l'univers; il est le roi des conteurs; ses romans ont eu des éditions innombrables. Sa conscience d'écrivain et son orgueil ont lieu d'être satisfaits, puisque la réputation qu'il a conquise est justifiée par la perfection de ses œuvres. Et une étrange tristesse s'empare de cet artiste privilégié. Des épreuves intimes l'ont affligé. Il a été douloureusement impressionné par la mort de son frère cadet, survenue à la suite d'une fièvre cérébrale. Il tombe dans un état maladif. Les traits saillants de son tempérament s'accentuent. Son amour de l'indépendance se change en sauvagerie : il repousse avec violence les avances discrètes de l'Académie. Un soir, dans une maison amie, M. Victorien Sardou, avec sa bonne grâce habituelle, l'engage à poser sa candidature. Maupassant s'y refuse, Sardou insiste; Maupassant se déchaîne alors, et traduit, en termes énergiques, l'horreur qu'il a pour les distinctions officielles. « Pourquoi voulez-vous que je m'impose des corvées qui me seraient très désagréables, pour obtenir un avantage qui me laisse indifférent? C'est un point résolu. Je ne serai ni académicien, ni décoré! » Il avait, dans les veines, du sang des Normands vagabonds et conquérants; et ce même instinct qui le poussait à s'embarquer sur son yacht et à s'en aller à l'aventure, l'empêchait de subir aucune contrainte et de se plier à aucune règle. Ces répugnances sont traduites, avec une extraordinaire énergie, dans un billet que j'ai sous les yeux. On lui avait demandé son patronage pour une fête commémorative : « Vous me parlez de vers pour des cérémonies publiques. Je ne fais plus de vers, et la seule pensée d'une cérémonie littéraire me ferait fuir en Asie. J'ai toujours refusé de faire des morceaux de circonstance; et, si vous apprenez jamais qu'on a dit des vers de moi dans une fête, je m'engage à faire tout ce que vous m'imposerez... Je ne pourrai même pas assister à la cérémonie comme spectateur, car je compte quitter la France... J'ai un impérieux besoin de ne plus entendre parler de littérature, de n'en plus faire et d'aller respirer au loin un air moins artistique que le nôtre... » Qu'ajouterai-je à ces lignes? L'auteur de *Bel-Ami* s'y peint tout entier. Il s'exagérait les servitudes qu'il repoussait avec une si farouche énergie; et par une singulière anomalie il s'en imposait d'autres qu'il aurait pu se dispenser de subir; il se laissait accaparer par le monde; il désirait y briller, non point par ses talents, ce qui eût été légitime, mais par ceux de son tailleur et de son bottier; il aspirait à égaler l'élégance des jeunes hommes inutiles qui se font, dit-on, blanchir à Londres. On ne peut s'empêcher de sourire en constatant ces contradictions d'un esprit supérieur, et aussi d'en être un peu peiné. L'âme de Maupassant était, comme son cœur, mobile et sensible; il eut le malheur de les livrer en pâture aux curiosités égoïstes d'un joli petit animal, dont il a tracé l'effrayant portrait dans son dernier livre. Son cerveau, ébranlé par les excès d'une jeunesse tumultueuse et par le surmenage d'une énorme production, ne résista pas à cette secousse. Ne nous attardons pas à gémir sur cette fin lamentable. Il est des fleurs qui ne durent pas. Ce sont les plus odorantes. Si Maupassant avait été moins vulnérable aux blessures de la vie, son génie eût produit des œuvres moins émouvantes...

M. PAUL HERVIEU

L'homme. — M. Paul Hervieu est un causeur fort attachant. Non qu'il se répande en saillies et qu'il jette en son discours des étincelles de feu d'artifice. Le charme qui s'exhale de sa personne est d'un ordre plus discret. Il est fait de distinction, de réserve, de finesse. La voix est douce et presque timide, l'œil, extraordinairement limpide, est méditatif et peut-être un peu défiant. L'auteur des *Tenailles* n'est point de ceux qui se livrent aisément et de qui la familiarité vous met tout de suite à l'aise. Sa politesse est exquise et, par cela même, empreinte de froideur. Je ne me représente pas M. Paul Hervieu mêlé aux tumultueux félibres qui prennent d'assaut le théâtre d'Orange, chaque année. M. Paul Hervieu préfère à ces ébats la grâce des conversations entrecoupées de silences, murmurées sur des coins de canapés, dans des angles de salons. Il n'a fait qu'effleurer la diplomatie, puisque, ayant été nommé secrétaire d'ambassade dans l'Amérique du Sud, il n'a jamais pris possession de son poste, mais il semble qu'il ait gardé de son court séjour au quai d'Orsay comme un pli professionnel. La tenue de son langage, son effort pour trouver le mot qui exprime exactement sa pensée et pour n'en pas prononcer d'inutiles, tout en lui décèle l'homme qui s'analyse et se surveille, et qui surveille les autres. M. Paul Hervieu fût devenu, s'il avait persévéré, un fort bon ministre plénipotentiaire. Ajoutons que, sous son flegme apparent, il dissimule une énergie rare, un légitime sentiment d'émulation, le désir d'arriver — et d'arriver vite — au premier rang de sa profession et de conquérir les dignités qui, aux yeux de la foule, consacrent la renommée.

Le romancier. — Depuis quelques années, la littérature se déchaîne contre ce coin du monde qu'on appelle le « grand monde » ou, familièrement, « la Haute ». On désigne par là cet ensemble d'hommes et de femmes, généralement désœuvrés, qui ne vivent que pour le plaisir. On y rencontre des gentilshommes ruinés qui vendent leurs noms aux filles de l'industrie et de la finance; des parvenus dont l'origine est suspecte, mais que l'on accueille à cause de leurs millions; des rastaquouères, des aventuriers... Le lien qui les unit est l'Argent. L'Argent leur tient lieu d'honneur et de considération; il les corrompt et les abaisse; il les pousse aux mariages sans amour

et aux liaisons intéressées ; il leur procure les seules
jouissances qu'ils soient capables d'apprécier, les
joies sensuelles du luxe, de la volupté, de la vanité.
Ces personnages ont servi de modèles à la plupart
des jeunes auteurs contemporains qui ont aiguisé
contre eux leur malignité. M. Paul Bourget, un des
premiers, les a introduits dans le plus populaire de
ses livres, dans *Mensonges*. Avant lui, Mme Gyp les
avait tournés en ridicule, et elle poursuit, sans se
lasser, cette tâche vengeresse. Henri Lavedan et Maurice Donnay sont venus à la rescousse. De tous ces
démolisseurs, le plus redoutable est peut-être M. Paul
Hervieu, parce qu'il est le plus grave. Il y a quelque
parti pris dans les ouvrages de Gyp, autant de fantaisie que de vérité dans les dialogues d'Henri
Lavedan et de Maurice Donnay ; ils ne craignent
pas de grossir le trait caricatural. M. Paul Hervieu
a l'allure d'un juge d'instruction qui groupe les
éléments d'un réquisitoire ; il ne badine point ; il
ouvre l'œil et l'oreille, il ausculte, il interroge, il
scrute les reins et les consciences et présente au
public, après de longs mois de méditation, un roman
laborieux, documenté, qui a toutes les apparences
de l'exactitude. Ne prenez pas, de grâce, ce mot
en mauvaise part. Je ne veux pas dire que les
volumes de M. Hervieu soient indigestes ; mais ils
sont très consciencieux. Une ironie sournoise y voltige et allège ce que le pessimisme de l'écrivain
pourrait avoir, çà et là, de pédantesque. Enfin, ils

sont fort bien composés; ils renferment une idée générale qui jaillit naturellement de l'enchaînement des faits et du développement des caractères; ce sont de vrais *romans* et non des contes frivoles; ce ne sont pas non plus des dissertations; la psychologie s'y mêle, dans une sage proportion, aux péripéties; les personnages n'y apparaissent pas comme des sujets de laboratoire : ils agissent, ils donnent la sensation de la vie. Mais ceci ne veut pas dire qu'ils ne soient pas compliqués; ils le sont, au contraire, extrêmement. Soit que M. Hervieu redoute la banalité des sujets déjà traités et des types trop connus, la complexité l'attire. Il cherche, dans toutes choses, les nuances, et, comme disaient autrefois les précieuses, le *fin du fin*. Il excelle à le découvrir. A chaque pas de ses livres, on relève des détails ingénieux. Dans l'*Armature*, c'est Tarsul, un philosophe de salon, qui se rapproche, par l'insolence du verbe, d'Olivier de Jalin, et qui traduit les propres sentiments de M. Hervieu sur la société, — car ici M. Hervieu se confond avec son héros... Tarsul fait remarquer judicieusement « qu'on ne tient pas un homme d'honneur avec de l'argent, *du moment qu'il n'en a plus besoin...* » Ailleurs, M. Hervieu nous montre un individu à grosses moustaches et à fort acccent espagnol qui, malgré sa méchante mine, est reçu chez une douairière du faubourg Saint-Germain. Et il ajoute : « Nulle part, cet étranger n'avait été vu, des bruits fâcheux couraient sur son passé, mais il était prétendant à un trône! et *avec cette particularité*, on est presque partout présentable. » Ce parfum de moquerie n'est-il pas délicieux? L'esprit délié de M. Hervieu perçoit des images extraordinairement rapides et parvient à les fixer. Elles jaillissent des phrases avec netteté. On dirait des « instantanés » photographiques. Quelquefois aussi, cette subtilité, poussée trop loin, se change en défaut. A force de vouloir exprimer l'inexprimable, M. Hervieu tombe dans l'obscurité. Son style, si précis d'ordinaire, devient presque inintelligible. S'il veut caractériser l'atmosphère spéciale qui s'exhale des réunions mondaines, il y découvrira « la vaporisation, en quelque sorte, d'être entre soi, entre gens spirituellement unis pour rien du tout, et l'impalpable poudre de ce qui doit se pulvériser par les rencontres polies où tant de paires d'yeux heurtent leurs curiosités cérémonieuses et leurs indifférences distinguées ». L'observation est juste, mais combien alambiquée! Par bonheur, M. Hervieu use modérément de ce pathos... *Flirt, Peints par eux-mêmes* et *l'Armature* sont, dans presque toutes leurs parties, des œuvres parfaitement claires et pondérées...

Le dramaturge. — Il a fait jouer deux pièces : *les Tenailles* et *la Loi de l'Homme*, qui n'ont pas été unanimement louées. On a déclaré qu'elles étaient sèches, pauvres en développements, vigoureusement cons-

truites, il est vrai, mais sans agrément. On les a
comparées, non sans justesse, à des squelettes
dépouillés de leur chair. Ces critiques ne sont pas
pour surprendre M. Hervieu, et c'est à dessein qu'il
les affronte. Il a au théâtre une conception particulière qui vaut la peine d'être exposée. Jusqu'ici, la
foule s'est accoutumée à rencontrer dans les ouvrages
dramatiques des figures antipathiques et des figures
sympathiques qui s'opposent les unes aux autres.
Elle cherche d'instinct ce contraste, et quand elle ne
l'aperçoit pas, elle en est désorientée. Or, M. Hervieu considère que ces habitudes surannées ont
assez duré et ne correspondent plus à notre goût
actuel de précision. Il consent à ce qu'un personnage inspire la pitié et soit aimable, pourvu qu'il
reste vivant et logique avec soi-même. Mais le personnage de parti pris sympathique, et dont la fonction est d'être sympatique, et d'émouvoir béatement
les spectatrices sentimentales, celui-là, il le réprouve,
comme étant odieux et ridicule. Il déteste la puérilité de la comédie romanesque. Une pièce de théâtre
n'existe à ses yeux que s'il en jaillit un enseignement
ou, tout au moins, une indication psychologique. En
d'autres termes, ce qu'il s'efforce de porter sur les
planches, c'est une étude généralisée des passions
humaines. Il ne garde à ses protagonistes que leurs
traits essentiels et s'attache à faire de chacun d'eux
le symbole d'un état d'âme ou d'un caractère. Son
ambition est de composer, sous une forme moderne,

des tragédies. On peut incriminer la témérité de ce dessein, on ne saurait en contester la noblesse...

Telle est, je pense, envisagée sous ses aspects principaux, la physionomie littéraire de M. Paul Hervieu. Ce romancier, ce satiriste, cet anarchiste élégant aide dans sa besogne Mlle Louise Michel... Mais il travaille avec des mains propres... et c'est pourquoi il est aimé des duchesses.

LES POÈTES

SUR UN SONNET DE M. STÉPHANE MALLARMÉ

J'étais l'autre soir en une compagnie où se trouvaient assemblés d'honnêtes gens, curieux des choses de l'art et de la littérature. Il y avait là plusieurs poètes, un symboliste instrumentiste, trois éphèbes initiés aux mystères du verbe déliquescent et un brave homme de critique que le *Mercure de France* tourne volontiers en dérision en l'appelant « épicier de lettres ». L'entretien, après avoir effleuré les romans du jour, s'égara vers les ouvrages de M. Stéphane Mallarmé. Ces ouvrages sont considérables, si l'on mesure leur mérite au bruit qu'ils font dans le monde. M. Stéphane Mallarmé n'a publié jusqu'ici qu'un volume, luxueusement imprimé, et dont les rares exemplaires sont entre les mains d'amis fidèles. Mais son nom est connu de tout l'univers. Lorsque Verlaine mourut, M. Stéphane Mallarmé le remplaça dans la confiance des rédacteurs du *Mercure*, qui représentent, comme on sait, l'élite de l'esprit humain. Il fut élu « Prince de la jeunesse » par cent cinquante suffrages. M. Sully Prudhomme n'en obtint que douze, et son prestige fut gravement diminué par cet échec. Celui de M. Mallarmé rayonna d'un éclat prodigieux. Les grammairiens d'Europe et d'Amérique étudièrent ses vers, la loupe en main; les obscurités qu'ils y rencontrèrent, au lieu de les rebuter, les remplirent d'admiration. C'est le propre des grands génies, de ne pas se laisser pénétrer du premier coup. M. Stéphane Mallarmé est assurément un grand génie, car il est impénétrable. Le vulgaire ne saurait aspirer à le comprendre. Il faut recourir, pour déchiffrer sa pensée, à la sagacité des artistes subtils, experts aux jeux de l'analyse et de l'exégèse. Et c'est pourquoi j'ai prêté l'oreille aux discours qui se sont tenus devant moi, et que je transcris exactement...

L'ÉPICIER DE LETTRES, *dans une intention perfide.* Avez-vous lu le dernier sonnet de Stéphane Mallarmé, intitulé *Tombeau* et consacré à la louange de Verlaine? Je suppose que ce morceau est élogieux. Mais je n'ose rien affirmer. Je me suis creusé la cervelle à en découvrir le sens...

LE SYMBOLISTE, *avec ironie.* Votre cervelle n'a pas éclaté?

L'ÉPICIER DE LETTRES. Je me suis arrêté à temps.

LE SYMBOLISTE. Et vous avez relu, pour vous remettre, la *Grève des forgerons?*

SUR UN SONNET DE M. STÉPHANE MALLARMÉ

L'épicier de lettres. Non! J'ai relu la *Nuit de mai*.

Le symboliste. Ça revient au même.

L'épicier de lettres. Mon Dieu, mon cher confrère, j'ai gardé, je l'avoue, une tendresse de cœur pour Musset. On aime toujours un peu ceux qu'on a beaucoup aimés. Mais je ne suis point absolu dans mes idées. Je ne demande qu'à me convertir. Ouvrez-moi les yeux, j'y consens. Faites-moi toucher du doigt des beautés du « Prince de la jeunesse », et j'abjurerai mes erreurs, je baiserai la poussière, dans l'attitude d'un député musulman... Traduisez-moi un morceau de Stéphane Mallarmé, un tout petit morceau, le plus clair de tous ces morceaux...

Le symboliste. Je vous vois venir, beau masque. Vous êtes décidé à ne rien admettre. Il n'est pas de pire sourd...

L'épicier de lettres. Que risquez-vous d'essayer?

Le symboliste. Vous jurez au moins de m'écouter en silence, de ne pas interrompre ma démonstration par des observations incongrues?...

L'épicier de lettres. C'est juré!

Le symboliste. Je commence donc et, pour éclairer votre ignorance, je vous dirai ce que vous sauriez déjà, si vous aviez pris la peine de lire les lumineux commentaires de Francis Vielé-Griffin. Je vais vous formuler en deux mots la poétique du prince et son esthétique.

L'épicier de lettres. Je bois vos paroles...

Le symboliste. Le prince part de ce principe que

toute chose, fût-elle la plus mesquine, a une signification et est autre chose qu'elle ne nous paraît. Le Prince entre dans la vie quotidienne ainsi qu'en un monde vierge; il y marche à travers des forêts de symboles dont la première tige est encore innommée; et, seul, en face des questions, il les prend une à une et se les pose... Si tel objet n'est pas ce qu'il vous semble être, mais *autre chose*, et si le Prince découvre cette autre chose inconnue (qui est cet objet que vous croyez connaître); si, fort de sa certitude, il parle de cet objet que vous croyez connaître en termes se rapportant à ce qu'il est en réalité, c'est-à-dire à cette autre chose que vous ignorez, vous ne vous entendrez avec le Prince qu'autant que vous irez comme lui jusqu'à l'essence, au lieu de vous arrêter à la surface des choses...

Les trois initiés. Cela est limpide...

L'épicier de lettres. Votre explication est sans doute fort ingénieuse. Mais (excusez mon infirmité!) il me semble que quelques nuages flottent encore autour de la vérité et la dérobent à ma faible intelligence. Ne pourriez-vous joindre la démonstration à la théorie et me citer au moins un exemple?

Le symboliste. Il m'est aisé de vous satisfaire. Quel poème voulez-vous que je vous dise?

Premier initié. ... La *Pipe*, d'une évocation meurtrie et, en sa chute, d'une inouïe tendresse!...

Second initié. ... Le *Phénomène futur* où pleure un avenir qui est déjà le présent!...

TROISIÈME INITIÉ. ... Le *Nénuphar blanc*, qui est la noble abstention de celui qui ignore à jamais.

L'ÉPICIER DE LETTRES. Ce *Nénuphar*, qui est blanc comme presque tous les nénuphars, me séduit. La *Pipe* me plaît aussi. Je vote pour la *Pipe* ou le *Nénuphar*.

LE SYMBOLISTE. Vous n'aurez ni l'un ni l'autre. Vous aurez le sonnet à Richard Wagner, qui est, j'ose le prétendre, un des chefs-d'œuvre immortels de notre langue.

LES TROIS INITIÉS, *extasiés et psalmodiant ensemble le premier vers du chef-d'œuvre :*

Le silence déjà funèbre d'une moire...

L'ÉPICIER DE LETTRES, *poursuivi par une fâcheuse réminiscence et se rappelant mal à propos son répertoire classique :*

Je suis déjà ravi de ce petit morceau !

LE SYMBOLISTE. De grâce ! soyez sérieux, ou je quitte la partie ! Nous ne sommes pas ici pour nous amuser !

L'ÉPICIER DE LETTRES. Vous avez raison. J'offre au Prince mes excuses.

LE SYMBOLISTE. Voici le sonnet à Richard Wagner (*il le scande lentement d'une voix mélancolique et les yeux levés au ciel*) :

Le silence déjà funèbre d'une moire
Dispose plus qu'un pli deuil sur le mobilier
Que doit un tassement du principal pilier
Précipiter avec le manque de Mémoire.

Notre si vieil ébat triomphal du grimoire,
Hiéroglyphes dont s'exalte le millier
A propager de l'aile un frisson familier,
Enfouissez-le-moi plutôt dans une armoire!

Du souriant fracas original haï
Entre elles, de clartés maîtresses a jailli
Jusque vers un parvis né pour leur simulacre,

Trompettes tout haut d'or pâmé sur les vélins.
Le dieu Richard Wagner, irradiant un sacre
Mal tu par l'encre même en sanglots sibyllins.

Les trois initiés, *jouissant de la stupeur de l'épicier de lettres.* Eh bien?

L'épicier de lettres. Superbe!! Le sonnet est d'une ampleur, d'une harmonie, d'une richesse de rimes!... Maintenant, je ne serais pas fâché d'apprendre au juste ce qu'il signifie.

Le symboliste. Comment! vous n'avez pas compris?

L'épicier de lettres. Pas un traître mot!...

Le symboliste. Non! ce n'est pas possible! Vous vous moquez de moi! Ces vers sont si simples!

Les trois initiés. D'une simplicité enfantine!

Le symboliste. Et d'abord le début ne peut prêter à l'équivoque. Il s'agit de l'antagonisme de la poésie et de la musique. Les poètes ont préparé l'avenir et s'imaginent qu'ils régneront sans partage. Mais leur outillage est imparfait (*tassement du principal pilier*). Et la musique, plus savante, plus complète (*dispose un pli deuil sur le mobilier*) et s'installe à sa place et règne désormais, se suffisant à soi-même.

SUR UN SONNET DE M. STÉPHANE MALLARMÉ 149

Le mobilier séculaire de la poésie et des belles-lettres (*vieil ébat triomphant du grimoire*) est enfoui dans une armoire et détrôné par un art plus neuf, par l'art de la symphonie, du drame lyrique, par l'art de Richard Wagner...

L'ÉPICIER DE LETTRES. Cette interprétation ne me paraît point déraisonnable...

LE PREMIER INITIÉ. Permettez, messieurs! Elle me paraît, à moi, tout à fait contraire aux intentions de l'auteur!

LE SYMBOLISTE. Et en quoi donc, s'il vous plaît?

PREMIER INITIÉ. Vous commettez un énorme contresens! Vous alléguez que Richard Wagner a supprimé la poésie, quand au contraire il l'a exaltée, quand il en a magnifié l'auréole. Bien loin de l'abolir, il l'a élargie, vivifiée, il lui a ouvert des horizons que l'on ne soupçonnait pas. Ce qu'il a détruit, ce sont les formes surannées de la musique, l'opéra mélodramatique et l'opéra-comique, ce *vieil ébat du grimoire*, ces hideux *hiéroglyphes*, ces œuvres sans noblesse, propres tout au plus *à propager de l'aile un frisson familier*... Ce vers, à lui seul, éclaire le texte. Je suis surpris qu'un critique sagace, comme vous l'êtes, ait pu s'y tromper...

L'ÉPICIER DE LETTRES. Eh! mais cette version me donne à réfléchir. Il se pourrait qu'elle fût la bonne!

LE SYMBOLISTE. La bonne! Vous êtes fou, je pense, avec votre opéra-comique! Pourquoi pas l'opérette, et les féeries du Châtelet? et les ballets des Folies-

13.

Bergère? Le Prince est un trop haut esprit pour prêter à Wagner des préoccupations indignes de lui. Wagner s'inquiétait bien vraiment des serinettes d'Auber! Il ne les apercevait même pas de son Olympe. Le vers que vous citez (*à propager un frisson familier*) s'applique uniquement à la poésie...

Premier initié. A la musique!

Le symboliste. A Alfred de Musset!

Premier initié. A Adolphe Adam!

L'épicier de lettres. Messieurs, je vous en supplie, tâchez de tomber d'accord!

Second initié. C'est moi qui vais vous y mettre...

L'épicier de lettres, *poussant un soupir de joie*. Enfin!

Second initié. Vous cherchez l'un et l'autre midi à quatorze heures. La solution est bien plus naturelle. Le prince ne s'est pas perdu dans ses spéculations transcendantales. Il a visé un détail matériel, précis. Lisons tranquillement ses vers, sans leur attribuer un sens figuré. Ils vont s'illuminer aussitôt. Quelle révolution a opérée au théâtre Richard Wagner! La révolution de la mise en scène. Il a remplacé le décor humain par le décor de rêve. Et c'est de cela que le poète le loue. Il lui rend grâce d'avoir délivré le théâtre de ses accessoires surannés (*enfouissez-le-moi plutôt dans une armoire*) et remplacé ces grotesques enluminures par d'héroïques pages de missel (*Trompettes tout haut d'or pâmé sur les vélins*)... Vous rendez-vous à l'évidence?

SUR UN SONNET DE M. STÉPHANE MALLARMÉ

Le symboliste et le premier initié, *ensemble*. Absurde !

L'épicier de lettres. Cette troisième interprétation me plonge dans l'incertitude.

Le symboliste, *s'animant*. Le Prince rirait bien s'il vous entendait !

Premier initié, *un peu nerveux*. Il ne rirait pas, car ce travestissement rapetisse son chef-d'œuvre.

Second initié. Vous avez dit « travestissement » ?

Premier initié. Je maintiens l'expression.

Second initié. Mais elle est injurieuse ! Douteriez-vous, par hasard, de ma bonne foi ?

Premier initié. Peut-être !

Second initié. Monsieur !

L'épicier de lettres. Messieurs, ne vous fâchez pas, je vous en supplie. Nous sortons de carnaval, où tout peut se travestir, même le sens d'un sonnet. Mais j'y songe ! Que n'allez-vous prier le Prince lui-même de trancher votre différend ? Il ne nous refuserait point ce léger service.

Le symboliste. Vous raillez ! Ce serait lui faire injure ! D'ailleurs on n'obtiendrait rien de lui.

L'épicier de lettres. Est-il donc si rebelle à l'interview ?

Premier initié. Non, certes. Il ne déteste pas que les journaux s'occupent de lui. Mais il a besoin de mystère.

Second initié. Et que deviendrait-il le jour où le premier venu comprendrait la signification de ses vers ?

Le symboliste. On ne les lirait plus!

Premier initié. Et il serait obligé d'en composer de nouveaux!

Second initié. Ce qui le gênerait fort!

L'épicier de lettres. Et ce qui vous gênerait davantage!!!

M. ARMAND SILVESTRE

Parmi les littérateurs contemporains, M. Armand Silvestre est, sinon un des plus compliqués, du moins celui qui a le plus souvent changé de physionomie. Cet écrivain est protéiforme. Il y a l'auteur des Sonnets païens, le parnassien impeccable et un peu mélancolique ; il y a l'auteur des Contes gaulois qui épanche sa belle humeur dans les feuilles parisiennes ; il y a l'auteur de *Griselidis* et de *Tristan de Léonois*, légendes de chevalerie en vers libres ; il y a aussi l'auteur d'une dizaine de livrets d'opéra qui furent mis en musique par nos plus distingués compositeurs, et de plusieurs douzaines de ballets qui se jouent dans les Casinos, Olympias, Alhambras et Music-Halls de la France et de l'étranger. Voilà, sans doute, un bagage considérable. M. Armand Silvestre est doué d'une extraordinaire fécondité, qui s'affirme dans des genres très divers. Voyons s'il n'existe pas un lien qui rattache les unes aux autres ces productions.

Vers 1865, M. Armand Silvestre, frais émoulu de Polytechnique, offrit à George Sand son premier recueil de poésies; la châtelaine de Nohant lui accorda son suffrage et voulut bien prendre sous son égide le jeune poète. Elle écrivit une préface élogieuse dont la première phrase était un alexandrin :

Voici de très beaux vers... Passant, arrête-toi.

Et elle poursuivait en ces termes : « C'est l'hymne antique dans la bouche d'un moderne, c'est-à-dire l'enivrement de la matière chez un spiritualiste quand même, qu'on pourrait appeler le spiritualiste malgré lui; car, en étreignant cette beauté physique qu'il idolâtre, le poète crie et pleure. Il l'injurie presque et l'accuse de le tuer. Que lui reproche-t-il donc? De n'avoir pas d'âme. Ceci est très curieux et continue, sans la faire déchoir, la thèse cachée sous le prétendu scepticisme de Byron, de Musset et des grands romantiques de notre siècle. » En relisant, à trente ans d'intervalle, les vers écrits à cette époque par M. Armand Silvestre, on comprend qu'ils aient excité l'admiration de George Sand; ils ont gardé leur beauté; ils sont habiles, sonores, remplis de nobles images. A la vérité, ils ne sont pas dénués de rhétorique; mais il en est de la rhétorique comme de la casse dont parle M. Purgon : de bonne rhétorique est bonne. Celle de M. Armand Silvestre avait de quoi plaire, surtout dans la fleur de sa nouveauté. Après dîner, alors que la nuit tombait dans la campagne et qu'une douce tristesse montait des choses, l'excellente Sand, qui n'était plus alors qu'une grand'mère, fermait à demi les yeux et savourait ces rythmes berceurs :

> Ainsi qu'un lac perdu dans une solitude,
> Ton front pâle, Rosa, rêve éternellement.

Le jeune polytechnicien adressait à cette Rosa mystérieuse des prières frissonnantes comme des caresses. Il adorait en elle la forme idéale de son rêve ; elle était l'autel devant lequel il s'agenouillait :

> Je veux ceindre humblement de mes bras prosternés
> Tes pieds, tes beaux pieds nus, frileux comme la neige
> Et pareils à deux lis jusqu'au sol inclinés.

Déclamez ces vers : ils se déroulent comme une étoffe d'excellente qualité et que l'on a du plaisir à sentir passer entre ses doigts. Les dessins qui y sont marqués n'ont pas une grande variété ; ils se répètent. Ce sont des lis, des roses pourprées, des étoiles, beaucoup d'étoiles, toute une voix lactée; des ailes et des voiles, des levers et des couchers d'astres, couchers sanglants, levers triomphants; puis, c'est la symphonie de la chair, des embrassements éperdus et des extases, auxquels succèdent des accents désespérés...

> Les serpents jetés aux fournaises
> Des lourds trépieds pythoniens,
> En des tourments pareils aux miens
> Se tordaient vivants sur les braises.

Les rimes sont soignées, les métaphores aussi. S'il fallait dégager de l'œuvre poétique de M. Armand Silvestre une impression d'ensemble, on éprouverait quelque embarras à la préciser. Cela est élégant; cela est imprégné de platonicisme et de panthéisme; cela caresse et charme l'oreille. A notre goût d'aujourd'hui cela est un peu dépourvu de simplicité. Un revirement s'est fait; nous n'avons plus la superstition de la consonne d'appui; nous ne sommes plus éblouis par les feux d'artifice du Parnasse. Un grain d'émotion nous touche davantage que des phrases, fussent-elles ciselées dans l'or avec des diamants et des perles. Pour ma part, je préfère à la brillante joaillerie de M. Armand Silvestre certains morceaux qu'il a modestement intitulés *Vers pour être chantés*. Ce sont des chefs-d'œuvre de grâce, de délicatesse; une sensibilité discrète s'y joue dans le caprice d'une forme toujours pure.

> Sur le grand lac au flot clair
> Où l'aile du soir se penche,
> J'ai longtemps suivi dans l'air
> La barque à la voile blanche,
> Un fil d'argent la suivait
> Qu'avait tracé son passage :
> C'est ton cher nom qu'écrivait
> Le caprice du sillage.

On en pourrait citer vingt qui figureront plus tard avec honneur dans les anthologies. Si M. Armand Silvestre devient classique, je pense qu'il le devra non pas à ses morceaux descriptifs, qui sont pourtant remarquables, ni à ses drames sacrés ou profanes, mais à quelques-unes des chansons d'amour ou de rêve qu'il a laissées tomber de sa plume.

Aux environs de 1880, un journal boulevardier, cherchant à atteindre la vogue qui le fuyait, embaucha des chroniqueurs chargés de servir chaque matin au public des mets violemment assaisonnés. Ils s'acquittèrent en conscience de leur tâche; et l'on ne fut pas médiocrement surpris de retrouver parmi eux, je pourrais dire à leur tête, le poète des Sonnets païens. M. Armand Silvestre, qui n'avait jusqu'alors publié, en fait de prose, que des études critiques et des chroniques sentimentales, dépassa du premier coup Pigault-Lebrun, Paul de Kock et tous les maîtres ès grivoiserie. Pour le fond, il s'inspira tantôt du spectacle de la vie moderne et tantôt des vieux conteurs, de Bonaventure des Perriers, de Marguerite de Navarre, mais il eut soin de rajeunir leurs fictions; et il s'ingénia à baptiser ses personnages de noms retentissants et qui ne tardèrent pas à devenir populaires. On n'a pas oublié, je pense, le commandant Laripète, l'amiral Lekelpudubek, la famille Ducuron et le diplomate hellène Fépipimongropoulo. Il s'appropriait le procédé des anciens vaudevillistes qui appelaient les meuniers M. Dumoulin et M. Dugravier les marchands de sable. Ce sont des moyens d'un assez bas comique, mais dont l'action est irrésistible sur les lecteurs ingénus. M. Armand Silvestre versa dans ce moule une gaieté énorme. Phœbé continua d'inspirer ses extases, mais ce n'était plus la reine des nuits à laquelle il dédiait naguère de si jolis couplets. C'était une lune plus humaine, dont les grassouillettes rondeurs excitaient son appétit. Depuis bientôt vingt ans, les histoires de M. Armand Silvestre font les délices des tables d'hôte, des corps de garde et des mess d'officiers. Et, ce qui contribue à leur donner du crédit, c'est qu'elles ne sont pas mises en style vulgaire. L'auteur prend soin de les teinter de lyrisme; il retrace les mésaventures conjugales de Mme de la Pétardière du même ton héroïque dont il traiterait des amours de Cléopâtre. Et ainsi, par cette tenue de la forme, d'une part, et, de l'autre, par l'extrême vivacité de ses anecdotes, il réussit tout ensemble à divertir ses clients ordinaires et à leur inspirer du respect. Vous voyez que M. Armand Silvestre occupe dans les lettres une situation exceptionnelle.

Comment cet artiste de grand talent s'est-il décidé à quitter les sommets sacrés de l'Olympe pour s'occuper à des besognes aussi ordinaires? Car, enfin, ce n'est pas un métier très récréatif que de composer à jour fixe des historiettes destinées à réveiller cet animal qui, dit-on, sommeille chez tous les hommes, jeunes et vieux. M. Armand Silvestre n'est pas toujours en disposition de rire; il doit y avoir des matins moroses, où de sévères pensées hantent son cerveau. Il est obligé de les chasser et de se consacrer tout entier à la gaudriole. Cette contrainte est douloureuse. M. Armand Silvestre la subit par nécessité (les contes gaulois sont d'un placement plus avantageux que les sonnets). Et puis, l'accoutumance y a plié son esprit. Je suis sûr que, dès qu'il a devant lui sa feuille blanche, le fol essaim de ses maris cornards, de ses veuves impétueuses, de ses généraux podagres et de ses rentiers libidineux commence à danser la sarabande. Il n'a qu'à transcrire les tableaux qui se déroulent dans son imagination. Une ombre de sujet, un mot ou une situation drolatique, de la sauce autour, une sauce abondante et épicée, où se reconnaît le tour de main d'un maître-queux (c'est le cas de le dire), expert en ce genre de cuisine : et les cent cinquante lignes réclamées par le journal sont, de la sorte, obtenues.

Maintenant, considérez, je vous prie, les deux Silvestre dont nous venons d'esquisser la physionomie. Analysez les vers loués par George Sand et les nouvelles de haulte graisse qui répandirent son nom dans la foule : vous y découvrirez un foyer de commune inspiration. Nouvelles et sonnets sont à la gloire de Vénus. Ses vers encensent Vénus Astarté, sa prose exalte de préférence Vénus Callipyge; mais c'est bien à Vénus, toujours à Vénus que s'adresse son hommage. Il célèbre les forces génératrices du monde, la fécondité universelle, les pièges que la nature tend aux créatures pour les conduire à ses fins. Et, tour à tour, il aime la beauté pour ce qu'elle a d'harmonieux et pour ce qu'elle a de sensuel. Développez ces deux thèmes, poussez-les à leurs plus extrêmes conséquences, et vous aurez l'œuvre, à peu près complet, de M. Armand Silvestre.

Persistera-t-il longtemps encore à suivre ces voies? Optera-t-il pour l'une ou pour l'autre? J'ai le pressentiment que, lorsque M. Armand Silvestre aura assuré le repos et la dignité de ses dernières années, il se bâtira une tour d'ivoire où la famille Ducuron n'aura pas le droit de pénétrer, non plus que l'amiral Lekelpudubek. Il nous étonnera par sa vertu.

M. HENRI DE RÉGNIER

Les temps ont marché. Si l'on eût remis à M. Villemain, alors qu'il était grand maître de notre Université, les œuvres de M. Henri de Régnier, il les eût rejetées avec mépris et se fût bien gardé de conférer la croix d'honneur au jeune écrivain. Aujourd'hui, nous avons le goût plus large ; nous admettons qu'un poète s'affranchisse des règles classiques et cherche en dehors des traditions une voie nouvelle. M. Henri de Régnier incarne, avec distinction, les aspirations, les inquiétudes des hommes de son âge ; l'école qu'il a contribué à fonder cherche à s'élever sur les ruines du romantisme et du Parnasse. Et si, jusqu'à présent, ses destinées semblent indécises, on ne peut nier qu'elle ne réponde à un mouvement d'idées très sérieux. Depuis un demi-siècle, la poésie n'a cessé d'évoluer. De 1830 au début du second Empire, elle fut sentimentale et grandiloquente. Elle s'attachait à peindre la passion sous une forme précise. Le poète se mettait dans ses vers, il racontait ses amours, ses joies, ses souffrances, les événements particuliers de sa vie. On lui reprocha de parler un peu trop de lui. Les Parnassiens, réagissant contre cet abus, affectèrent de ne s'occuper que de l' « objet » et d'étouffer en eux toute émotion subjective. Ce fut l'époque des vers impassibles. M. Leconte de Lisle exalta la grandeur barbare, Théophile Gautier la beauté païenne, Théodore de Banville la grâce funambulesque. Ils poussèrent la technique de leur art à un degré de perfection inouï. Ils aimèrent les sonorités puissantes, les rimes riches, et formulèrent un code différent mais non moins tyrannique que celui de Boileau. Ils formèrent de nombreux disciples qui n'avaient pas leur génie et qui, néanmoins, s'assimilèrent leurs procédés. Il faut croire que la rime millionnaire n'est pas difficile à trouver lorsqu'on y apporte quelque application. La république des lettres se peupla de troubadours qui ciselaient, comme en se jouant, de jolis « vers à chanter » et des strophes impeccables. De 1870 à 1880, tous les bacheliers de France furent atteints de la manie du sonnet. Et ils enchâssaient dans leurs compositions les diamants, les perles, les béryls, les chrysoprases, toutes les orfèvreries du Parnasse. Une réaction était inévitable. On se lassa de ces richesses, et aussi de cet excès de perfection, on prit en haine la « consonne d'appui » après l'avoir révérée. Les revues d'avant-garde, publiées aux brasseries du quartier Latin, brandirent le drapeau de la révolte. Ils lapidèrent les maîtres de la veille ; et comme il leur fallait un chef, ils élurent Paul Verlaine. Ce choix était inspiré par des considérations d'ordres divers. Paul Verlaine était un Parnassien converti ou négligé. Et l'on trouvait piquant d'opposer à l'ennemi un soldat infidèle sorti de ses rangs. Il fallait, pour frapper un grand coup, saper à la fois toutes les forteresses du Parnasse. Les Parnassiens habitaient une tour d'ivoire. Paul Verlaine traînait sa muse souillée à l'hôpital et au cabaret. Les Parnassiens gardaient une sérénité olympienne. Paul Verlaine se confessait en pleurant. Les Parnassiens rimaient trop. Paul Verlaine ne rimait plus. Il fut convenu que Verlaine était un grand homme. Et tous les Parnassiens, sans exception, furent catalogués sous l'étiquette d' « épiciers de lettres ». Ce n'était là qu'une première étape. Les aèdes « modern style » ne devaient pas s'arrêter dans le chemin des réformes. Ils réfléchirent que Paul Verlaine n'était qu'un faux révolutionnaire, ils se tournèrent vers M. Stéphane Mallarmé. Celui-là, à la bonne heure ! Il était inaccessible au vulgaire et ne se laissait pénétrer qu'après une longue initiation. Et, de toutes parts, s'élevèrent des cris d'enthousiasme en l'honneur du nouveau Prince. M. Stéphane Mallarmé élargissait l'horizon de la poésie, il faisait d'elle une synthèse de tous les arts humains réunis. Les vers de M. Mallarmé étaient l'équivalent de la musique de Richard Wagner... M. Henri de Régnier ne fut pas un des moins ardents à monter à l'assaut des vieilles doctrines. Il fut un des « gilets rouges » du symbolisme. Mais tandis que la plupart de ses compagnons d'armes imitaient puérilement M. Mallarmé, il produisait des œuvres personnelles et s'affirmait par des qualités qui n'étaient qu'à lui. Nous allons tâcher de voir par où son talent est original.

Quand on lit un recueil de M. Henri de Régnier, on n'y saisit pas d'abord grand'chose. Ce sont de vagues méditations, des légendes lointaines et noyées de brouillards. Des figures y défilent, non pas des figures aux contours arrêtés, mais des silhouettes fuyantes, des ombres qui flottent entre ciel et terre, parmi des paysages irréels. S'il me fallait dire exactement le sens de certaines pièces, telles que la *Vigile des Grèves* ou l'*Alérion* ou le *Discours en face de la nuit*, j'en serais bien embarrassé. Non seulement la pensée s'y enveloppe de brumes, mais les images qui s'y succèdent n'ont entre elles aucun lien apparent. C'est proprement un chaos... Attendez toutefois... Ce chaos est harmonieux. De ces vers, dont la signification est imprécise, s'exhale une douceur caressante. L'oreille est bercée; le cerveau s'engourdit; on croit écouter comme une mélodie qui vous pénètre; il semble qu'on glisse à l'état d'hypnose et que l'on soit emporté, hors de ce monde, en une atmosphère idéale. Cette suggestion (qui n'est peut-être qu'une congestion) n'est pas sans charme, elle donne une sensation comparable à celle que procure l'opium. Le fumeur d'opium ne perd qu'à demi la conscience de son être; elle n'est qu'atténuée. Les objets qui l'entourent lui apparaissent sous des aspects lointains; sa mémoire lui rend présents des tableaux depuis longtemps abolis. Tel est le travail de transposition et de recul qu'accomplit M. Henri de Régnier. Il demeure dans le rêve; car le rêve lui paraît être l'essence de la poésie. Et les songes qu'il retrace sont presque tous séduisants. Il évoque les mythologies primitives, il se joue parmi les dryades, les faunesses. Et il se garde bien de les dessiner, à la façon de M. William Bouguereau, en leur prêtant la sèche ressemblance d'un joli modèle de Montmartre; il les montre dans le mystère des crépuscules; on les devine plus qu'on ne les voit; l'imagination du lecteur les achève; elles rappellent plutôt ces blanches figures que le grand peintre Henner place au bord des lacs profonds, sur la lisière des bois sacrés. Écoutez :

> Satyresses dont la main folâtre saccage
> Les lys présomptueux qui frôlent leurs genoux,
> Celles de qui le rire est un oiseau sans cage,
>
> Celles qui marchent dans les ronces et les houx
> Et vont vers les vergers et les enclos des plaines
> Pour y voler le soir les fleurs et les fruits doux,
>
> Les hanches et les seins, la lèvre et les haleines
> Pures d'avoir humé le vent des soirs d'été,
> Les yeux clairs et changeants comme l'eau des fontaines.

Il lui suffit d'un mot, d'une épithète, de deux alexandrins accouplés, pour éveiller ces visions :

> Les grands chars sont entrés dans la forêt sonore...

Et soudain, l'humanité pastorale se lève devant vous,

> ... Et les talons légers foulent les herbes mûres...

C'est une bergère de Théocrite... Et voici, dans un paysage indéterminé, une frêle apparition. Quelle est cette femme qui s'avance, la chevelure dénouée, l'azur du ciel dans les yeux? Est-ce l'Amour? l'Inspiration? la Jeunesse?

> L'aube pour t'accueillir se lève à l'orient;
> La terre en fleurs tressaille et hausse ses corolles
> Jusqu'à ta jeune main qui les plie en passant;
>
> La branche te caresse et te touche l'épaule;
> Le caillou se détourne et roule sous tes pas
> Et l'écho t'accompagne et la brise te frôle.
>
> Le Printemps t'a fêtée, ô Divine! et, là-bas,
> L'Été silencieux vers qui tu marches nue
> Entr'ouvre sa paupière et lève ses yeux las.
>
> Toute la plaine est d'or de t'avoir reconnue;
> La houle des blés mûrs s'enfle et déferle au vent;
> La source pour toujours rit que tu t'y sois vue.
>
> Le flexible lierre et le pampre sanglant,
> Les plantes de la mer, du fleuve et de la plaine
> S'entrelacent autour de son thyrse indolent;
>
> L'heure semble attentive à ta grâce sereine;
> Pose ton pied charmant sur les mousses, et fais
> De ta coupe perler l'onde de la fontaine.

Ton geste gracieux l'épanche au gazon frais ;
Reste ainsi ; le soleil en sa gloire fleurie
Te sculpte une chair d'or dans un marbre de paix.

Mais regarde, là-bas, venir sur la prairie
Le Crépuscule lent et l'Automne qui tient
Son sceptre rouge où pend une grappe pourrie.

L'un et l'autre, à leur tour, te prendront par la main,
Ils savent les sentiers de la forêt fatale
Où tes pieds saigneront aux ronces du chemin.

Les fleurs que tu cueillis, pétale par pétale,
S'effeuilleront alors au thyrse dévasté,
Et la pluie et la brume autour de ta chair pâle,

Haletante au vent dur qui gerce ta beauté,
Tisseront lentement leurs voiles où frissonne
Le sceptre de ta joie et de ta nudité.

Toi qui fus le Printemps que l'Été d'or couronne,
Tu n'es qu'une ombre errante écoutant, à travers
Les arbres nus hennir au Temps qui les talonne,

L'âpre déferlement des chevaux de la Mer.

Tous les vers de M. Henri de Régnier n'ont pas la beauté plastique de ceux-ci. Il en est qui sont pénibles :

... Ah ! quand viendront vers Elles le bruit lent des rames !...
... A travers l'odeur chaude dont sa chair endort...

Il en est d'autres qu'eussent signés les plats tragiques du siècle dernier :

A fourbir *et* le casque, *et* le glaive *et* la lance...

Mais la plupart sont suaves à l'oreille et coulent

comme du miel. M. Henri de Régnier a l'instinct de
l'euphonie :

> ... Les saphirs de nos yeux s'attristent en opales...
> ... La vie étrange et douce, et lente va mourir
> En vigne qui s'effeuille au temps des grappes mûres...
> ... Il filtre un air épais de flûte et de viole,
> Soupirs d'archet qui vibre aux grêles cordes d'or...
> ... Qu'au cours de l'eau passaient surnageantes des roses...

Je sais bien ! Ces vers ne sont pas exempts de préciosité ! Malgré son dédain pour les Parnassiens, M. H. de Régnier n'a pas oublié leur vocabulaire. Il remue à pleines mains les opales, les roses, les étoiles, et les « yeux de lacs », et les « vols de colombes », et toutes les « gemmes » qui dorment au sein de la terre. Cela est un peu affadissant. Racine atteint, sans tant de recherche, à une égale harmonie. Les puristes fronceront le sourcil d'un air sévère. N'empêche que M. Henri de Régnier ne soit un gracieux poète, un bien joli poète de décadence.

Les vers que j'ai cités sont à peu près forgés selon le mode traditionnel. Il arrive souvent à M. de Régnier de s'émanciper. Il montre, à l'égard des règles, une extrême indépendance. Il remplace les rimes par des assonances, son vers est « polypode » et « polymorphe », s'il n'est tout à fait « amorphe ». Il ne s'embarrasse pas des hiatus. Il ne regarde point au nombre des pieds ; il en met quatorze, s'il estime que douze sont insuffisants :

> De l'antique tempête et des soirs morts sur des murs mornes,
> Par les routes où les bornes d'onyx marquent les carrefours...

Et, à côté de ce distique, qui donne l'impression d'un long train de bois descendant le cours d'un fleuve, il place délibérément ces pépiements de fauvettes :

> Bel oiseau !
> O vigilance !
> Ferme la porte !

Je ne vois pas l'utilité de ces « licences » (selon la vieille expression). Ce sont des étrangetés de parti pris. Je n'approuve pas davantage l'usage immodéré de certains mots qui reviennent, sous la plume du poète, avec une persistance fastidieuse. Il n'est pas une page où je n'aie lu plusieurs foi le mot *or* et le mot *mort*. L'or et la mort hantent M. de Régnier. Il les amalgame, les oppose, il les superpose. L'*oiseau d'or* plane sur les *lacs de mort*, où nagent des *cygnes d'or*, qui contemplent la *mort des soleils*, en regardant venir sur les *routes d'or*, la *torche d'or du triomphe !* Que d'ors et que de morts ! Et remarquez que ce n'est pas sans dessein, peut-être, que l'auteur prodigue ainsi ces vocables. Ils répondent à un penchant secret de son esprit. L'or comporte une idée de splendeur, la mort une idée de tristesse. M. de Régnier est fastueux et mélancolique. Ce sont les traits saillants de sa personnalité, ceux qui ressortent de ses ouvrages et se fixent dans l'imagination du lecteur.

Ainsi donc M. Henri de Régnier a l'ambition de rénover la poésie française en l'entraînant du côté du rêve. Il estime qu'elle a trop écouté jusqu'ici la raison, le bon sens, l'esprit, trop observé l'élégance, la mesure et autres qualités gallo-romaines. Il voudrait qu'elle s'imprégnât de mystère et s'aventurât sur les frontières de l'inconnaissable. La tentative est pour le moins curieuse. De nobles esprits l'ont encouragée. M. de Vogüé exprimait naguère le regret que notre poésie manquât de « vague » : « Les étrangers nous refusent l'épanchement intérieur du rêve. Ils disent : — Vous avez l'écrin le plus riche en diamants, en rubis, en saphirs, en gemmes de toutes sortes. Vous n'avez pas la perle du fond de la mer. » M. Henri de Régnier plonge pour pêcher la perle. Il la rapporte, parfois, mêlée à beaucoup de coquillages. Voilà des années qu'il plonge. Et je crois reconnaître, à certains indices, qu'il commence à se lasser. Les vers qu'il a publiés en ces dernières années, sont d'une déplorable lucidité. Sauf quelques négligences affectées de rythmes et de rimes, on les prendrait pour des produits du Parnasse. Déjà les anciens amis de M. de Régnier l'accusent de félonie et le soupçonnent de ramper, par des détours tortueux, vers l'Académie. Et ils ont raison de se fâcher. M. de Régnier visiblement se relâche ; — soit qu'il subisse, en effet, la pression de quelque sollicitude affectueuse, soit qu'il reconnaisse, à part lui, l'inanité de son effort et qu'il juge superflu de le poursuivre, M. de Régnier ne serait pas le premier révolutionnaire qui se serait mué en conservateur.

M. JEAN RICHEPIN

―――

Il ne ressemble à personne et n'appartient à aucune école. S'il est romantique par certains côtés, s'il a subi l'influence du Parnasse, il a eu le mérite de rester lui-même, et jamais sa personnalité ne s'est effacée. Il a d'admirables qualités et de grands défauts qui constituent, par leur intime mélange, son tempérament littéraire. Son talent a mûri avec les années : il a acquis plus d'ampleur, mais il ne s'est pas sensiblement transformé. Tel il s'affirma dès le premier jour, et tel il est demeuré : inégal, violent, superbe, avec d'énormes fautes de goût et des envolées presque sublimes.

Le fond de sa nature est un amour passionné de l'indépendance. M. Jean Richepin déteste la règle, et, maintes fois, il s'est mis contre elle en insurrection. Il y a, à cet égard, un lien étroit entre sa vie et ses œuvres. Il a conté avec un charme délicieux les voyages qu'il accomplit en compagnie des Romanichels : il fit avec eux son tour de France; il coucha à la belle étoile; il monta dans une roulotte que traînait un cheval poussif; il campa sur la lisière des bois, au bord des rivières, il mangea d'étranges fricots, préparés par les mains noires des Bohémiennes et fut sérieusement épris de Miarka « la fille à l'Ourse ». Et à voir ce beau gars, aux cheveux crépus, au teint basané, qui s'exhibait dans les champs de foire et se mesurait avec les athlètes, nul n'aurait supposé que ce fût un jeune homme distingué, brillant latiniste et lauréat du concours général. Lorsqu'il vint s'installer à Paris, dans le quartier des Écoles, il y conserva ces allures pittoresques auxquelles il dut, autant qu'à ses œuvres, sa prompte célébrité. Sur lui coururent mille légendes qu'il est superflu de rappeler. Il se promenait par les rues, vêtu de costumes étroitement ajustés, et où dominaient la pourpre, l'or et l'indigo. A son plastron de chemise étincelait un énorme rubis qui excitait l'admiration des femmes et leur convoitise. Mais l'une d'elles s'en étant emparé et l'ayant laissé tomber par mégarde, il se brisa. Ce joyaux n'était qu'un morceau de verre!

Vraies ou fausses (et beaucoup d'entre elles sont apocryphès), ces historiettes peignent assez exactement la physionomie qu'avait alors le poète. De temps à autre il était pris d'une sorte de frénésie de vagabondage. Il disparaissait; il allait devant lui jusqu'à ce qu'il eût dépensé son dernier sou; et souvent il se trouvait en détresse dans des pays lointains, d'où il revenait à grand'peine. C'est ainsi que se trouvant à Londres, le ventre creux, il se fit payer à dîner par un sergent recruteur de l'armée anglaise, qui voulait à toute force l'incorporer dans un des régiments de Sa Gracieuse Majesté. Et, de fait, Jean Richepin eût été un magnifique highlander; et son physique, joint au prestige de l'uniforme, eut exercé dans le Royaume-Uni de cruels ravages. Sa destinée le réservait à des triomphes d'un ordre plus relevé. Il publia la *Chanson des Gueux* et, le lendemain, son nom volait sur toutes les lèvres. Ce qu'il exaltait dans ce livre, qui est le plus sincère, sinon le plus complet qu'il ait écrit, c'était son propre rêve de liberté. Il chantait les miséreux, il les réconfortait avec une cordialité fraternelle. On vit qu'il connaissait ce dont il parlait, et qu'il était allé au fond de son sujet. Il ne s'agissait plus d'une pâle imitation de la vie réelle. Richepin apportait dans ses tableaux une furieuse audace d'expression qui lui valut l'ardente sympathie de la jeunesse et la réprobation du monde académique. Il éprouva la sévérité des lois : il fut frappé et son recueil lacéré par les mains des juges. Aujourd'hui, nous sommes habitués à tous les libertinages, et la rigueur dont il subit les effets nous semble odieuse. Elle lui fut d'ailleurs profitable, car elle surexcita en sa faveur la curiosité publique. On s'arracha son ouvrage et l'on s'aperçut qu'il renfermait, à côté de pages douteuses, des chefs-d'œuvre d'éloquence et de couleur, tels par exemple que le *Vieux Lapin*, qui est un des petits morceaux les plus achevés de notre langue...

Depuis la *Chanson des Gueux*, M. Jean Richepin n'a cessé de produire. Il s'est essayé dans tous les genres, dans le roman, dans la nouvelle; il a composé des drames pour Mme Sarah Bernhardt et pour M. Mounet-Sully; il a prouvé sa fécondité par une abondance extraordinaire : ses ouvrages se succèdent sans interruption et l'un n'attendant pas l'autre. Et dans tous, nous remarquons, à peu de chose près, les mêmes idées diversement exprimées... Elles ne sont pas très nombreuses. *Nana Sahib* expose la lutte du patriotisme contre l'usurpation de la conquête. *La Glu*, c'est la revanche de l'instinct contre la corruption raffinée. *Par le Glaive* nous donne un tableau éclatant des exactions commises par un tyranneau et l'effort héroïque tenté pour s'en délivrer. *Le Chemineau* est l'exaltation de la vie errante. Il n'est pas jusqu'à cette pièce manquée, *Vers la Joie*, qui ne renferme quelque chose de semblable : l'apologie des lois naturelles par opposition aux lois écrites.

Voilà pour le théâtre et le roman. Si nous passons aux vers, nous y trouverons des développements proches de ceux-là, mais ennoblis et adoucis par un profond sentiment de la poésie rustique. M. Jean Richepin adore les champs, les bois et surtout la mer; il en rend avec une énergie et une couleur sans pareilles la physionomie. Et quoique sa verve soit très libre, elle glisse rarement dans la basse ordure. Sur tout ce qu'il a produit, sauf deux ou trois feuillets des *Blasphèmes*, passe un souffle généreux et sain, comme une bonne odeur de farine, de foin coupé ou d'algues humides. On en eut l'impression très nette lors de la première représentation du *Chemineau*; et c'est ce parfum sylvestre qui assura le succès du drame et qui fit oublier ce qu'il avait de poncif.

Donc, M. Jean Richepin a, sous mille formes, revendiqué le droit qu'a la créature de n'obéir qu'à l'impulsion de son cœur et de son esprit, et de secouer le joug des contraintes sociales... Et, par une anomalie surprenante, ce révolutionnaire est, au point de vue de la technique de son art, respectueux des traditions. Rien de plus pur que ses sonnets, rien de plus correct que ses ballades et de plus classique que ses alexandrins. Il rime honnêtement, il est très sage, il ne se permet tout au plus que les licences autorisées par Victor Hugo. Encore est-il, en bien des cas, plus timoré que son maître. Il s'est nettement séparé des écoles dissidentes et n'a pas caché le mépris que lui inspiraient les symbolistes, les décadents et autres instrumentistes. Il a cette opinion que la langue française, habilement maniée, suffit à tout dire, et qu'il est criminel de la torturer. Or, si M. Richepin est à ce point raisonnable, il faut l'attribuer à la solide culture qu'il a reçue. Il a été nourri de copieuses latinités, et il a puisé dans ses trois années d'École normale des habitudes d'ordre et de clarté qu'il n'est pas parvenu à perdre. Toutefois, il est encore une cause, non moins efficace, qui l'a empêché de dévier, comme beaucoup de ses confrères, vers l'étrange. Il n'est pas tourmenté, comme eux, par la poursuite de l'insaisissable. Il n'est pas fiévreux, ni subtil, ni complexe. N'ayant à rendre que des choses simples, il n'emploie que des mots simples pour les exprimer. Il est aussi peu compliqué que possible; il n'est à aucun degré maladif. Il ne faut chercher dans son œuvre ni des dessous inquiétants, ni des « au delà » énigmatiques. Cet équilibre, qui en fait la force, en fait aussi la faiblesse. Les délicats préfèrent aux jeux de la virtuosité les subtilités où l'artiste a mis un peu de son âme et la pâleur tourmentée de Léonard de Vinci à la santé de Rubens!

M. JEAN RAMEAU

La première fois que nous vîmes M. Jean Rameau, c'était au cours d'une représentation que l'on avait organisée en l'hôtel du Lion d'Or, à Paris. Des musiciens, des poètes y interprétaient leurs œuvres. Quelques chansonniers, accourus des brasseries de la rive gauche, y firent entendre leurs récentes productions. Puis ce fut une chanteuse « fin de siècle », gantée de noir, sur le modèle d'Yvette Guilbert; puis Yann Nibor, le barde des matelots. Yann Nibor venait d'entonner la complainte de l'*Hella*, et de terroriser le public avec son tragique récit des *Albatros*, quand un jeune homme à la chevelure frisée parut sur l'estrade. Il avait la démarche légèrement hésitante, des yeux bleus et un peu vagues, où luisait par instants comme un rayon de folie... Il commença... Sa voix était harmonieuse et son geste caressant. Il ne déclamait pas ses vers, il les modulait; il trouvait des inflexions berceuses, qui sonnaient à l'oreille délicieusement. Les femmes surtout paraissaient sensibles à cette douceur. Elles se pâmaient et laissaient échapper, à certains passages dont la suavité les ravissait, des murmures admiratifs dont le poète devait être chatouillé... Ce qu'il disait?... Il s'était gardé de choisir, pour plaire à cet auditoire, des morceaux sévères; il récitait de jolis contes, entremêlés de descriptions. Je ne saurais en indiquer le sujet, mais je crois bien qu'il y était question du printemps, de l'amour et des agnelets broutant l'herbette, et des ruisselets qui cheminent sur leurs lits de cailloux blancs. Et en écoutant M. Jean Rameau, on croyait en effet entendre le bêlement des agneaux et le murmure des eaux cristallines...

La fortune de M. Jean Rameau a été rapide. Il ne songeait pas tout d'abord à suivre la carrière des lettres. Il avait étudié pour être pharmacien. Et c'est entre les bocaux d'une humble officine que sa vocation se dessina. Tout en composant des juleps, il réfléchissait aux beautés de l'univers ; peut-être écrivit-il son premier sonnet au verso d'une ordonnance. Il consacrait aux Muses les loisirs que lui laissait Hippocrate. Il envoya des vers aux revues du quartier Latin; il se faufila dans les cénacles qui font les réputations ou, tout au moins, les commencent. Il eut au café Vachette d'excellents camarades, qui l'aimèrent jusqu'au jour où il arriva à la renommée. Ils prônèrent le mérite de ses œuvres tant qu'elles demeurèrent obscures. Mais dès qu'ils reconnurent que la foule daignait les goûter, ils les proclamèrent exécrables. M. Jean Rameau eut le sort de tous les artistes qui arrivent, après des débuts pénibles, à conquérir le succès : ceux qu'ils ont laissés en route ne leur pardonnent par leur ascension. Nul n'a été attaqué avec plus de persistance et d'acharnement que M. Jean Rameau... M. Laurent Tailhade l'a injurié en des pages innombrables; et l'on ne peut ouvrir, encore aujourd'hui, le *Mercure de France*, ou l'*Hermitage*, sans y trouver à son adresse des épithètes déshonorantes. Quand les rédacteurs de ces organes veulent exprimer l'idée de médiocrité bourgeoise, le nom de Jean Rameau leur vient spontanément au bout de la plume. Il est vrai d'ajouter qu'au nom de Jean Rameau ils joignent volontiers ceux de François Coppée, de Sully Prudhomme, d'Henri Fouquier et d'une douzaine d'autres « inintellectuels »... M. Jean Rameau n'est pas mis en mauvaise compagnie.

Je conçois que son talent ne plaise pas aux esthètes qui raffinent sur le sentiment. Mais ils commettent une injustice en lui refusant la qualité de poète... Poète, M. Jean Rameau l'est au sens primitif du terme. Ce n'est pas un philosophe, ni un psychologue, ni un observateur, ni un penseur. Il n'aime et ne comprend que la nature, mais il en jouit avec un si sincère ravissement que son enthousiasme se communique au lecteur. Il la contemple avec des yeux éternellement épris, il l'embrasse d'une étreinte éperdue ; il s'extasie sur ses splendeurs, il aspire ses parfums et s'en grise. Il divinise ce morceau de boue où le caprice de Dieu a jeté l'humanité. A ses yeux, le monde est un vaste corps dont toutes les parties sont animées ; il se considère, lui chétif, comme un des rouages de cette immense machine ; il se sent le frère du chêne qui domine la forêt, du brin d'herbe qui pousse dans la prairie. Il lui semble qu'une même âme palpite en eux et en lui et qu'un même sang circule dans ses veines et dans leurs tiges.

> Nature ! à cet instant solennel et béni
> Je vibre à l'unisson de tes champs, de tes plantes,
> Et je sens, comme au fond de ton ciel infini,
> De sourds levers d'étoile en mes chairs pantelantes !
>
> Mon corps se ressouvient d'avoir été limon,
> D'avoir été poussière, et mer, et sable, et marbre !
> Et mon cœur s'en va battre au sein de chaque mont,
> Mon sang va ruisseler aux veines de chaque arbre !

M. Jean Rameau est un impulsif. Et ceci nous explique les inégalités de ses ouvrages. Lorsqu'il est dominé par une forte impression, il arrive à l'énergie. Mais il a beaucoup lu les auteurs de la Pléiade, il s'est nourri de leurs vers et s'en souvient ; une propension le porte à les imiter. Réunissez ces éléments divers, et vous aurez Jean Rameau, c'est-à-dire un singulier amalgame de vigueur et d'élégance, d'ampleur et de mignardise, d'éloquence et d'agaçante préciosité. Dans tous ses morceaux, nous relèverions cette combinaison de traits qui semblent s'exclure.

Certains d'entre eux renferment des vers superbes, d'une sonorité, d'une amplitude, d'une sérénité magistrales. Lisez le début de la pièce intitulée *les Champs* :

> Sous les coteaux rieurs, sur les plaines immenses,
> Couronnés de fruits mûrs ou grouillant de semences,
> Baisés par le soleil ou fouettés par les vents,
> Ils s'étendent, les champs féconds et magnifiques,
> Les bons champs paternels dont les flancs pacifiques
> Nourrissent les troupeaux affamés des vivants.
>
> Le printemps voit fumer leurs entrailles ouvertes,
> L'été les pare tous de larges robes vertes,
> Et l'automne leur tisse une chasuble d'or,
> L'hiver les couvre enfin d'une hermine sévère
> Et tout flocon de neige en tombant semble y faire
> Un *petit berceau blanc* au grain de blé qui dort.

Déjà, dans ce dernier vers, perce un certain affadissement. Mais le ton se relève et redevient héroïque :

> Et toi, qu'ombrage seul le sycomore austère,
> Champ des morts par lequel tout finit sur la terre,
> Fais-toi doux, oh! bien doux, quand tu nous recevras!
> Que ton sol plein d'amis nous prenne avec tendresse,
> Et que nos corps glacés y tressaillent d'ivresse
> Comme si nos aïeux nous serraient dans leurs bras!

Je ne sache pas qu'on ait jamais traduit dans une forme plus saisissante et plus pure un sentiment plus profond. Eh bien! à ces strophes superbes, l'auteur en mélange d'inférieures. Il n'a pas produit un seul poème qui « se tienne » du commencement à la fin, sans défaillance. Quelquefois, il s'amuse à faire du réalisme; il montre, par exemple, le sinistre travail qui s'accomplit au fond des sépultures, le festin des larves se repaissant de chairs mortes. Et il atteint à l'horreur de Baudelaire :

> Quand ma cervelle aura fait pousser des verveines,
> Mes ongles des houx verts; lorsque je sentirai
> Les suçoirs acharnés des arbres dans mes veines,
> Et des coquelicots boire mon sang pourpré ;
>
> Quand des cyprès croîtront sur ma vieille ossature,
> Noirs et fougueux, avec mes muscles dans leur tronc,
> Quand j'aurai fécondé quelque progéniture
> De vers glabres et froids qui me tarauderont...

Il continue de la sorte pendant trente vers. Et il termine ce morceau macabre par un refrain de romance. « Ouvre ma bière, dit-il à sa bien-aimée, et tu retrouveras

> Intact, saignant encor, mon cœur impérissable,
> Et, que ta main le touche, il repalpitera.

Cette conclusion ne présente à proprement parler aucun sens. Il l'a placée là pour l'effet, pour arracher un soupir aux dames ; — comme jadis les chanteurs à la mode ajoutaient des vocalises à leurs airs, afin de forcer l'applaudissement. Ces procédés sont regrettables. Et M. Rameau aurait avantage à n'y pas recourir aussi souvent... En général, il voit petit et c'est là son défaut capital. Il discerne les détails plutôt qu'il n'envisage l'ensemble. Quand il décrit les manifestations lilliputiennes de la vie des choses, il est exquis ; il excelle à redire la chanson des sources ; il sait observer les mœurs du grillon. Il s'intéresse et nous intéresse aux frissons des violettes sur la mousse et trouve des mots très tendres pour peindre l'émoi des plantes que le vent incline et qui se donnent des baisers furtifs. Mais aussitôt qu'il s'attaque aux grands spectacles de la nature, il les féminise et les affaiblit. Dans ses poèmes, dans ses récits en prose, dans ses romans, qui se déroulent presque toujours entre la Garonne et les Pyrénées, aux alentours de son village natal, M. Jean Rameau se montre un peintre très remarquable; il est meilleur peintre de paysages que de portraits. C'est là, je pense, sa note, — une note bien à lui. Il doit, en somme, s'estimer heureux de ne pas ressembler à tout le monde. Si son verre n'est pas le hanap d'Hugo, ni la coupe d'airain de Leconte de Lisle, il lui appartient en propre. Et il verse, dans ce joli verre bien taillé, un vin clairet, agréable à boire et doré par le soleil...

M. LÉON DIERX

M. Léon Dierx est un impeccable fonctionnaire. Il remplit, dans les bureaux de l'Instruction publique, un emploi discret et médiocrement rémunéré. C'est aussi un noble et pur poète dont la réputation n'égale pas le mérite. Le public ne va pas de lui-même au talent; il faut que le talent aille à lui et se donne quelque peine pour le conquérir. M. Léon Dierx a fui le bruit et ce qu'on appelle aujourd'hui d'un si vilain nom : la « réclame »; il n'a pas sollicité des camarades l'entrefilet louangeur, la note complaisante insinuée entre deux articles. Il est resté rivé à sa tâche quotidienne, s'en consolant par le rêve; et il a vieilli de la sorte, timide et mélancolique... Aujourd'hui, ses cheveux grisonnent; il touche au seuil de la retraite; il pourra bientôt, si le cœur lui en dit, se retirer à la campagne, à moins qu'il ne préfère demeurer à Paris, dans le petit appartement où s'est écoulée sa vie. M. Léon Dierx n'aura pas eu le destin brillant de ses amis du Parnasse : la popularité de François Coppée, les succès mondains de Sully Prudhomme, la gloire agitée et diverse de Catulle Mendès; il ne se sera pas assis sous la Coupole comme M. José-Maria de Heredia... A-t-il été moins heureux que ces heureux ? Sans doute il a pu souffrir, au début, de les voir croître en réputation, alors qu'il continuait de manger dans l'ombre son brouet noir. Mais l'orgueil de son indépendance et de sa solitude l'a consolé. Il est, aux yeux de quelques amis, l'artiste désintéressé, dédaigneux des louanges vulgaires,

> Celui qui marche pur, loin des sentiers obliques,
> Vêtu de probité candide et de lin blanc.

Son œuvre se compose de quelques milliers de vers, répartis en deux volumes. On y trouve un peu de tout : des poèmes dans le goût de la *Légende des Siècles*, des pièces philosophiques, des morceaux descriptifs, quelques chansons, quelques stances amoureuses, une ou deux odes patriotiques écrites à l'époque de la guerre. M. Léon Dierx, qui naquit aux colonies, comme Leconte de Lisle, subit l'influence de ce maître. On la retrouve, de même qu'on reconnaît celle d'Hugo, dans des compositions qui ne sont pas ses meilleures. *Souré-Ha*, la *Prophétie*, *Henrick le Veuf*, la *Chanson de Mahall* témoignent de beaucoup de conscience et de peu d'invention; c'est du très bon ouvrage, exécuté de main d'ouvrier. De même, les chants d'amour de M. Léon Dierx ne surpassent pas en fraîcheur, en suavité, les productions courantes de M. Armand Silvestre... Et ses élans chauvins, pour être exprimés dans une forme très pure, manquent de flamme et n'atteignent point à l'éloquence barbare de M. Paul Deroulède. C'est ailleurs, dans une autre note, qu'il convient de chercher la personnalité de M. Léon Dierx, et son génie propre. Il excelle à traduire la voix éparse et un peu confuse des choses, les joies et surtout les tristesses de la nature, ou plus justement les tristesses et les joies que les aspects successifs de la nature éveillent en nous. M. Léon Dierx est un paysagiste ému, du tempérament de Corot, qui fut son peintre de prédilection; et c'est en même temps un symphoniste. Me fais-je comprendre? Le mieux est de citer un exemple.

Le plus beau morceau de M. Léon Dierx est, à mon avis, celui qu'il a intitulé : *Soir d'octobre*... Le sujet en est simple... Ou plutôt il n'y a pas de sujet dans ces cent vers; il n'y a qu'une impression, mais rendue avec une surprenante intensité... Le poète se promène par les bois, en automne, à l'heure du crépuscule; il entend au loin les sons plaintifs d'une cloche. Et une grande détresse lui monte au cœur. Ce sentiment est très simple et très ordinaire. Tout homme l'a plus ou moins éprouvé. Il est formé d'éléments complexes... Vous allez voir avec quel art subtil M. Léon Dierx le décompose.

D'abord le malaise physique qui naît du brouillard, des vents déchaînés, des intempéries, des maux précurseurs du prochain hiver. L'homme a froid, un frisson douloureux glisse dans ses veines, le même frisson qui court sur les coteaux dépouillés :

> Un long frisson descend des coteaux aux vallées,
> Le frisson de la nuit passe dans les vallées ;
> Dans la brume qui monte ondule un souffle lent ;
> Un souffle lent répand ses dernières caresses,
> Sa caresse attristée au fond du bois tremblant...

L'homme songe, en contemplant ces ruines, aux splendeurs disparues ; il se rappelle les parfums et les murmures du dernier été :

> Voici l'automne ! Adieu le splendide encensoir
> Des prés en fleurs fumant sous le chaud crépuscule !
> Dans l'or du crépuscule, adieu, les yeux baissés.
> Les couples chuchotants dont le cœur bat et brûle,
> Qui vont la joue en feu, les bras entrelacés,
> Les bras entrelacés, quand le soleil décline...
> Adieu ! la ronde ardente et les rires d'enfants,
> Et les vierges le long du sentier, qui chemine
> Rêvant d'amour tout bas sous les cieux étouffants...

Et il fait un retour sur lui-même. Les champs sans verdure lui offrent l'image de la destinée humaine. Il a perdu les illusions, les ardeurs de la jeunesse ; son front s'est découronné ; il marche vers la tombe, vers l'inconnu :

> Elle est flétrie aussi ta riche floraison,
> L'orgueil de ta jeunesse. Et bien des nids sont vides,
> Ame humaine, où chantaient dans ta jeune saison
> Les désirs gazouillants de tes aurores brèves.

Il lui semble aussi qu'une âme flotte autour de lui, l'âme des arbres, l'âme de la terre. Il communie avec elle dans la mélancolie, plus étroitement que dans l'allégresse. Il s'absorbe en cette âme immense, dont son âme est un reflet :

> Ame de l'homme, écoute, en frémissant comme elle,
> L'âme immense du monde autour de toi frémir ;
> Ensemble frémissez d'une douleur jumelle...

Et la cloche résonne, harmonieuse. Elle revient, de dix en dix vers, comme le chant d'une berceuse. *Oh ! l'angelus du soir dans les soleils couchants !* La rafale gémit, les routes et les sentiers disparaissent sous l'orage... L'homme frileux, désemparé, cherche un abri... Le tintement ami le réconforte... *Comme elle vibre en lui, la cloche qui bourdonne !...* La tempête s'est apaisée... L'homme respire et toujours, de très loin, lui arrive le son fidèle : *La cloche lentement tinte sur la colline...* Et, peu à peu, il ne sait plus si la cloche qu'il écoute vibre hors de lui, ou s'il la porte en lui-même. Une autre cloche semble répondre, des profondeurs de son être, à la cloche extérieure, et battre à l'unisson. C'est l'éveil du souvenir :

> Écoute, écoute en toi, sous leur cendre et sans flamme,
> Tous tes chers souvenirs tressaillir à la fois
> Avec le glas mourant d'une cloche lointaine,
> Une autre maintenant lui répond à voix pleine.
> Écoute, à travers l'onde, entends avec langueur
> Ces cloches tristement qui sonnent dans la plaine,
> Qui vibrent tristement, longuement dans ton cœur...

Cet amalgame de sensations, d'images et de pensées — deuil de la nature, attendrissement, regret, espoir, résignation — est d'un art tout à fait rare. Un poète infiniment souple et rompu aux difficultés pouvait seul accomplir ce tour de force. Car notez que ces nuances que je viens de souligner sont fondues dans l'ensemble du morceau, font corps avec lui, et n'y sont pas sèchement plaquées. Je ne saurais mieux comparer cette pièce qu'aux orchestrations de Wagner, délicates et multiples, où chaque instrument est une voix différente ayant un sens différent, et où toutes ces voix concourent, par leur accord, à l'effet général de la symphonie... Le son de la cloche est le *leit motiv* qui reparaît à travers les développements; il les accompagne en sourdine, on ne cesse de l'entendre... C'est encore un procédé de la musique moderne. Et si l'on passe au détail, à la forme proprement dite, à la texture du style, on y remarque bien d'autres habiletés. Le poète veut rendre l'atmosphère vague et grise de l'automne, où se noient les silhouettes, où s'estompent les contours. Il y parvient par d'ingénieuses répétitions de mots. Chaque vers est rattaché au vers précédent par une épithète qui leur est commune. La pièce semble traversée par un long fil qui ondule et se déroule :

Les bois tremblent : la feuille en flocon sec tournoie,
Tournoie et tombe au fond des sentiers désertés...

Apercevez-vous cette feuille qui s'accroche à tous les angles du vers, s'envole sous le souffle de la brise, pour se poser autre part? Et, de même, le brouillard d'octobre traîne dans les strophes, les éclaire de lueurs blafardes, les amollit, les pénètre. M. Léon Dierx excelle à rendre ces demi-teintes, ces lueurs d'aube, ces couleurs enveloppées. On pourrait lui appliquer ce qu'il a dit de Corot :

> Toujours une harmonie adorable nous suit,
> Nous enveloppe, ou nous absorbe, ou nous conduit.
> Une âme saisissable et fidèle et candide
> Toujours ondule autour d'un branchage fluide,
> Toujours palpite au loin sur de vagues coteaux,
> Toujours tremble au-dessus de transparentes eaux.

Il arrive à noter des indications ténues et presque impalpables ; et, cependant, son langage est toujours clair et précis. Ce n'est pas sa moindre originalité. D'autres ont élargi immodérément le caractère de la poésie, ils ont voulu lui faire exprimer ce qu'expriment la musique et la peinture. Ils sont tombés dans l'inconnaissable. Je suis de ceux que n'a pas encore touchés la grâce de M. Stéphane Mallarmé, et je confesse ici mon aveuglement. M. Léon Dierx a su, comme l'a fait justement remarquer M. Georges Rodenbach, traduire simplement des sensations compliquées, enfermer dans un vers strict des choses flottantes. Par là, il échappe à la banalité du Parnasse et à l'obscurité du symbolisme. Il a sa petite place bien à lui dans la littérature contemporaine. Il ne laissera pas la réputation d'un puissant poète, d'un lyrique échevelé, ni d'un penseur très profond... Mais cinq ou six pièces de lui sont absolument parfaites. Elles orneront à jamais les anthologies.

M. MAURICE ROLLINAT

Sa destinée est singulière et un peu mélancolique. Il y a quelque vingt ans, il habitait le quartier Latin et il y jouissait d'une grande renommée. On le voyait, le soir, dans les cénacles et les brasseries où il payait vaillamment de sa personne. Il s'asseyait au piano et chantait, en s'accompagnant lui-même, d'étranges poèmes. C'étaient des récits macabres, des légendes dans la note fantastique qui faisaient passer un frisson sur l'auditoire. Il faut dire que l'auteur les interprétait merveilleusement. Il avait une voix sonore, des yeux noirs pleins de feu, une mimique expressive et, par-dessus tout, une chaleur d'âme, un emportement qui donnaient à ses vers un relief inoubliable... On ne se lassait pas d'écouter cet artiste personnel. Il eut la bonne fortune d'exécuter ses compositions devant Albert Wolff, qui était un des chroniqueurs influents du *Figaro*. Quelques jours plus tard, ce journal publiait en première page un article enthousiaste. Albert Wolff révélait au monde l'existence de Maurice Rollinat et célébrait son génie en termes dithyrambiques, et le mettait à côté, sinon au-dessus, des plus illustres poètes de l'humanité. Le public fut stupéfait, il n'était pas habitué à ces sortes de manifestes, M. Octave Mirbeau n'ayant pas encore inventé M. Maurice Mæterlinck. Il n'avait pas notre scepticisme et se laissait, si l'on peut employer ce mot vulgaire, aisément « monter le cou ». Chacun voulut connaître le nouveau prodige. On se l'arracha dans les salons. M. Rollinat savoura pendant quelques mois les délices de la gloire. Puis il disparut. Le silence se fit autour de son nom. On se demandait parfois : Où est-il ? Qu'est-il devenu ? Et ses amis assuraient qu'il vivait à la campagne, quelque part dans le centre de la France, et qu'il passait son temps à méditer, à pêcher à la ligne et à composer des livres. Et en effet, de loin en loin, il publiait un volume : *Dans les brandes*, l'*Abîme*, la *Nature*. Ces ouvrages étaient accueillis avec sympathie, mais ils n'éveillaient qu'une curiosité modérée. L'écrivain n'était plus là pour les présenter. Ils étaient obligés de se défendre tout seuls et ils se défendaient assez mal. Ce n'est pas qu'ils fussent dénués de mérite, mais le lecteur n'y retrouvait pas ce qu'il y cherchait, les sensations bizarres qu'évoquait dans son imagination le seul nom de Rollinat. Il les jugeait trop raisonnables, trop pondérés. « Eh quoi ! n'est-ce que cela ? » s'écriait-il après avoir parcouru des pièces loyalement rimées, où les fleurs, les animaux, les bois et le ciel bleu étaient honnêtement célébrés. Il eût voulu des épices infernales, on ne lui servait que du pain bis. De là, une inévitable déception... M. Rollinat est trop intelligent pour ne pas se rendre compte de ce phénomène. Il fait ce qu'il peut pour se plier aux caprices de la foule et garder le prestige de son ancienne réputation. Entre deux pages pittoresques, il a coutume de glisser quelque morceau appartenant au genre « cruel » et destiné à contenter ses anciens admirateurs. Mais on sent que ce sacrifice lui est pénible; il est obligé de s'imposer un effort. Je crois bien qu'en M. Maurice Rollinat, le vieil homme a vécu et que le franc campagnard qu'il est devenu a tué l'abstracteur de quintessence. Telle est l'impression que laissent ses derniers recueils. M. Rollinat n'est sincère, c'est-à-dire n'est excellent, que lorsqu'il parle des choses de la nature.

Si l'on s'attachait à dégager la substance de ces volumes, à analyser les idées qui y sont contenues, l'énumération serait brève. M. Rollinat n'est pas un artiste aussi complexe qu'il s'attache à le paraître.... 1° les objets inanimés ont une âme tout comme les créatures; 2° la vie est un mal; 3° nous ne sommes sûrs de rien, nous flottons dans l'incertitude de nos destinées; 4° pourquoi l'homme n'a-t-il pas des ailes comme les oiseaux? 5° la bonté est le divin baume qui apaise nos misères : ce sont les pensées les plus saillantes que l'on puisse noter dans l'œuvre de Maurice Rollinat. Elles ne sont pas nouvelles et se peuvent ranger au nombre des lieux communs. Elles suggèrent à M. Rollinat de copieux développements ; il les tourne, les retourne, les mâchonne, les présente sous mille formes diverses. Il les accommode en sonnets, en fabliaux, en ballades. Il en tire des effets terrifiants ou grotesques. Il s'inflige un labeur énorme pour ce pauvre résultat. Toutes ses pièces metaphysiques sont incompréhensibles ou puériles, et parfois les deux ensemble. Le fond en est banal et la forme médiocre. M. Rollinat n'évite la prétention que pour tomber dans la platitude ; il lui arrive d'ailleurs d'amalgamer l'une et l'autre et je pourrais citer plusieurs pièces qui sont, à ce point de vue, des modèles de mauvais goût et d'infantillage. Ainsi celle qu'il intitule les *Treize Rêves* : Des amis causent après boire et se racontent leurs songes. C'est un amas d'inventions horrifiques : l'un s'est réveillé sous le couteau de la guillotine ; un autre a été enseveli avant d'être tout à fait mort ; un autre a été brûlé sur un bûcher et a vu grésiller ses chairs au contact de braises ardentes. Le dernier affirme qu'étant défunt et passant devant le juge suprême, celui-ci l'a condamné à revenir sur la terre et à recommencer son existence. Et aussitôt les autres de s'écrier : « Ton supplice est plus rude que le nôtre. » Vous saisissez le procédé. Si du moins M. Rollinat se dédommageait par l'ingéniosité du détail, par l'éclat lyrique de la narration! Mais non! Sa fantaisie est pénible et d'haleine courte. Quand le morceau commence bien, il est rare qu'il s'achève de même. Ainsi l'auteur nous peint quelque part les tortures d'un pauvre cheval que dévorent les sangsues. On s'attend à ce qu'il résume en des vers vigoureux ou pathétiques l'émotion que ce spectacle lui a causée. Et voilà tout ce qu'il trouve :

> Et je m'enfuis, plaignant l'humble victime, comme
> Je maudissais son bourreau, — l'homme.

Cette chute est piteuse et trahit un certain embarras. Le poète ne savait comment finir son histoire : il s'en est tiré tant bien que mal. Et nous observons une égale gaucherie dans le vocabulaire, dans le choix des termes. M. Rollinat n'est, dans aucune mesure, virtuose. Il ne possède point l'extraordinaire souplesse des parnassiens, des Silvestre, des Banville, des Mendès qui, même quand ils n'ont rien à dire, ont l'air de dire quelque chose, et qui caressent l'oreille alors qu'ils ne captivent pas l'esprit... M. Rollinat ne connaît pas ces subtilités. Ce poète chevelu a commis des vers que Despréaux eût condamnés comme étant trop prosaïques :

> Pour l'heure elle ne veut pas dormir de sitôt...
> Je rentre chez moi tout patraque...
> Il ne peut retarder sans trac
> Cette bête ronde à tic-tac...
> Plus d'une, à force de confire
> En tête à tête avec le deuil,
> Prend la figure du cercueil
> Et de la mort — pour ainsi dire.

Un autre effet de cette gêne où se débat l'auteur des *Apparitions*, est de le jeter dans la recherche des locutions anormales. Ne rencontrant pas au bout de sa plume l'expression adéquate à sa pensée, il en fabrique une tout exprès, qui est le plus souvent inharmonieuse. Ainsi, il écrira :

Inétonné des occurrences.

Et encore :

Moisir dans le croupi du songe.

Ou bien :

Mais un être surgit d'un lumineux funèbre.

Ce dernier trait est plus heureux et offre un sens à peu près raisonnable. Ailleurs, M. Rollinat tombe dans le plus affligeant pathos. Par exemple, il met en scène une vieille dame qui s'occupe des « tables tournantes » et entretient un commerce avec les esprits. L'un d'eux qu'elle a sans doute offensé se venge et la punit de façon terrible.

> La table avec d'affreux efforts
> Se lève, la dame soupçonne
> Sa haine, et veut fuir au dehors...
> Mais le meuble lourd l'emprisonne
> En lui barrant la porte. Alors,
> Sous l'esprit fou qui l'éperonne,
> Cette table a des bonds plus forts
> Contre l'être qu'elle environne,
> Et, comme une masse à ressorts,
> Se précipite sur ce corps
> Qu'elle écrase, lente, et tronçonne...

Vous représentez-vous cette dame *environnée* d'une

table? Cela se peut-il imaginer? Sans compter que l'épisode n'offre par lui-même qu'un médiocre intérêt. J'adresserai le même reproche aux anecdotes, plus ou moins extravagantes, que l'auteur intitule la *Dame peinte* (il s'agit d'un portrait qui suit des yeux M. Rollinat et le regarde avec méfiance); l'*Angoisse* (une femme meurt de saisissement en croyant apercevoir un voleur); le *Soleil couchant* (les lueurs rougeoyantes du crépuscule rappellent aux assassins le sang de leurs victimes); la *Forme blanche* (c'est une jument qui se transforme en cercueil)... Les bières, les catafalques, les accessoires des pompes funèbres occupent une place énorme dans les livres de Maurice Rollinat. Il cultive aussi le symbole; mais ses symboles ne s'enveloppent pas de mystères comme ceux du théâtre norvégien, ils sont limpides, ils sont naïfs. M. Rollinat se promène dans un cimetière. Il découvre un crapaud niché dans une tête de mort (de telles aventures n'arrivent qu'à lui!). Et tout de suite il s'écrie :

> Ah! combien l'aspect de la bête
> Me les fit concevoir affreux
> Les jours passés du malheureux
> Représenté par cette tête!

D'où nous devons conclure, si j'ai compris la pensée de Rollinat, que les crapauds se logent seulement sous le crâne des gens qui furent malheureux sur terre, mais que ceux qui furent heureux sont à l'abri de cette injure posthume!... La puérilité ne saurait aller plus loin.

Eh bien! ce philosophe très ordinaire, cet humoriste saugrenu, ce mauvais fabricant de cauchemars est un exquis poète quand, au lieu de se torturer l'entendement, il se borne à peindre les objets qui sont autour de lui, à analyser les sensations que lui procure la contemplation des champs, des forêts et des calmes horizons de son pays. On ne saurait se tromper plus intimement sur sa vocation. M. Rollinat s'attribue le talent tourmenté d'un Hoffmann, d'un Edgar Poë; il n'est, au fond, qu'un descriptif de l'école de Brizeux, avec moins de tendresse, avec une curiosité plus affinée des couleurs et des formes de la nature. C'est là son vrai mérite, et il est de premier ordre. Nul n'a rendu avec autant d'intensité, avec une souplesse plus variée et un plus singulier bonheur d'expression, l'attitude, la silhouette des animaux, des plantes, des arbres, ce qui constitue leur caractère individuel, leur *essence*. Les êtres surgissent à sa voix et donnent l'illusion de la vie. Il montre le vol hésitant et *nageotant* des papillons. Il s'extasie sur le charme timide des fleurs des champs. Et, avec une grâce qui n'exclut nullement la précision, il les dessine brin à brin, feuille à feuille :

> Au bord d'un talus qui s'effrite
> De beaux petits myosotis
> Vous apparaissent — nains blottis —
> Sous une haute marguerite.
>
> Ailleurs, d'innombrables aigrettes
> De fils d'herbe hauts et tremblants
> Bigarrent les grands fouillis blancs
> Des virginales pâquerettes.

L'insecte turquoise-améthyste
Sur elles semblant incrusté,
Y vit son immobilité
A la fois si douce et si triste.

Et le zéphyr qui les balance,
Qui les éveille et les rendort,
Sous la trame des rayons d'or
Écoute frémir leur silence.

Il perçoit des nuances qui échappent à nos sens grossiers de citadins. La pluie, pour nous, est toujours la pluie. Nous estimons que rien ne ressemble à une goutte d'eau comme une autre goutte d'eau. Quelle erreur ! Écoutez Rollinat. Il va vous expliquer qu'il y a pluie et pluie, qu'il y a la pluie triste et la pluie joyeuse :

L'une tambourinant, battant vitres, toiture,
Les herbes, les cailloux, le feuillage, le roc,
Oblique, tiède et lourde, et tombant tout d'un bloc,
Est un épanchement joyeux de la nature.

De ses fils clairs et gros qui cognent, rebondissent,
Trouant le sol, criblant la surface des eaux,
Elle amuse les yeux et réjouit les os,
Fait qu'à son bercement les tracas s'engourdissent.

Voilà pour la bonne pluie !... Et maintenant voici la pluie méchante :

L'autre au coulement droit, monotone, muet,
Froid déluge compact et cependant fluet,
Donnant au paysage un air de cimetière,
Exprime le chagrin de la nature entière.

Sous le cintré fumeux de sa voûte abaissée
Qu'éclaire sans soleil un jour froid de caveau,
Elle est là, dévidant son sinistre écheveau,
Vous entrant, par les yeux, la mort dans la pensée.

Positivement, pour Rollinat, cette pluie est un être vivant, conscient du bien ou du mal qu'il peut faire. Et de même, il prête une âme à toutes les choses qui l'entourent, à la rivière, dont il exprime le *tourment*, quand ses ondes sont gonflées et débordent de son lit; à la neige *continueuse, tenace* qui blanchit, nivelle tout sous la *mollesse de sa masse*; à l'herbe, qui est l'*écrin* où nos richesses sont déposées :

> Ici, parmi ses brins, feuilles et longues tiges,
>   Dans une extase qui frémit,
> Elle offre, diapré, le délicat prestige
>   De fleurs qui sont fleurs à demi.

Sa langue, si embarrassée lorsqu'il l'applique à formuler des idées générales, devient étonnamment vive et fluide dès qu'il se renferme dans la notation des choses vues. Le mot arrive sans effort et toujours le mot juste, et parfois le mot inattendu et qui fait image. Telle de ses pièces a l'exactitude de l'instantané photographique avec le mouvement et le coloris en plus. Je citerai celle sur la *Couleuvre*, la couleuvre *argentée, cravatée de noir, coulante et lourde*, que le poète accommode en strophes de six pieds et qui y déroule ses anneaux avec une perfide lenteur... Cette recherche de l'épithète picturale n'est pas exempte de préciosité. Ce style est fatigant; mais, absorbé par petites doses, il est « suggestif », il vous procure une vision extraordinairement aiguë et nette de la nature physique. Que M. Rollinat ne s'y trompe point. Ce don de peindre est sa principale originalité; je ne pense pas qu'il en ait une autre. Il restera de lui une douzaine de morceaux pittoresques. Et c'est par eux que son nom sera sauvé de l'oubli.

1

M. JEAN LORRAIN

M. Jean Lorrain s'est fait une place originale dans la littérature de ce temps. Poète et conteur, ses vers et sa prose ont un accent personnel; il a débuté par des histoires d'une sensualité raffinée et bizarre; et, pour se reposer de ces fictions, il a publié dans les gazettes des chroniques parisiennes d'un tour piquant, qu'il a signées du pseudonyme de Raistif de la Bretonne. Ainsi l'âme de M. Jean Lorrain se plaît à vagabonder entre les extrêmes. Elle est très vieille et très jeune, contemporaine des sorcières de Macbeth et de la Loïe Fuller. Peu d'écrivains ont eu, à ce degré, le don d'évoquer le passé légendaire. Il a composé des lieds qui semblent empruntés aux livres de chevalerie et qui sont d'une pureté de ligne et d'une fraîcheur de coloris surprenantes :

> Le petit page aux yeux distraits,
> Qu'on dit d'origine bulgare,
> Est parti conduire en forêts
> Les danois du comte Hialmare.

> Or, le page ne revient pas
> Et, chose étrange, sa guitare
> Pleure ici sur un air barbare,
> Et le page est pourtant là-bas.
>
> Et des craintes mal étouffées
> Disent qu'à la source des bois
> L'oreille entend rire des voix
> Et sangloter des pleurs de fées.
>
> Or, malheur à l'être ingénu
> Qui s'attarde à regarder luire
> Leurs yeux d'eau vive et leur sourire,
> Et la neige de leur dos nu.
>
> Le petit page aux yeux distraits,
> Qu'on dit d'origine bulgare,
> Est parti conduire en forêts
> Les danois du comte Hialmare.

Examinez avec attention ces strophes. Elles sont d'un tour moderne; l' « écriture », comme on dit aujourd'hui, en est soignée, conforme aux règles de la rhétorique parnassienne. Point de hiatus, d'enjambements hasardeux; les rimes sont des rimes et non pas des assonances. Mais si le morceau est d'une ciselure fine et précise, l'auteur y a versé quelque chose de flottant, qui lui enlève toute sécheresse... Où va le joli page, suivi des chiens de son seigneur? On ne sait trop... Il traverse une forêt très obscure, peuplée de fées. Au bord des fontaines qui sanglotent, il aperçoit des chairs blanches et de fauves chevelures. Et l'auteur ne dit pas ce qui lui advient, s'il ramène au château les danois du comte Hialmare, ou s'il est dévoré par eux, ou s'il est choisi comme époux par une nymphe. Le tableau demeure inachevé et garde un air de mystère, dont notre imagination est saisie. Ce mélange de netteté et d'imprécision — netteté de forme, imprécision d'idée et de sentiment — pourrait bien être le trait essentiel du talent de M. Jean Lorrain. Joignez-y une certaine grâce perverse, une aptitude à analyser les complexités du cœur et du tempérament de la femme. Et vous l'aurez complètement défini. L'auteur des *Ames d'Automne* et de *Yanthis* est un féministe, mais non pas à la manière d'Octave Feuillet, qui était un psychologue sûr de lui-même; c'est un observateur inquiet, sans cesse à la recherche de sensations inconnues, se plaisant aux cas morbides. Quand on s'est assimilé un volume de M. Lorrain, on éprouve une impression de malaise, on se sent un peu malade. Quelque chose de malsain a passé, des pages feuilletées, aux doigts du lecteur, et est monté jusqu'à son cerveau. On s'en veut presque du plaisir qu'on a goûté. En tout cas, cette jouissance esthétique est d'un ordre trop spécial pour être impunément prolongée. On éprouve l'impérieux besoin de réagir, de noyer dans une eau limpide ces parfums trop capiteux. Le « Jean Lorrain » ne peut être absorbé qu'à dose légère. Il en est ainsi de tous les poisons.

Si vous me demandiez ce qu'il y a dans la plupart de ses livres et particulièrement dans les deux cents pages d'*Ames d'Automne*, je serais bien en peine de vous répondre. Des sensations, encore des sensations et toujours des sensations... Sensation de brouillard, sensation de pluie, sensation de la rue, sensation des bois solitaires et jonchés de feuilles mortes. Et dans ces décors réels, d'une exactitude photographique, défilent des êtres de rêve, à demi ébauchés. Ce sont des passants et des passantes, atteints de névroses compliquées. Voici le *baudelairien*, l'*ennuyée*, l'*anémiée*, types divers d'une même race abâtardie. Voici l'*amoureux d'étoffes*, un Parisien dont l'apparence n'offre rien d'anormal, et qui est possédé d'une étrange manie. Il n'est heureux que s'il plonge les mains dans les soies, les satins, les dentelles qui garnissent les comptoirs des marchands. Ce contact lui communique un frisson voluptueux, que M. Jean Lorrain s'évertue à décrire. Et il profite de l'occasion pour fixer en une page très vive la ressemblance de ces prodigieux champs de foire, que l'on nomme les grands magasins de nouveautés. M. Émile Zola, dans *Bonheur des dames*, avait traité, avec sa puissance coutumière, le même sujet. Il est curieux de comparer les procédés des deux écrivains. M. Zola brosse à larges coups de pinceau d'immenses toiles qui se déroulent avec ampleur. M. Jean Lorrain a moins de souffle; mais ses mots sont plus aigus; il les vérifie avant de les jeter sur le papier, comme un peintre cherche ses tons sur la palette :

C'est qu'il scintille et flamboie de mille et une facéties, le soyeux miroir aux alouettes, offert là aux convoitises féminines dans le lumineux chatoiement des grands et des petits coupons. Ce sont, à côté des verts réséda pâlissant jusqu'au soufre, les roses atténués, douloureux et discrets, et les tendres bleus de lin auprès des jaunes citrons! et les brochés, et les brocarts, et les délicieuses rayures Louis XVI, lilas, rose et jonquille, à côté des lampas bossués de gros bouquets de roses rouges et d'iris mauves sur fond d'or, et les étoffes Louis XIII à la trame truitée, écaillée, damasquinée comme une armure, parsemées, les unes de dahlias, les autres d'œillets et de grenades, et les Louis XV enfin, vin de Bordeaux ou bleu de roi, traversées d'astragales, de dentelles ajourées et de corbeilles fleuries; toute une orfèvrerie souple et soyeuse au toucher, résumant dans ses dessins compliqués ou naïfs l'esthétique de trois siècles et l'art rétrospectif des monarchies éteintes et des conquêtes oubliées.

Et là-dessus tout un envol de mains : mains petites et soignées, mains frivoles et mondaines; mains aux doigts piqués de ménagères éblouies, mais qui n'achèteront pas; mains de petites apprenties aux ongles en deuil, à la peau crevassée; mains boudinées dans les gants trop clairs et trop neufs des dames parvenues, gants de filoselle à paumes reprisées, mains de dévotes entrées là en sortant de Saint-Sulpice jusqu'au gant de Suède à la fois discret et parfumé, mais à cinq boutons strictement boutonnés, de la parfaite Parisienne; et parmi toutes ces mains, insinuée comme elles au creux des étoffes, la main de possession, la main en griffe, crispée comme une serre, de l'amateur en melon-cape de Londres, à la face énergique et froide, démentie par l'éclat trouble du regard égaré.

Il est difficile de pousser plus loin l'imitation de la nature. Cette vision a la valeur documentaire d'un « instantané »; les objets s'y bousculent et y pullulent, innombrables, chacun donnant sa note et accrochant un rayon lumineux. Tout cela grouille d'une vie intense, et l'on croit entendre, au-dessus de ces choses, monter un murmure de voix confuses... Maintenant, vous plaît-il que nous changions d'atmosphère? Nous sommes à la campagne, au mois de novembre, dans un parc balayé par le vent du nord; nous franchissons le seuil d'une maison close ; un silence de cloître, une tristesse infinie tombent des murs :

> En bas, sur la terrasse, une statue d'Eros, toute blanche dans le crépuscule, a l'air de grelotter sur son socle de briques, et tout autour tourbillonne un essaim de feuilles sèches, feuilles aux étranges froissements d'étoffe qu'on déchire et auxquelles parfois même on croirait une voix : alors, dans la chambre obscure et comme tendue de toiles d'araignées, j'aime à aller regarder longtemps dans un vieux miroir accroché vis-à-vis la fenêtre, miroir dans l'eau duquel s'attarde toute la lumière du jour, une vieille glace de Venise, la seule pâleur et la seule clarté de la pièce, où sont entrés maintenant tout le noir et tout l'inconnu de la Nuit; et devant ce silence et ce gris crépuscule, dans cette antique demeure, je songe à la tristesse de vieillir, de n'avoir plus vingt ans, d'en avoir passé trente.

Ne pensez pas, au moins, qu'il soit aisé de rendre ces délicatesses. Il y faut un don particulier que possèdent les seuls artistes, et une virtuosité acquise par un labeur obstiné. M. Jean Lorrain accomplit un grand effort pour traduire l'intraduisible et saisir l'insaisissable. Quelquefois, désespérant de trouver des verbes qui rendent sa pensée, il les supprime et remplace les phrases par des cris jetés à la façon de

Pierre Loti . *Oh! les lentes promenades prolongées à dessein! Oh! les palissades éventrées autour d'un terre-plein d'ancien bal! Oh! les soirs d'hiver, les heures d'attente dans les bureaux d'omnibus!* Ces exclamations invertébrées ne sont pas exemptes de mollesse : elles fatiguent par une trop fréquente répétition. Ajoutons que lorsque M. Jean Lorrain veut s'en donner la peine, il s'abstient d'y recourir... Il réussit, en gardant un style ferme et soutenu, à tout exprimer, jusqu'aux plus fugitives nuances... Je citerai, comme un modèle de cette idéale perfection, certain récit intitulé *Ma petite ville*. La plus sévère critique n'y trouve rien à reprendre. Il est vraiment achevé. L'auteur met en scène une parente par qui il a été élevé, et dont la physionomie est restée gravée dans son imagination enfantine, Mlle Corisande de Vassenoise n'a jamais quitté le bourg de Montfort-les-Fossés. Elle y occupe le premier étage d'un hôtel qui mire dans les eaux immobiles de la Sorgue ses vitres verdâtres. Elle est propriétaire d'un jardin si sombre et si humide que le buis seul peut y pousser et que toutes les fleurs y languissent. Elle porte, suspendu à sa ceinture, un trousseau de clefs. Elle est d'humeur acariâtre et elle est très bonne. M. Jean Lorrain a conservé d'elle un souvenir attendri. Et son portrait vaut, par le fini de l'exécution, un portrait d'Holbein.

M. Jean Lorrain a donc des qualités qui lui assignent un rang considérable parmi les jeunes hommes de lettres. Il s'élèvera plus haut, s'il concentre ses énergies dans une œuvre de longue haleine. Son principal défaut est de céder au penchant qui l'entraîne vers le dilettantisme précieux. Je doute qu'il parvienne à s'en corriger. C'est un vice inhérent aux littératures vieillissantes. Et l'on ne peut douter, après avoir lu les livres de M. Lorrain, que nous ne soyons dans un siècle de décadence.

M. PAUL DEROULÈDE

Le plus beau poème de M. Paul Deroulède est l'histoire de sa vie, tout au moins des vingt-cinq premières années de sa vie. Il naquit de souche bourgeoise et fort honorable. Son père exerçait la profession d'avoué, sa mère était une sœur d'Émile Augier. Il s'en vint à Paris étudier le droit et, comme il avait eu le gousset bien garni par la prévoyance maternelle, il fit bonne figure au quartier Latin. Il s'y trouvait encore en 1870, au moment de la déclaration de guerre. Il s'engagea aussitôt dans la garde mobile de Belleville, puis se fit verser au 3e régiment de zouaves. Cette résolution ne surprit aucun de ceux qui le connaissaient. On le savait ardent, enthousiaste, un peu batailleur. Il aimait la cocarde et l'uniforme. En courant à la frontière, en partageant la gamelle du soldat, il se sentait dans son élément, il était heureux. Cependant, son jeune frère André, âgé de dix-sept ans, voulut le suivre; Mme Deroulède tenta vainement de le détourner de ce dessein. « — C'est assez, lui dit-elle tout en larmes, du sacrifice d'un de mes fils. — Mon devoir est de partir, répétait André. — Eh bien! dit la mère, je te conduirai moi-même auprès de Paul. Je serai plus tranquille quand il m'aura juré de veiller sur toi. » Ce voyage fut tragique. M. Edmondo de Amicis en a retracé les péripéties en se servant des notes du poète ; et l'héroïsme antique a légué à notre admiration des épisodes qui furent moins héroïques.

Mᵐᵉ Deroulède, déjà malade, le cœur navré, affectant une assurance qu'elle n'avait pas, se rendit de Paris à Reims par le chemin de fer, avec son petit zouave, qui avait l'air d'un écolier. Elle apprit à Reims que l'armée de Mac-Mahon avait levé le camp depuis la veille, et était en route pour une destination inconnue. Elle loua une chaise de poste et, grâce aux renseignements que lui donnèrent les gens du pays, elle parvint à ressaisir la piste du 3ᵉ zouaves. Elle le rejoignit après huit heures de marche, sans cesse entravée et ralentie par les convois et les passages de troupes. Elle aperçut le régiment arrêté, en grand'halte, au milieu d'un champ de pommes de terre. Elle chercha des yeux son cher Paul et le reconnut à sa grande taille; il mangeait la soupe avec des camarades d'Afrique, des turcos au teint bronzé. Elle l'appela d'une voix tremblante. Il leva la tête et courut se jeter dans ses bras. Ils se retirèrent tous trois dans une auberge, non loin du chemin. Et, après un entretien où leurs âmes s'unirent dans un même élan d'amour, les deux fils, vaincus par tant d'émotions et de fatigues, s'endormirent, comme des enfants, le front sur les genoux de cette mère sublime. Quel tableau! Et comment ne s'est-il pas trouvé un peintre pour le fixer sur la toile! Cependant, le douloureux moment de la séparation approchait. Le clairon sonne; les fils s'éveillent : il faut se dire adieu. Mme Deroulède suffoquait, mais, par un effort surhumain, elle dissimula son angoisse : « — Courage, mes fils! — Courage, maman! » Paul et André regardèrent la voiture s'éloigner; le mouchoir blanc qu'une main fiévreuse agitait à la portière disparut à l'horizon. Les frères s'étreignirent et, sans prononcer une parole, gagnèrent le campement. Quelques jours plus tard, ils étaient devant Sedan. C'est là qu'ils reçurent le baptême du feu. André eut la poitrine trouée par une balle. Paul le prit sur son dos et parvint, sous une pluie de mitraille, à le traîner jusqu'à l'ambulance. Le blessé demeura trois jours entre la vie et la mort. La plaie se ferma et Paul put le quitter sans trop d'inquiétude, quand il dut se rendre au delà du Rhin avec les autres prisonniers français.

Il fut enfermé dans la citadelle de Breslau. Le commandant de la place permettait aux captifs de se promener librement par la ville, mais il exigeait que leur correspondance lui fût soumise avant d'être expédiée. Il avait vécu à Paris et connaissait notre langue; il ne laissait pas passer une phrase qui pût froisser l'orgueil allemand. La première lettre de M. Paul Deroulède lui fit froncer le sourcil : « — Changez de style ou vous changerez de logement », dit-il en lui montrant la prison. Dans une seconde lettre, il rencontra les lignes suivantes : « Je suis profondément malheureux au milieu de ces troupeaux de Prussiens ». Il manda Deroulède et lui fit observer avec colère que les soldats prussiens formaient une troupe et non un troupeau. « — Je vois avec plaisir, répondit Paul, que vous saisissez toutes les nuances de la grammaire française. — Ah! c'est ainsi, répliqua le commandant, eh bien! allez au cachot étudier les nuances de l'allemand! » Paul Deroulède fut jeté sur la paille humide. Mais il était charmant, il avait bonne mine, sa personne éveillait une irrésistible sympathie. L'amour vint à son aide et le tira de ce mauvais pas. Il inspira une vive passion à la fille du geôlier, feignit de répondre à sa tendresse, et lui persuada de favoriser ses projets d'évasion. Il réussit à s'enfuir sous la houppelande d'un juif polonais; il s'affubla de grosses bottes, d'un bonnet d'astrakan qu'il s'enfonça jusqu'aux oreilles, se planta sur le nez d'épaisses lunettes bleues, traversa Breslau sans être reconnu, s'égara dans les champs et gagna la gare prochaine.

Le plus difficile restait à accomplir. Il s'agissait de franchir la frontière sans éveiller les soupçons. Il descendit à l'avant-dernière station et chercha quelque paysan qui voulût bien le guider. Un bûcheron consentit, pour vingt louis, à lui prêter son office; mais, au lieu de le conduire dans la bonne voie, il l'emmena au milieu d'une forêt et lui déclara que si la somme n'était pas à l'instant doublée il allait le dénoncer aux autorités. Paul Deroulède bondit à la gorge du traître, le lia solidement à un tronc d'arbre et se résigna à ne plus compter que sur lui-même. Il parvint, après vingt-quatre heures de vagabondage, à atteindre le territoire de Bohême. Il remonta en chemin de fer, partit pour Vienne, puis pour Turin et revint, par un immense crochet, à Lyon, puis à Tours, où siégeait le gouvernement de la Défense nationale. Le jour même, il se présentait aux bureaux du ministre de la guerre et demandait à reprendre du service. Gambetta l'aperçut et le reconnut tout de suite. (Ils avaient, l'un et l'autre, fraternisé dans les brasseries du boulevard Saint-Michel.) « — Que venez-vous faire ici? lui demanda-t-il. — Offrir une seconde fois ma peau, répliqua notre zouave. Voulez-vous me confier une mission pour Paris, où sont enfermés mon régiment et ma mère? Je me charge d'y entrer... » Gambetta refusa : « — Puisque vous voulez vous battre, battez-vous sur la Loire; il y aura assez à faire. Je vous nomme capitaine. » Deroulède n'accepta que le grade de sous-lieutenant; il fit coudre son galon sur sa pelisse de juif polonais et se rua de nouveau dans la mêlée... J'abrège son odyssée... Il fut blessé et décoré à Montbéliard; il accomplit des actes de folle audace, il prit part à vingt combats et reçut, sur le champ de bataille, les félicitations de Bourbaki. Lorsqu'enfin la paix fut conclue, il rentra dans ses foyers; il n'avait eu, parmi tant de bagarres, qu'un bras de cassé. Si la tête n'avait pas suivi le bras ce n'était point de sa faute!...

Comment M. Paul Deroulède, qui était né pour s'illustrer dans le métier des armes, a-t-il choisi une autre carrière ? C'est un mystère que je ne me charge pas d'expliquer. Donc, il déposa le fusil et prit la plume; il raconta ce qu'il avait vu; il maudit les vainqueurs, il exalta les vaincus. Et il mit dans ces chants tant de sincérité et de flamme, que la conscience du pays en fut remuée. Le petit livre qui contient le *Clairon*, le *Bon gîte*, et tant d'autres morceaux réconfortants, était comme un prolongement de la guerre, et comme le premier acte de la revanche. Il nous réhabilitait, il nous donnait de l'espoir. Il déchaîna un indescriptible enthousiasme. M. Paul Deroulède fut, pendant quelques années, l'homme le plus aimé de France, et il jouissait d'une popularité unique, qui n'avait rien à démêler avec les combinaisons de la politique, qui était d'essence plus noble et plus pure : il incarnait la fierté nationale... Cependant le temps s'écoulait; les souvenirs de la lutte maudite s'atténuaient; M. Paul Deroulède ne pouvait plus, sous peine de se répéter, recommencer la même œuvre. Ce qu'il aurait écrit de sang-froid n'eût pas valu, sans doute, ce qu'il avait improvisé au son de la canonnade. Il était jeune encore; l'inaction lui pesait; il se tourna vers les belles-lettres. Et comme on lui avait répété sur tous les tons qu'il était poète et qu'il possédait des dons d'écrivain, il le crut de bonne foi; il composa des drames, des nouvelles, un roman en prose, et, de temps à autre, pour s'entretenir la main et raffermir la légende qui s'était créée autour de lui, des odes et des récits militaires. J'ai, sur ma table, les sept ou huit volumes qu'a produits M. Paul Deroulède. Je puis dire que la valeur en est inégale, sans contrister, je pense, ce galant homme dont le caractère m'inspire un profond respect. M. Paul Deroulède est plutôt un poète de sentiment qu'un poète d'expression. Il a besoin, pour écrire, de se mettre dans un grand état d'échauffement; et de même que Don Quichotte (avec lequel il offre quelques points de ressemblance) donnait des coups d'espadon à travers les murs avant d'entrer en campagne, de même aussi M. Deroulède n'est capable de composer que lorsqu'il est soutenu par la passion. Ce qu'il produit dans l'emballement est quelquefois superbe; ce qu'il produit dans le repos est d'une gaucherie un peu pénible. Il se sert de l'encrier à la façon dont nos aïeux usaient de leurs loyales épées : il frappe, il assomme, il bouscule les mots, comme ils chargeaient les Sarrasins, avec une fureur toute barbare! Son art est fait pour les cris héroïques; il est dénué de délicatesse, il ignore les raffinements, les subtilités. Et quand M. Deroulède trouve en chemin de jolies pensées, il ne sait pas les parer de grâces, en rehausser la valeur par un sertissage habile. Il lui manque de posséder ces qualités dont Banville exagérait l'importance, mais qui sont indispensables. Ce n'est pas un très bon ouvrier de rimes.

Il est aisé de justifier ces observations par des exemples. J'ouvre au hasard un des recueils de M. Paul Deroulède. Je tombe sur un conte bleu, qui est le plus étrange du monde. Le sujet en est exquis. Il s'agit d'un petit Alsacien qui va à l'école. Il est patriote, comme vous le pensez; il songe à la terre perdue; il se dirige à regret vers cette maison où un nouveau maître, qui n'est pas Français, a remplacé l'ancien, un brave et digne magister, dont M. Deroulède vante en ces termes la bonté :

> Un maître nouveau dirige la classe,
> Et le maître ancien était *si meilleur* !

Le jeune paysan, dégoûté de son école, prend la résolution de venir en France. Sa gourde est remplie, il a du pain dans sa poche. Rien ne le retient en Alsace, car, nous dit M. Deroulède :

> Sa liberté est bien *trop entière*,
> Le petit garçon est un orphelin.

Il s'avance donc vers la frontière; il s'oriente, il cherche le chemin des bois; il s'engage dans une allée de grands chênes,

> Quand en haut de l'arbre, et tout en haut *même*,

notre gars entend une voix. La voix est celle d'un oiseau. Elle lui murmure : « Petit garçon, tu vas voir la France, je pars avec toi. » L'oiseau se pose sur son épaule; l'écolier se met en marche. Il arrive au bord d'un ruisseau. Une autre voix l'appelle : celle d'un poisson qui veut, lui aussi, venir en France. L'enfant le met dans sa gourde. A peine a-t-il fait quelques pas,

> Que du *bas du sol*, monte une voix sourde.

C'est un caillou, qui, de même que le poisson et l'oiseau, veut faire en France son pèlerinage. L'écolier ajoute à son bagage ce nouveau fardeau. Le voilà à la tête d'une troupe composée d'un caillou, d'un poisson et d'un oiseau.

> Enfin, quand l'escorte est en ordre *toute*,

il donne le signal du départ. Mais il compte sans son hôte, je veux dire sans les terribles gendarmes que l'Allemagne envoie aux trousses des fugitifs. Il est poursuivi, traqué; il grimpe sur un arbre, et voilà l'instant où la providence se manifeste. « Suspends-toi à mes ailes, dit l'oiseau », et il l'emporte sur les bords d'un fleuve. « Accroche-toi à ma queue, dit à son tour le poisson. » Et le fleuve est traversé. Le gendarme, *tout bleu de surprise, et tout chaud de rage*, ajuste son fusil. « — Lance-moi bien fort », crie le caillou au petit garçon :

> Le petit caillou file, file, file,
> Et, soit que le *jet* fût vraiment habile,

> Soit que le gendarme en se courrouçant
> A ce *coup de pierre eût un coup de sang*,
> Tout le long de l'herbe il tombe immobile,
> Il y *doit mieux être* encore à présent.

Moralité : On a souvent besoin d'un plus petit que soi, ou, pour parler avec M. Deroulède, qui n'écrit pas comme La Fontaine :

> . . . Ce récit prouve à l'évidence
> Ce que l'union des faibles *pourrait*...

Je crois superflu de souligner les regrettables faiblesses de cette composition : impropriété de termes, lourdeur, prosaïsme, et une certaine gêne qui y est comme répandue du commencement à la fin. Il est visible que M. Deroulède s'y est trop appliqué. Cela n'est pas venu tout d'un jet. Cela sent l'huile. Et cela est médiocre. Mais, maintenant, écoutez M. Deroulède lorsqu'il est en colère ou qu'il traduit une impression vivement ressentie... Dix-sept ans ont passé depuis la guerre. M. Deroulède est las d'attendre. Il aspirait à la revanche. L'heure de la revanche ne sonne pas. Alors un dégoût lui monte aux lèvres :

> Depuis dix-sept ans je parle et je crie :
> « Où donc est ta force ? où donc ta vertu ?
> Ce sont tes enfants, ô mère Patrie,
> Tu leur dois ton cœur, ton sang leur est dû. »
> Depuis dix-sept ans je parle et je crie,
> Et je n'entends rien qui m'ait répondu.
>
> Depuis dix-sept ans je lutte sans cesse,
> Attaquant toujours nos chefs sans fierté,
> Pour qui la frayeur est une sagesse,

> Quand le vrai péril c'est la lâcheté.
> Depuis dix-sept ans je lutte sans cesse,
> Et je n'obtiens rien, ayant tout tenté.

Encore que quelques-uns de ces vers laissent à désirer, ces strophes sont d'un bel élan... M. Deroulède, désabusé de la politique, retourne dans son village, auprès de ses paysans; et là, son âme s'épanouit, réconfortée, rafraîchie. Il est heureux d'avoir retrouvé l'apaisement, il se sent revivre. Et son ravissement s'exhale en des accents d'une simple et pathétique éloquence :

> C'est ainsi qu'éloigné des luttes politiques,
> Au fond de l'Angoumois j'ai fait ces chants rustiques,
> Et paysan, vivant parmi les paysans,
> J'apaisais mes soucis à partager leurs peines,
> Fermant l'oreille au bruit des insultes lointaines
> Dont l'écho se perdait sous les cieux bienfaisants.
>
> Oui, c'est ainsi que calme et muet sous l'injure,
> Sans rancune, mais non certes pas sans blessure,
> J'acceptais mon destin sans accuser mon sort,
> Ainsi que dans l'asile hérité de mon père,
> Laissant agir pour moi le temps en qui j'espère,
> Je forçais ma pensée à suivre un autre essor.
>
> O mes vieux métayers, témoins de mon enfance,
> Amis dont l'amitié prit toujours ma défense,
> Hommes au front ridé, femmes aux cheveux blancs...
>
> O mon ruisseau d'argent, ô ma claire Nisonne
> Où dort le nénuphar, où le ruisseau frissonne,
> Conseillère d'oubli, de sagesse et d'espoir !
> O mon vieux toit paisible entouré de cabanes
> Et dont le seuil usé porte en lettres romanes
> Comme un salut d'ami ces deux mots : « Bon Vouloir ».
>
> Et vous vertes forêts, et vous vieilles allées,
> Abri consolateur des âmes désolées

> Où les ombres des miens marchaient à mes côtés;
> Sol généreux et fort de ces tranquilles rives,
> Champs couverts de moissons, prés sillonnés d'eaux vives,
> Quelle aide et quel secours vous m'avez apportés!

Est-il croyable que la même plume ait tracé ce morceau admirable et la fâcheuse légende citée plus haut? M. Paul Deroulède a reçu du ciel le cœur de Corneille. Quand son cœur anime ses ouvrages, ils sont sublimes; mais il ne s'y mêle pas assez souvent. Il écrit tantôt comme l'auteur du *Cid* et tantôt comme M. Casimir Bonjour. Il a de quoi se consoler de cette extrême inégalité. Car, par quelques pages maîtresses, et, tout au moins, par son nom et son exemple, il est assuré de vivre dans le souvenir des hommes.

LES DRAMATURGES

M. HENRY BECQUE

Il n'a pas soixante ans, et il a goûté toutes les satisfactions d'orgueil que puisse procurer le métier des lettres. Il s'est imposé successivement à la critique et aux gens du monde. Il a connu l'ivresse des polémiques retentissantes, des batailles livrées autour de son nom et la douceur des hommages qui ne s'adressent qu'aux élus. Les femmes même, quoique n'aimant guère l'ironie de ses ouvrages, ont fait semblant de s'y plaire, par entraînement, par mode ou par suggestion. Il a eu pour lui l'approbation intelligente de quelques-uns et le snobisme du plus grand nombre. Il a établi une façon de voir et de juger la vie, un certain tour d'esprit qui lui sont particuliers et qui le font reconnaître. On dit : « Cela est du Becque », comme on dit : « Cela est du La Rochefoucauld. » Il a eu la fortune, n'ayant composé que trois ou quatre œuvres et s'étant arrêté d'écrire en pleine maturité, d'être aussi célèbre qu'Émile Augier et Dumas fils, qui ont alimenté durant un demi-siècle la scène française. Et, à côté de ces triomphes professionnels, il en a savouré d'autres, infiniment agréables. L'homme n'a pas moins brillé que l'auteur; il a été recherché, adulé, redouté; les salons qu'il a traversés comme un météore ont gardé le souvenir de ses « mots », dont quelques-uns continuent de circuler. On lui permettait ce qu'on n'eût passé à personne. On s'esbaudissait à ses ruades qui ne laissaient pas d'inspirer une secrète frayeur. Et, quand il s'en allait, ayant tiré son feu d'artifice, il pouvait se vanter d'avoir conquis et terrifié la société la plus élégante de Paris — qui lui inspirait, du reste, un mépris profond. Gagner l'admiration par la crainte, il n'est pas de jouissance plus raffinée : c'est celle que prisait Napoléon...

Donc, M. Becque a reçu du destin des faveurs extraordinaires : un rare talent, une réputation égale et peut-être supérieure à son mérite, le privilège d'avoir trouvé, en littérature, une note personnelle, la certitude de laisser un nom qui vivra dans l'avenir... Eh bien! cet homme n'est pas satisfait. Il ne sait nul gré à ses contemporains de la bienveillance qu'ils lui ont montrée. Il se plaint sans cesse, et de tout le monde. Il n'aperçoit autour de lui qu'ennemis prêts à le dévorer, et, se hâtant de prendre l'offensive, il les mord à belles dents. Chaque article qu'il écrit est un assaut furieux contre un adversaire qui est presque toujours un ancien ami. Il réunit en volumes ces diatribes, et chacun de ces volumes est un monument de haine; le fiel y suinte à toutes les pages. J'ai sous les yeux le dernier qu'il ait publié. Et je ne puis me défendre, en le feuilletant, d'une impression de tristesse. On y voit où peut être conduit un homme supérieur dont le cerveau est hanté par des idées fixes. M. Becque s'en va cognant à revers de bras, avec une frénésie sauvage. Et sa plume bave sur le papier des épithètes exaspérées : « Vieux scélérat, coquin, misérable, scatologue distingué, cuistre, académicien de carton, polisson, littérateur de pacotille, nul et cynique. » Il n'a égard ni aux services rendus ni au labeur accompli; il accuse de vénalité des écrivains dont la probité est au-dessus de tout soupçon, et qui mourront pauvres après avoir travaillé toute leur vie. Ceux qu'il n'attaque pas de front, il les égratigne d'allusions blessantes : Paul Bourget, Émile Zola... jusqu'à ce brave Labiche qu'il éprouve l'impérieux besoin de salir. Il l'accuse d'avoir *volé* quelque part le sujet du *Misanthrope et l'Auvergnat*. Il l'accuse sans preuves. Croira qui voudra sa hautaine affirmation. Comme contre-partie à cet universel déchaînement, M. Becque accorde son admiration à M. Victorien Sardou, dont l'esthétique est aux antipodes de la sienne propre. Il se l'accorde surtout à lui-même. Sous chaque phrase de son livre, on sent percer comme un désir d'exaltation personnelle. Les aversions de M. Becque s'expliquent rarement par des raisons désintéressées. Les gens qu'il déteste sont ceux qu'il considère comme lui étant nuisibles. Or, il range dans cette catégorie la presque unanimité de ses confrères.

Lorsqu'on analyse les griefs énumérés par M. Henry Becque, ils se réduisent à fort peu de chose : Mlle Bartet n'a pas voulu jouer la *Parisienne*; M. Le Bargy est arrivé en retard aux répétitions; M. Montigny a fait coïncider la *Navette* avec une grande première des Variétés; six théâtres de Paris ont refusé les *Corbeaux*; enfin la Comédie-Française n'a représenté, en une année, que vingt-trois fois *les Honnêtes femmes*. La belle affaire! M. Becque s'imagine-t-il avoir le privilège de ces déboires? Tous les auteurs dramatiques en ont subi de semblables, et même de pires. Non! Si M. Henry Becque se croit persécuté, s'il est malheureux (et il l'est sincèrement), c'est qu'il éprouve d'autres ennuis. Et, comme il arrive toujours, les causes réelles de sa souffrance sont celles qu'il n'avoue pas. J'en discerne deux principales, et d'où dérivent toutes les autres :

1° *M. Henry Becque a vainement poursuivi le succès matériel.* — Ses pièces, y compris *la Parisienne*, ont séduit les délicats : elles n'ont jamais conquis la foule. Il faut, pour s'y plaire, un effort de réflexion dont les spectateurs de culture moyenne sont incapables. Est-ce brutalité, cynisme, parti pris de pessimisme, violence paradoxale? Il y a en elles un je ne sais quoi qui les repousse et les glace. Ils y sentent une telle haine des hommes, une telle indifférence

pour les illusions qui embellissent la vie, qu'ils en ont
le cœur serré. Chansons si l'on veut, il est de douces
chansons, que le brave homme qui va au théâtre ne
se lasse pas d'entendre. M. Becque met une sorte de
jolie satanique à le sevrer de ce plaisir. Dans ses
pièces cruelles n'éclosent que des plantes à l'odeur
amère ; pas une seule rose n'y fleurit. Il ne rit pas, il
ricane en montrant des crocs féroces. Sa verve, qui
est remarquable, n'arrive à la puissance que par l'intensité du mépris. Étonnez-vous donc si le bon bourgeois de France s'est effarouché de tant d'horreurs !
Le bon bourgeois aime la romance, les dénouements
heureux, les amoureux qui s'en vont « la main dans la
main ». Tous les dramaturges, de tous les temps, ont
tenu compte de ce besoin d'optimisme. Molière, qui
pensait de l'humanité ce qu'en pense M. Becque, a
adouci l'histoire de Tartufe en y mêlant l'idylle de
Valère et de Marianne. M. Henry Becque, plus intransigeant que Molière, s'est refusé à toute concession.
Il a fait ce qu'il a pu pour repousser le public, et il
en veut au public de ne pas le suivre. Il a mis un
grain d'aloès au bout de son hameçon, et il en veut
au poisson de ne pas mordre. C'est là une étrange
anomalie. Quand on s'insurge contre ses semblables,
la logique exige qu'on ne leur demande rien et qu'on
se suffise à soi-même. M. Henry Becque n'est pas
arrivé à ce degré de philosophie. Il fustige les sots et
il sollicite leur suffrage, et il meurt du dépit de
n'avoir pu l'obtenir. Les mille représentations de

M. Feydeau éveillent en lui une sourde jalousie. Il aspire à la grosse gloire, à la popularité. Et c'est peut-être pour étancher cette soif qu'il s'est présenté, d'ailleurs sans aucune chance, à l'Académie française, et qu'il a rêvé, voilà quelques années, d'entrer dans la politique...

2° *M. Henry Becque écrit difficilememt.* — Sa force créatrice semble s'être tarie brusquement. Depuis *la Parisienne*, il n'a rien donné au théâtre, soit qu'il n'ait rien terminé effectivement, soit qu'il n'ose livrer une nouvelle bataille. Je pencherais pour la seconde hypothèse. M. Becque n'a pas caché aux nombreux reporters qui vont sonner à sa porte que sa fameuse, sa légendaire comédie des *Polichinelles* était quasi achevée. Ils se sont empressés, à plusieurs reprises, d'annoncer cette grande nouvelle aux populations. Et, cependant, les *Polichinelles* ne sont pas sortis de leur boite. Le malheur est qu'on en avait trop parlé. Cette pièce avait été tellement louée avant de naître, que l'auteur put craindre qu'elle ne le fût pas suffisamment après sa naissance. Et c'est en quoi il s'est montré perspicace. La curiosité longtemps surexcitée aboutit presque toujours, à une déception. Si M. Becque donnait aujourd'hui ses *Polichinelles*, les ayant fait si longtemps attendre, il courrait au-devant d'une terrible aventure. A moins qu'il ne s'agît d'un foudroyant chef-d'œuvre, le public ne manquerait pas de s'écrier : « Eh quoi! n'est-ce que cela! » Et la critique ferait chorus avec le public.

M. Henry Becque ne tient pas à « risquer le paquet ». Et c'est encore une étrangeté de sa destinée qu'il soit réduit au silence par l'enthousiasme effréné de ses thuriféraires. En l'exaltant immodérément, on l'empêche de produire. Soyez persuadés qu'il gémit de cette situation et que sa mélancolie naturelle en est accrue. Il se console en redoublant de méchanceté.

Ce stérile dédommagement ne remplace pas la joie d'enfanter au grand soleil de belles et larges œuvres, généreuses et fécondes... Ah! si M. Becque nous ouvrait le fond de son âme, que de regrets n'y lirions-nous pas! Que de dégoûts! Quelle affreuse lassitude! Misère, misère des hommes de lettres!...

M. VICTORIEN SARDOU

Au moral, il a quelques traits communs avec Beaumarchais; physiquement, il ressembla jadis à Bonaparte, et il a aujourd'hui le sourire édenté et l'œil malicieux de Voltaire. Il y a en lui du diplomate, du prélat et du comédien. C'est le plus remuant, le plus séduisant, le plus fin des hommes. Qu'il préside la Société des auteurs, qu'il dirige les répétitions de ses drames, qu'il reçoive des reporters en son cabinet, qu'il dévoile à ses confrères de l'Académie les secrets du spiritisme, nul ne lui résiste : il met tout le monde dans sa poche. Il a conquis le public, il a dompté la fortune. Sa vie vaut la peine d'être contée. Elle rassemble à ses pièces : elle finit heureusement, après avoir été traversée de péripéties innombrables.

Victorien Sardou naquit à Paris en 1831, dans une antique maison de la rue Beautreillis. Son père, de condition modeste, était professeur de comptabilité à l'École de commerce de Charonne, et publiait des travaux d'érudition fort estimables à la librairie Hachette. M. Sardou se rappelle avoir souvent aperçu le père Hachette, premier du nom, travaillant avec un commis unique, étiquetant lui-même ses livres, une blouse grise passée sur sa redingote. C'est ainsi que l'on fonde les bonnes maisons! Le jeune Sardou ne se sentait aucun goût pour la comptabilité. Il se dirigea, pour complaire aux volontés paternelles, vers la médecine, et, au lieu de préparer son examen d'internat, le soir, dans sa chambrette, il composa une tragédie en cinq actes et en vers, sur un sujet suédois, *la Reine Ulfra*, qu'il eut l'inconcevable audace de présenter à Rachel. La tragédienne, qui ne prévoyait pas encore la vogue d'Ibsen, déclara qu'elle ne jouerait jamais un ouvrage dont l'action se déroulait à Stockholm. « Écrivez-moi une pièce grecque ou romaine, et nous verrons! » *La Reine Ulfra* réintégra le tiroir du débutant, qui demanda au journalisme de le consoler de cet échec. Il apporta un « Salon » au rédacteur en chef des *Arts universels*, revue obscure et mercantile, qui servait d'organe aux brocanteurs de la rue Laffitte; il refusa fièrement de se plier aux besognes louches qu'on lui voulait imposer, et, ne sachant plus à quelle porte frapper, il offrit sa collaboration à la *Biographie universelle* de Firmin Didot. Vous y trouverez certain article sur Jérôme Cardan qui lui coûta dix mois de recherches et lui rapporta trente-cinq francs. Cependant, il n'avait point renoncé au théâtre. Son démon familier l'y attirait. Il obéissait à sa destinée. Il composa la *Taverne des Trabans*, que Gustave Vaëz et Alphonse Royer reçurent à l'Odéon, et qui s'effondra sous les sifflets. Le hasard ajouta à la confusion de cette soirée. Le gaz s'éteignit subitement pendant la scène d'amour du second acte. Et soudain, de tous les coins de la salle, des cris s'élevèrent : « C'est immoral! C'est honteux! Embrassera! N'embrassera pas! » Au bout de cinq représentations, la *Taverne* avait vécu, et l'auteur revenait à ses chères études, c'est-à-dire à la solitude de sa mansarde. Il ne perdit pas courage. Puisque les scènes subventionnées lui étaient hostiles, il se tourna vers les autres. Il brocha un *Candide* en cinq actes, et sollicita une audience de Déjazet. Il a narré quelque part les circonstances de cette entrevue et tracé, non sans émotion, le portrait de la charmante femme qui allait devenir sa bonne fée :

« Une porte s'ouvrit derrière moi. Je me dis : « C'est elle! » Et, ramassant tout mon courage pour lui débiter le petit discours préparé sur la route, je me retournai! Je vis que c'était « Elle », en effet, et je demeurai coi, la bouche ouverte, et muet comme un poisson.

« Elle avait les mains pleines de plâtre : c'est là ce qui me désorientait. Je ne m'étais pas attendu à cela. Elle vit ma stupeur et me dit en riant :

« Pardon! j'étais occupée à réparer un mur! »

« Balbutiant je ne sais quoi, je remis ma lettre, qui fit un merveilleux effet. La glace rompue, je ne sais pas trop ce que je dis... Il paraît pourtant que je ne fus pas trop gauche. Je présentai assez heureusement mon *Candide* (car c'était un *Candide* en cinq actes) en faisant ressortir, on le pense bien, ce qu'il y aurait de piquant à voir collaborer Voltaire et Déjazet, etc.

« Je déposai mon manuscrit sur la table, je serrai ses *blanches* mains avec effusion et je m'enfuis sans me retourner. Ah! que j'étais léger, cette fois! que le ciel me semblait bien plus bleu, l'air plus caressant, les oiseaux plus gais, les fleurs plus tendres qu'à mon arrivée! c'est qu'une voix secrète me disait : « Le charme est rompu; ton heure est arrivée. » Et ma jeune chance, emprisonnée jusque-là, pour la première fois brisait sa coquille et battait de l'aile... »

En effet, de ce jour, sa guigne fut conjurée. Déjazet ne créa pas *Candide*, mais elle créa *Monsieur Garat* et les *Premières armes de Richelieu*. Le triomphe qu'elle remporta dans ces vaudevilles ouvrit à Sardou la porte du Gymnase. Il y donna *les Pattes de mouches*. Il était lancé... Alors commença cette production incessante, qui, depuis quarante ans, ne s'est pas un seul instant ralentie. Il aborda tous les genres avec un égal succès, les plus élevés et les plus humbles : le drame historique et la féerie, la comédie de mœurs, la pièce à thèse, la farce, la bouffonnerie, et l'opérette à spectacles. Il a bâti des rôles pour Sarah Bernhardt, des rôles taillés à sa mesure et propres à être applaudis au delà des mers comme sur les boulevards. Ses ouvrages se peuvent consommer sous toutes les latitudes, ainsi que des viandes en conserves. M. Sardou est assurément celui de nos écrivains qui jouit de la renommée la plus vaste. S'il n'est le champion du monde, comme le boxeur Sullivan, il est le dramaturge de l'univers.

Cette gloire est-elle aussi solide qu'elle est brillante? Survivra-t-elle à M. Sardou? Mourra-t-elle avant lui?... Pour caractériser le mérite et les faiblesses de l'illustre académicien, il n'est pas indifférent d'analyser son procédé de travail. Cet examen nous donnera peut-être la clé du problème.

Donc, allez le voir en son royal château de Marly, que défend une double rangée de sphinx. Il vous ouvrira, s'il daigne vous honorer de sa sympathie, un certain bahut et vous montrera, dans les profondeurs de ce meuble, quelques centaines de chemises méthodiquement rangées. Chacun de ces dossiers est une pièce, ou, tout au moins, un embryon de pièce : les uns sont formés d'hier, les autres datent de vingt ans. Si l'on en croit MM. Binet et Passy, qui ont eu le privilège de feuilleter ces dossiers, il ne se passe pas de jour où M. Sardou ne les enrichisse, à moins qu'il n'en constitue un nouveau. Il les gonfle de ce qui lui tombe sous la main : traits recueillis dans le monde ou au théâtre et griffonnés en voiture sur un bout de papier; fait divers découpé dans un journal, compte rendu de la *Gazette des tribunaux*. Excellentes provisions qu'il retrouvera plus tard et qu'il met en réserve soigneusement. Quand arrive le printemps, M. Sardou déploie les volets de son bahut et choisit l'ouvrage (drame ou comédie) qui sera représenté l'hiver suivant. Il ne se décide pas à la légère.

Il tient compte de mille considérations. Il est éminemment opportuniste. Le n° 4 irait comme un gant à la Renaissance, mais il faut attendre que Sarah soit de retour. Le n° 23 se plierait aisément au Palais-Royal, mais le principal rôle ne peut être joué que par Noblet. Le 5 et le 23 sont renvoyés à l'année prochaine. L'auteur jette son dévolu sur le 72. C'est une pièce à costumes, à grand fla-fla, se déroulant à Venise au xv° siècle, et dans laquelle Coquelin sera superbe... M. Sardou s'attèle au 72. Il établit d'abord un scénario où rien n'est omis, ni l'enchaînement des épisodes, ni le mouvement du dialogue, ni le va-et-vient des acteurs, ni la couleur de leurs vêtements, ni l'emplacement des sièges où ils devront s'asseoir, ni l'indication des entrées et des sorties. Il y joint des documents authentiques, anecdotiques, graphiques sur l'époque du drame, des croquis de costumes, des maquettes de décor. Ce manuscrit initial présente l'aspect d'un dictionnaire. Il s'agit de le réduire à des proportions raisonnables. M. Sardou n'y arrive pas sans coup férir ; il est obligé de s'y reprendre à plusieurs fois. Il commence à se colleter avec le texte. Quiconque pourrait glisser un œil dans le cabinet de M. Sardou tandis que ce texte jaillit de sa plume jouirait d'un curieux spectacle. Il verrait notre auteur suant, rageant, pleurant, riant, sacrant, prononçant tout haut des phrases incohérentes, se ruant sur des feuilles blanches. M. Sardoul prend ce qui lui passe par la tête, le bon et le mauvais. Son manuscrit se couvre de barres à l'encre, d'ajoutés, de notes marginales; il revêt l'apparence confuse et ébouriffée d'une pelote de laine entre les pattes d'un chat. Le copiste s'en tire du mieux qu'il peut. On le lui renvoie deux fois, trois fois. L'œuvre n'est au point qu'après plusieurs semaines de tâtonnements... Je glisse sur le reste du travail; la lecture, la distribution des rôles, le soin des répétitions; M. Sardou est passé maître en ces tâches délicates, qui lui sont fort agréables. Il y déploie une souplesse étonnante et une autorité souveraine. Il sait se faire obéir. Au fond, il a un tempérament de conducteur d'hommes. Il eût été général, s'il n'eût été dramaturge. Il y eût gagné moins d'argent!

Ainsi M. Sardou est doué, au suprême degré, de l'« imagination pittoresque ». Il *voit ses héros agir*; il les voit dans leur milieu, dans leur cadre; dès l'instant où il combine l'action de son drame, tout prend à ses yeux une forme théâtrale. Et remarquez que son effort porte presque exclusivement sur l'action extérieure; il discerne bien moins la passion qui anime ses personnages que les gestes qui en sont la conséquence. Il a une merveilleuse aptitude à inventer des situations, une aptitude beaucoup moindre à créer des âmes. Il subordonne celles-ci à celles-là; il déforme les caractères pour les plier aux événements. Il ne se pique pas d'une étude attentive et sincère de la vie. Prenez les types qu'il a modelés, si divers et si nombreux. Ils n'ont qu'une apparence d'humanité. Vous n'en trouverez presque pas un seul dont la psychologie soit solide et pénétrante. Elle fléchit sous la nécessité des péripéties. Observez Fromentel de la *Famille Benoîton*, Caussade des *Intimes*, et Odette, et Dora, et Fédora, et Gismonda. Ces personnages se transforment entre le prologue et la chute du rideau : ils se retournent comme un gant, et non point parce qu'ils y sont conduits par la pente naturelle de leurs sentiments ou par quelque crise intérieure, mais parce que ce changement est nécessaire à préparer le coup de théâtre du troisième acte et à amener le denoûment. M. Sardou s'accommode de cette esthétique : il ne va guère au delà. J'ai découvert, en feuilletant un vieux journal de 1865, une lettre curieuse qu'il adressa à B. Jouvin, critique du *Figaro* : « Le théâtre littéraire de Molière, le théâtre philosophique de Voltaire et même le théâtre révolutionnaire de Beaumarchais — eût-on le secret ou le génie de les ressusciter — ne sont plus possibles à une époque aussi affairée que la nôtre. C'est l'époque des chemins de fer, de l'électricité, du câble transatlantique; ce sera peut-être le siècle des ballons. On travaille vite, on s'enrichit vite, on s'amuse vite, on meurt vite. A moins de vouloir s'embourber avec l'antique pataches dans des chemins où l'activité humaine ne passe plus, la comédie moderne doit vivre de cette fièvre, réussir par cette fièvre, courir sur des rails, glisser sur le fil électrique, s'accrocher à la nacelle de l'aérostat qui résoudra le problème de la navigation dans les nuages; en un mot, être de son temps ou n'être pas. » Eh oui! M. Victorien Sardou se jugeait à merveille en 1865. Il exaltait ce qu'il nommait spirituellement la « comédie électrique ». Il n'a point fait autre chose... Électriques sont ses pièces, électrique son dialogue, agité de soubresauts nerveux, coupé de petits points suspensifs; électrique le frisson qui s'en dégage. Le spectateur en est d'abord secoué, mais il ne tarde pas à se ressaisir. Et il s'en veut de s'être laissé duper. Le plaisir qu'il en retire n'est pas large, ni sain, ni franc. Cela est seulement ingénieux. Et, pour tout dire, cela manque de beauté. Deux ou trois fois, pourtant, M. Sardou est parvenu à se hausser au-dessus du frivole amusement. Mais qu'il a eu de peine à oublier ses mauvaises habitudes! Il n'y est parvenu qu'à demi. Certains passages de *Patrie*, de *la Haine* et de *Théodora*, témoignent d'une admirable puissance de conception. L'exécution reste étroite. C'est Hugo qui trace le plan, et c'est l'auteur des *Pattes de mouches* qui le réalise. Supposez un tableau d'histoire, les batailles de Napoléon ou d'Alexandre, brossées par le plus spirituel des peintres de genre... Tel M. Sardou... Il a bien chargé sa palette des couleurs les plus éclatantes, il a trempé son pinceau dans le vermillon; il est grimpé sur une échelle, il a couvert une toile de 30 mètres de superficie. Et toujours, par quelque côté, M. Sardou demeure un vaudevilliste.

Et puis, il a reçu du Ciel un don qui lui a valu d'immenses avantages matériels, mais dont la contrepartie est funeste. Il possède un sens très subtil, le *sens de l'actualité*. Il devine, avec une certitude quasi infaillible, à quel moment un sujet doit être traité, une pièce doit être représentée, pour obtenir leur maximum de succès. On croirait qu'il subodore les idées qui sont en l'air, les courants mystérieux qui se forment dans les préférences de la foule. Il sert juste son repas à l'heure où il sera le mieux accueilli. Et ce repas, coquettement dressé, excite l'appétit, éveille la gourmandise. Attendez cependant! La nappe ôtée (je poursuis ma métaphore!), il ne reste du festin qu'un fumet subtil. Les plats de M. Sardou ne sont pas de ceux qui peuvent être resservis plusieurs fois. Il faut qu'ils soient mangés de suite, et tout chauds. Ils perdent très vite leur saveur. Aucune pièce de l'auteur de *Spiritisme* ne figure au répertoire de la Comédie-Française, aucune n'a retrouvé, quand on l'a reprise, son succès initial. Ce sont des *pièces de circonstances* et qui sont liées aux circonstances qui les ont fait naître, et qui disparaissent avec elles.

Le flair prodigieux de M. Sardou est donc une arme à deux tranchants, dont il profite et dont il se blesse. Et sans doute, l'on doit regretter qu'il gaspille, en des œuvres éphémères, sa surprenante activité d'esprit et des talents qui, mieux surveillés, eussent produit des chefs-d'œuvre. Mais, d'autre part, M. Sardou épris de vérité et sévère pour lui-même ne serait plus M. Sardou. Il a sa raison d'exister. Il incarne les qualités et les défauts les plus aimables de notre race. C'est un amuseur de génie...

M. ÉDOUARD PAILLERON

On ne saurait accuser M. Pailleron d'être un accapareur. Ses succès — ou ses échecs — sont suivis de longs repos. Il travaille à son heure, en artiste indépendant qui n'a pas besoin de peiner pour vivre. Il ne s'attelle à la besogne que lorsqu'il est tourmenté par son démon intérieur. Un instinct mystérieux l'avertit que le fruit est mûr et qu'il n'y a plus qu'à le cueillir. Alors, à son ordinaire indolence succède une prodigieuse activité; il perd le sommeil et l'appétit; il empile notes sur notes, manuscrits sur manuscrits, il échafaude, il rature, il ajoute et surajoute, il rogne, il recoud. Il est l'inventeur d'un procédé de condensation ingénieux, qui consiste à recomposer de mémoire la version primitive. Il ne garde que l'essentiel, et le reste s'évapore. L'œuvre sort du creuset, après cette période d'incubation, et non sans laisser à l'auteur une forte courbature, qui se trahit par une pointe de méchante humeur. M. Pailleron

« saboule » volontiers ses interprètes ; il a des mots terribles, que l'on se répète dans les coulisses de la Comédie-Française. Une actrice déjà mûre et de physionomie ingrate, qui devait écouter en scène une déclaration, et qui y répondait trop mollement, s'attira de lui cette apostrophe : « Vous n'avez donc jamais reçu de lettres d'amour? » Cette forme d'esprit agressive est celle qu'affectionne M. Pailleron. Il aime aussi beaucoup les périodes ciselées et les romances gentiment balancées et cadencées. Il serait curieux de chercher dans quelle mesure son talent est sentimental. On ne peut nier que M. Pailleron ne soit un peu « troubadour » par certains côtés de sa nature. Il adore ce que, dans l'argot théâtral, on appelle les « couplets », ces morceaux lyriques qui semblent demander un accompagnement de guitare. Il est heureux de les placer partout où il le peut faire décemment. Il en a semé à profusion et partout. Dans *le Monde où l'on s'ennuie*, c'est Roger de Céran qui murmure à l'oreille de sa pupille une déclaration harmonieuse ; Raoul, dans *l'Étincelle*, chante à peu près la même cavatine, et, dans *la Souris*, Max de Simiers porte au premier acte des gants parfumés, des rubans jaunis, des bouquets flétris, de chères reliques, qu'il presse sur son cœur. Tout cela est fort romanesque, tout cela est fort joli, nous dirions presque que c'est trop joli, trop poli, trop arrondi, trop coquettement ému, trop « écrit ». Cela s'éloigne du ton naturel et du langage de la vie.

O la noble simplicité des classiques! M. Pailleron mourra pour n'avoir pas été assez simple. De toutes les fleurs, les fleurs de rhétorique sont celles qui se fanent le plus vite!

Ne soyons pas injuste. L'œuvre de M. Pailleron, quand on l'envisage dans son ensemble, est considérable, quoique diverse et éparpillée. Elle embrasse tous les genres, ou à peu près. Elle va de la pièce odéonienne en vers (*le Parasite, le Mur mitoyen*), jusqu'au proverbe de salon (*l'Autre Motif, le Dernier Quartier*), en passant par le drame à thèse (*Hélène*) et par la comédie bourgeoise (*les Faux Ménages*), où l'on respire comme une émanation de *Gabrielle*. Ces premiers ouvrages, qui ne sont pas les meilleurs de l'écrivain, ne s'élèvent pas au-dessus de la moyenne. Ils sont honnêtement pensés, adroitement construits, par un homme qui a la pratique du théâtre, qui sait sa langue, qui a beaucoup lu Alfred de Musset et vécu dans l'atmosphère d'Émile Augier. Ils ne se distinguent pas suffisamment de la fabrication courante. On n'y voit pas éclore un tempérament original. La personnalité de l'auteur ne s'affirme franchement que dans *l'Age ingrat*. Ces trois actes, représentés en 1878, furent une révélation. Ils obtinrent un succès retentissant, et un succès d'excellent aloi. Le dramaturge, s'éloignant des lieux communs qui sont l'ordinaire pâture des faiseurs de vaudevilles, y étudiait avec beaucoup de vivacité un coin de la société parisienne. Il mettait en scène cette comtesse Julia, noble étrangère, arrivée d'Amérique, dépensant royalement une fortune dont nul ne connaissait l'étendue ni l'origine, assemblant autour d'elle, dans son salon, un monde bizarre et bariolé, où se coudoyaient les viveurs, les gentilshommes ruinés, les gens de bourse, les ténors italiens et les adolescents de bonne famille désireux de s'amuser. Parmi ces silhouettes, croquées d'une main leste, circulait un type d'observation supérieure, l'illustre Fondreton... Vous rappelez-vous Fondreton, ce cuistre frotté de grec et pris soudain du délire de la haute noce, à l'âge même où les noceurs ont coutume de se reposer? ce grave pédagogue dont la maturité était aussi bruyante que sa jeunesse avait été chaste, et qui, dans ses moments d'extase amoureuse, laissait échapper des vers de Virgile et des fragments du *Conciones*?

La pédanterie a toujours inspiré M. Éd. Pailleron. C'est le ridicule auquel il a porté les coups les plus brillants à la fois et les plus rudes. Son chef-d'œuvre, *le Monde où l'on s'ennuie*, est une machine de guerre, un bélier lancé à toute volée contre la morgue savante et la science indigeste. Ils sont là une collection de Trissotins et de Philamintes que fustige sa satire. La pièce est un feu roulant d'épigrammes. Et, au milieu de cette mousqueterie, l'écrivain a eu l'art d'introduire une figure exquise : la pure et vive Suzanne de Villiers, la jeune fille librement élevée, inconséquente, étourdie, mais ayant au cœur des trésors de tendresse et de sensibilité. Ce caractère (il a été reproduit avec moins de bonheur dans *Cabotins*) témoigne d'une souplesse d'analyse, d'une délicatesse de doigté qui surprirent les amis et les ennemis de l'auteur. On accusait sa verve d'être brutale ; on respira avec délices cette rose de grâce, qui imprégnait l'œuvre entière de son charme et contribuait à en adoucir la sécheresse.

L'homme qui a créé la comtesse Julia, Fondreton, la duchesse de Réville, Bellac et Suzanne de Villiers est un maître de la scène. Je sais que cette opinion n'est pas celle des cénacles littéraires, qu'il est de mode d'y rabaisser la réputation de M. Pailleron, et que la plupart des pontifes de l'ancien Théâtre-Libre haussent les épaules lorsqu'on leur parle du *Monde où l'on s'ennuie* et de *l'Age ingrat*. Ils accusent M. Pailleron de sacrifier au goût du public, de poursuivre la vogue facile, d'immoler la vérité à la recherche de l'agréable. Vous connaissez le raisonnement... Il faudrait pourtant s'entendre sur ce point éternellement controversé. Une tendance fâcheuse des coteries est de considérer comme une tare tout succès matériel. Dès qu'une œuvre attire la foule, on en conclut qu'elle doit être mauvaise. Et, réciproquement, on mesure la valeur de l'œuvre d'art à son degré d'insuccès — la suprême gloire consistant à être sifflé ou, ce qui vaut mieux encore, interdit par la censure. Cette façon d'argumenter comporte quelque enfantillage. Elle trahit des sentiments plutôt médiocres, et surtout un dépit mal dissimulé. Enfin, c'est un spectacle assez ridicule que celui de ces gens qui déclarent d'avance mépriser les juges auxquels ils s'adressent, et qui sollicitent le suffrage d'un public auquel ils dénient toute compétence. Et ils molestent ce pauvre public, et ils l'injurient, et ils lui appliquent des coups d'étrivières, et ils s'efforcent de le blesser, de l'agacer, de froisser ses habitudes et ses goûts héréditaires !... Le Français aime la gaîté et la clarté. Ils lui offrent des tableaux pessimistes, d'où déborde l'amertume. Et ils s'étonnent, et ils s'indignent quand le spectateur proteste par son absence et se détourne de ces choses qui ne sont point à son gré ! Ne serait-il pas plus spirituel de composer avec lui, au lieu de lui porter des défis stériles ? Puisque le Français veut rire, donnez-lui de l'amusement, mais tâchez de rouler dans ce miel quelques grains d'observation et de philosophie vengeresse. Faites, en un mot, si vous le pouvez, comme a fait Molière. Il eût été facile de tirer une pièce « cruelle » du *Monde où l'on s'ennuie*. Montrer l'égoïsme des psychologues mondains, les appétits qui se déchaînent autour des places du gouvernement et des fauteuils de l'Institut; l'adultère fleurissant dans les salons académiques; l'impitoyable vanité des hommes de lettres, la jalousie qui les dévore, leur nervosité maladive, leur âpre amour de l'argent; montrer Bellac subornant Suzanne avant d'épouser sa vieille Anglaise. Que d'abomination ! Quel régal pour des amateurs de « rosseries »!... La comédie, devenue drame, eût-elle plus puissamment agi sur les mœurs?

... On l'eût jouée trois fois, — puis oubliée... Et M. Caro n'en fût pas mort!...

M. GEORGES DE PORTO-RICHE

La physionomie littéraire de M. G. de Porto-Riche échappe à la banalité. Le péché mignon des écrivains contemporains est une fécondité qui est presque toujours en raison directe de la renommée qu'ils ont acquise. Dès qu'ils sont célèbres, dès que les journaux ou les théâtres leur offrent un débouché facile et fructueux, ils s'abandonnent à l'ivresse de produire. Ils pourraient se recueillir, ne livrer à la foule que des œuvres sagement mûries : l'amour du lucre et, d'autre part, la crainte de se laisser oublier les précipitent au labeur. Ils besognent comme des maçons qui ne prennent pas le temps de respirer. Ils se croiraient déchus dans leur propre estime s'ils ne pondaient pas, bon an, mal an, deux ou trois volumes et si leur nom ne figurait pas, en toutes saisons, sur l'affiche d'un théâtre parisien. Leur gloire est fondée sur la quantité. Celle de M. Porto-Riche se fonde sur la rareté de ses ouvrages. Il est considéré par ses confrères et par le public intelligent comme un des plus fins psychologues que nous ayons, son talent est peut-être le plus original qui se soit révélé dans ces dernières années. Et M. de Porto-Riche n'a fait jouer que quelques pièces, dont deux pièces en un acte. Je ne parle pas de son ouvrage de début, *Un drame sous Philippe II*, représenté à l'Odéon en 1875; on n'y pouvait voir, et l'on n'y vit en effet, qu'une promesse. On complimenta l'auteur sur sa virtuosité, sur la belle sonorité de sa langue, et l'on attendit son second effort. M. de Porto-Riche avait à cette époque vingt-six ans (il naquit à Bordeaux en 1849). Treize années s'écoulèrent sans qu'il donnât signe de vie. Quels travaux poursuivit-il pendant cette retraite? Le poète qui est en lui s'endormit-il d'un long sommeil, ainsi que la Belle au bois dormant? Consacra-t-il son activité à des occupations sentimentales? Nous n'avons pas le droit de le rechercher. On l'avait complètement oublié lorsqu'il donna, en 1888, au Théâtre-Libre d'Antoine, une petite comédie, *la Chance de Françoise*, qui obtint un vif succès. Cela était aigu, pénétrant et plein de grâce; cela tranchait heureusement sur les brutalités du répertoire ordinaire de la maison. Notez que cette bluette n'était point un marivaudage à l'eau de rose, mais un *cas* emprunté à l'observation de la vie réelle, une étude de caractère, dont la cruauté se tempérait par des qualités très remarquables de tact et d'esprit... *L'Infidèle* vint ensuite, dissertation psychologique enveloppée d'une truculente fantaisie, comme une perle placée dans un écrin ciselé; puis *Amoureuse*, l'œuvre maîtresse de l'écrivain, une des pièces les plus suggestives, les plus délicieusement immorales de notre littérature vieillissante; enfin le *Passé*, où les mêmes qualités étaient poussées à l'outrance.

Je louais tout à l'heure la continence de M. de Porto-Riche. Je sais des gens qui l'attribuent à sa paresse naturelle plutôt qu'à l'effort de sa raison. M. de Porto-Riche est un artiste; mais c'est un dilettante; il a une intelligence toute virile, et des nerfs de femme. Son tempérament se reflète en sa personne extérieure. Mince, petit, élancé, l'œil pénétrant et mobile avec un soupçon d'inquiétude dans le regard; la voix douce au timbre caressant et quelquefois agressif, il donne à ceux qui l'approchent l'impression d'un être complexe, malaisé à pénétrer et à définir. On le sent faible et cependant énergique. Son caractère dominant est peut-être un amour passionné de l'élégance, le mot étant pris dans sa plus large acception, élégance de pensée, élégance de forme. Il accepte tout, il va lui-même aux extrêmes limites de l'audace, mais a horreur du mot grossier. Je serais étonné s'il aimait la verve scatologique de Rabelais et de Molière; en revanche, il doit se plaire aux grivoiseries musquées du dernier siècle. Il est, tout à la fois, voluptueux et dégoûté. Et ce mélange de sensualité, de raffinement, de coquetterie; cette perversité souriante, ce scepticisme que corrige le lyrisme ou le charme du discours, enfin une impitoyable lucidité, une singulière aptitude à sonder les replis de l'âme humaine, me paraissent être les traits saillants de M. de Porto-Riche, envisagé comme homme et comme écrivain.

... Joignez qu'il est médiocrement doué sous le rapport de l'imagination créatrice. Je le crois incapable de composer un récit d'aventures à la façon du père Dumas, ou une histoire romanesque située à mi-chemin de la réalité et de la fiction. Il ne peut travailler que d'après des documents directement recueillis. Et ceci nous explique la lenteur de son travail. On a dit qu'il s'était mis en scène dans chacun de ses ouvrages. Sans nous rallier à cette hypothèse, nous remarquerons qu'il n'a peint jusqu'à présent que des sentiments qu'il a été à même d'éprouver, de par son expérience mondaine et professionnelle. Ils se ramènent tous à l'amour. Qu'est-ce que le mari de Françoise ? C'est l'homme à bonnes fortunes, qui ne peut s'empêcher de tromper sa femme et qui cependant l'aime avec tendresse, et qui goûte un plaisir exquis et malsain à lui confesser ses fautes et à exciter sa jalousie. Il sait qu'elle l'adore; il est sûr de son cœur; il la fait souffrir, il avive tour à tour et panse ses blessures... Et les nuances des deux caractères sont saisies et fixées avec une merveilleuse pénétration. Le dialogue abonde en mots de nature :
« — Je veux que tu sois heureuse, dit l'époux volage à la pauvre Françoise ; tu le seras malgré tout. —

Même si tu me trompais? — Je t'aimerai toujours. Tu as le bonheur, tu n'as pas le plaisir. — Hélas! répond Françoise, on se passe plus volontiers de bonheur que de plaisir! » Le Renato de *l'Infidèle* est encore un « homme à femmes », mais compliqué d'un homme de lettres; autre variété de l'espèce, type particulièrement redoutable... Renato est incapable de ressentir une passion sincère, il s'analyse sans cesse, et il ne cherche dans ses émotions que des motifs à sonnets. Il donne son corps à l'amour; sa pensée reste froide et maîtresse d'elle-même. Cette impassibilité le rend orgueilleux; il s'en vante, il l'exalte devant l'infortunée Vanina, qui lui est attachée par des liens plus forts que sa volonté :

> L'art seul m'occupe enfant...
> Les femmes n'ont jamais embrassé ma pensée;
> Et près d'elles souvent maître de mon cerveau,
> En devisant d'amour, je cherche un vers nouveau.

En vain, le sage Lazzaro cherche-t-il à guérir Vanina en lui montrant à nu l'exécrable égoïsme du poète. Il le connaît, il le juge, et il juge avec lui tous ceux de sa race, les cérébraux, dont l'âme est inaccessible aux élans irréfléchis :

> . . . . . . Ce n'est pas à la maîtresse aimée
> Que pensent les rimeurs, c'est à la renommée.
> Vous n'êtes, ô beautés! sous leurs embrassements,
> Que matière à sonnets et que chair à romans.
> Vos paroles d'amour sont vite ramassées,
> Ce sont les chiffonniers de toutes vos pensées.

> Vous ôtez votre robe, ils ôtent leur pourpoint.
> Mais quand vous soupirez, ils ne soupirent point.
> Conviens-en, toi qui sais comme le tien manœuvre,
> Il faut toute la nuit parler de leurs chefs-d'œuvre,
> Et le plus amoureux de ces faiseurs de vers,
> Pour mendier deux mots de l'Arétin pervers,
> A l'heure du berger vous fausse compagnie.

Vanina n'ignore point ces vérités cruelles. Mais elle subit la fatalité qui l'entraîne vers son bourreau. Et elle meurt de sa main. Le héros d'*Amoureuse* est proche parent de Renato. C'est Renato vieilli, fatigué, qui est las des passions et des complications qu'elles comportent. Il a espéré trouver le repos dans le mariage ; mais son destin est d'inspirer des inclinations violentes. Sa femme l'aime immodérément et goulûment. Elle l'affole et l'exaspère par ses tendresses. Quand il se ressaisit, il arrive à la haïr. Dans un moment de colère il la jette aux bras d'un autre. La séparation accomplie, il est tout étonné d'en souffrir. L'habitude est la plus forte. Il ne peut plus se passer de ces baisers qu'il a voulu fuir. Il rappelle l'épouse qu'il a chassée, il la reprend, quoique indigne, et les deux forçats de l'amour rivent de nouveau leur chaîne...

Il est à remarquer que ces divers personnages que je viens d'analyser ont l'âme basse, qu'ils commettent des actions féroces ou répugnantes. Dépouillez-les du vêtement de jolies phrases dont l'auteur les a parés, et vous avez en eux d'odieux spécimens d'humanité. M. G. de Porto-Riche est profondément pessimiste. Et il a trouvé le moyen d'imposer son pessimisme aux mêmes spectateurs qui s'attendrissaient à l'optimisme béat du *Maître de forges*... Il n'est pas de miracle que l'art ne puisse accomplir.

LES COMÉDIENS

Mme SARAH BERNHARDT

Les événements qui se pressent dans la vie de Mme Sarah Bernhardt tiennent du prodige. Il semble qu'elle ait vécu plusieurs existences, tant, en ce demi-siècle, il y a de sensations, d'aventures et de triomphes accumulés. Je voudrais essayer, non de retracer tous les errements de cette carrière tumultueuse (un volume n'y suffirait pas), mais d'en marquer les phases essentielles, et de montrer par quels côtés la physionomie de Mme Sarah Bernhardt s'impose à l'admiration publique.

Dès ses débuts, l'artiste montre ce qu'elle sera plus tard. Son tempérament s'affirme. Elle est nerveuse, inquiète, capricieuse, enthousiaste. Née d'un père israélite converti au catholicisme, elle est élevée chrétiennement, et s'abandonne aux transports d'une exaltation mystique. Elle songe à prendre le voile. Des circonstances qu'elle n'a pas prévues l'arrachent, heureusement pour elle et pour nous, à cette fausse vocation. Ne pouvant se faire nonne, elle se fait comédienne; elle traverse le Conservatoire, elle est engagée en 1862 au Théâtre-Français, et le quitte presque aussitôt pour entrer au Gymnase, puis à la Porte-Saint-Martin, où on lui confie un rôle dans *la Biche au bois*; de là elle se transporte à l'Odéon, où elle interprète Cordélia dans *le Roi Lear*, et Zanetto dans *le Passant*. Cette création la met hors de pair. On l'ignorait la veille, et le lendemain elle est célèbre. Tout Paris passe les ponts pour applaudir ce joli page, dont la voix est si douce, le regard si expressif, et qui traduit, avec un charme incomparable, le rêve du poète. La Reine de *Ruy Blas* vaut à Mme Sarah Bernhardt un nouveau succès. Émile Perrin se décide à la rappeler rue de Richelieu. Elle y gagne rapidement ses galons de sociétaire, joue à côté de M. Mounet-Sully *la Fille de Roland*, la Posthumia de *Rome vaincue*, et le répertoire de Racine et de Corneille.

Ce qu'était à cette époque Mme Sarah Bernhardt, nul des contemporains n'en perdra le souvenir. On n'a qu'à lire, pour s'en rendre compte, les feuilletons de M. Francisque Sarcey... Ce critique, que Mme Sarah Bernhardt se plaît à accuser de malveillance, la suivit pas à pas avec une sympathie attentive et un ravissement qui ne demandait qu'à s'épancher. Et, de fait, en la louant, il ne faisait que traduire le sentiment général. Les habitués de la Comédie lui durent des émotions ineffables. Elle et Mounet-Sully formaient un couple idéal, pétri par la main des Dieux. Andromaque, Maria de Neubourg, Zaïre, Dona Sol, et, dans une note plus souriante, Alcmène, furent ses rôles de prédilection. Elle en exprimait à miracle les nuances et en dessinait la ligne avec une sûreté magistrale; elle prêtait son âme à ces héroïnes, et l'on eût dit que leur âme palpitait en elle. C'était la perfection dans l'harmonie et la grâce. Elle avait moins de force que de charme, et rendait avec moins de bonheur les fureurs de Phèdre que ses langueurs. Mais quand elle consentait à ne pas tendre jusqu'à la briser la corde d'or de sa voix, quelle suavité et quel délice!...

A ce moment, Mme Sarah Bernhardt, se trouvant en pleine possession de sa renommée, était maîtresse de son avenir. Elle pouvait consacrer son talent à la maison qui avait contribué à la former, rester liée à ce Théâtre-Français dont elle était devenue une des gloires, ou bien, prêtresse infidèle, déserter le temple et fonder au dehors une religion nouvelle. Ce fut cette résolution qu'elle adopta. Personne n'en fut surpris : on y était préparé. Les allures de Mme Sarah Bernhardt révélaient une indépendance de caractère, un bouillonnement de caprices, qui cadraient mal avec la règle d'une institution d'État. Voyez-vous Napoléon obligé d'obéir, de subordonner sa volonté à des volontés rivales? Mme Sarah Bernhardt est de la race de Napoléon : elle est, comme lui, autoritaire, créée pour exercer le commandement. Il faut qu'elle soit la première, que dis-je! la seule... Et puis, sa merveilleuse activité languissait dans les calmes besognes de la Comédie-Française. Elle s'épandait en mille occupations *à côté*, dont quelques-unes n'avaient que de lointains rapports avec la profession dramatique. Elle sculptait, elle peignait, elle montait en ballon, elle écrivait des relations de voyages que M. Georges Clairin illustrait de croquis spirituels; elle goûtait un vif plaisir, entre temps, à dormir dans un cercueil, se rappelant qu'elle avait failli entrer au couvent des Carmélites. Il est vrai que son cercueil était garni de satin blanc et moelleusement capitonné. La presse boulevardière ne se lassait pas de commenter ces fantaisies et de les porter à la connaissance des populations. Quand un chroniqueur était à court de sujet, il prenait Sarah Bernhardt, et en tirait toujours deux cents lignes amusantes. On ne pouvait ouvrir les gazettes sans y trouver des articles sur le cercueil de Sarah, sur l'atelier de Sarah, sur la maigreur de Sarah. Cette maigreur phénoménale, et que l'on s'ingéniait à exagérer, était un thème à plaisanteries faciles. « Lorsque Sarah Bernhardt entre dans son bain, écrivait Albert Millaud, l'eau baisse. » Il publiait dans le *Figaro* un plan topographique de Sarah Bernhardt où son anatomie était figurée par des angles aigus et des lignes géométriques; à l'endroit de la gorge il traçait le mot *désert*, le désert de Sarah! Vous saisissez l'allusion! Les lecteurs du *Figaro* s'en égayèrent pendant huit jours!

Mᵐᵉ Sarah Bernhardt n'aime pas les journalistes ; elle ne se gêne pas pour exhaler l'aversion qu'ils lui inspirent. Et vraiment elle est ingrate envers eux, car si elle ne leur doit point son génie, elle leur doit, tout au moins, une grosse part de sa popularité. L'imprésario qui, en 1880, lui proposa de l'emmener en Amérique était assurément séduit par ses succès de comédienne ; il l'était plus encore par les légendes retentissantes qui circulaient autour d'elle, et dont le bruit avait passé l'Océan. Il lui offrit des conditions inouïes : 2 500 fr. par représentation, un tiers sur la recette brute, au-dessous de 15 000 fr. ; la moitié de l'excédent, si la recette dépassait ce chiffre, le remboursement de ses frais, l'entretien de trois personnes composant sa suite... Comment résister à de telles tentations ? Mᵐᵉ Sarah Bernhardt secoua la poussière de ses sandales au seuil de la maison de Racine. Elle partit... Sa première tournée fut un enivrement. Partout accueillie avec une vive curiosité, voyageant dans un train spécial somptueusement aménagé, elle fut traitée en souveraine. On n'aurait pas eu plus d'égards pour Cléopâtre ou Sémiramis que pour cette reine de théâtre. Je n'ose affirmer que les Yankees fussent bien en état d'apprécier les qualités délicates et françaises de la tragédienne, l'exquise mesure et l'art raffiné de sa diction ; ils furent surtout sensibles à ses qualités plastiques, à la splendeur de ses attitudes, à la pompe royale de ses costumes, et aussi à la violence nerveuse et passionnée de son jeu. Mme Sarah Bernhardt, qui a l'intelligence fort déliée, comprit qu'il ne fallait pas donner en pâture à ces barbares les beautés par trop subtiles de nos classiques, mais des mets plus épicés. Elle s'adressa à M. Victorien Sardou, qui lui fabriqua des pièces d'exportation, vivement enluminées, tout en action et remplies de catastrophes, susceptibles d'être facilement comprises dans les cinq parties du monde. Ces ouvrages étaient attachants, pittoresques; ils avaient le mérite d'être exactement adaptés aux qualités de la principale interprète et même, dans une certaine mesure, à ses défauts. Elle y manœuvrait à l'aise, elle s'y montrait tout à fait supérieure. Elle emporta de la sorte, dans ses malles, jusqu'aux antipodes *Fœdora*, *Theodora*, *la Tosca*...

Je ne conterai pas ce qui lui advint au cours de ces tournées fantastiques. Elle reçut les hommages des peuples les plus divers. On détela sa voiture, on chanta des sérénades sous son balcon, les princes d'Asie et les grands charcutiers de Cincinnati lui baisèrent la main. Les Canadiens composèrent à sa louange un chant national(!) dont je me contenterai de détacher une strophe, qui donnera une idée du reste :

> Dorant l'horizon vermeil,
> Qui de ses doux reflets s'inonde,
> Quelle est l'étoile blonde
> Qui comme le soleil
> Ramène autour du monde
> Son éclat sans pareil ?

REFRAIN

La France est là! (*bis*)
Acclamons-la. (*bis*)
Vive Sarah! (*bis*)
Hourrah! (*bis*)

La voilà! La voilà! La voilà!
La grande et sublime Sarah!
Français, la France est là.
Acclamons-la, acclamons-la,
Et chaque écho nous répondra
Hourrah!

O muse des jours nouveaux,
A ton charme qui se dérobe
A tous les points du globe
S'effacent tes rivaux;
Le bruit seul de ta robe
Soulève les bravos!

Cependant elle n'avait pas oublié Paris, et brûlait du désir de revenir s'y fixer. Mais elle y voulait rentrer en conquérante, et non en vassale. Il ne lui plaisait pas de reprendre son rang dans la troupe de la Comédie-Française. Elle entendait ne relever de personne que d'elle-même — et de Dieu! Elle acheta la salle de la Renaissance, une salle moyenne, ni trop grande ni trop petite, jolie et féminine d'aspect. C'est aujourd'hui son royaume. Elle y a son trône, ses courtisans, ses sujets. Elle y rend la justice. Ses moindres désirs sont des lois devant lesquelles on s'incline. On l'aime et on la redoute. Elle est tout à la fois bonne et emportée, généreuse et vindicative. Elle est femme, quoiqu'elle ait l'énergie et le courage d'un homme. Et c'est par là qu'elle est vraiment unique et incomparable. D'autres qu'elle ont joué *Phèdre* et *la Dame aux Camélias* et y ont révélé de grands talents. Nulle n'a possédé à ce degré le don de créer la vie, l'esprit d'audace, l'amour agissant et fervent de l'art. Et, tout en se livrant à ces travaux excessifs, elle a conservé son charme. Elle ne s'est pas virilisée. Cela est fort remarquable. A voir ce labeur énorme, cette fièvre de mouvement, cette perpétuelle agitation, on songe à une autre impératrice, qui fut une impératrice pour tout de bon, à la grande Catherine. En vérité, Mme Sarah Bernhardt serait de taille à gouverner la Russie. Elle est plus heureuse de n'avoir à gouverner que la Renaissance. Elle n'a pas à redouter les révolutions; et elle ne peut pas envoyer en Sibérie les gens qui ont le malheur de l'offenser! En somme, Mme Sarah Bernhardt a goûté les plus vives jouissances qu'il soit donné à une créature humaine d'éprouver. Mieux favorisée que Rachel, sa glorieuse devancière, là où celle-ci s'était brûlé les ailes, elle a bâti l'édifice de sa fortune et de sa réputation. Rien ne lui manque. Elle a accompli sa destinée... Gageons pourtant que si Mme Sarah Bernhardt écrit ses Mémoires (et elle les écrira!), elle osera s'y plaindre des rigueurs de la critique!

M. ANDRÉ ANTOINE

C'est une histoire fort pittoresque que celle d'André Antoine, et qui mérite d'être contée; elle est liée au mouvement littéraire le plus original de cette fin de siècle; elle témoigne d'une ténacité, d'un courage, d'une énergie remarquables. L'homme qui parvint avec ses seules ressources, qui étaient très médiocres, à fonder une œuvre, à secouer l'opinion publique, à créer un mouvement d'idées dont l'influence n'est pas éteinte, à donner l'essor à une génération de dramaturges et de comédiens, celui-là, quels que soient ses défauts, mérite d'être honoré. Il eut le goût de son art, il eut la foi qui soulève les montagnes.

Il naquit à Limoges d'une famille très humble : d'une mère servante et d'un père cordonnier. Après avoir reçu à l'école primaire quelques éléments d'instruction, il s'en vint à Paris chercher les moyens de vivre. Il eût voulu achever ses études, mais, faute de ressources, il dut entrer chez un agent d'affaires de la rue des Bons-Enfants. Il y apprit à frotter le parquet, à astiquer les plaques de cuivre (*recouvrements-contentieux*) et à flâner le long des rues, en colportant des feuilles de papier timbré. Il s'arrêtait de préférence devant les affiches de spectacle et rêvait d'être assez riche, un jour, pour se payer un fauteuil d'orchestre à la Comédie-Française. Il confiait ses aspirations et ses regrets à un gamin de son âge appelé Wisteaux, dont il avait fait la connaissance chez un commerçant du voisinage, et qui devait plus tard se faire connaître sous le nom de Mévisto. « — Veux-tu venir au Théâtre-Français? lui dit Wisteaux. — Mais je n'ai pas le sou! s'écria Antoine. — Il ne s'agit pas de donner de l'argent, mais d'en gagner. — Comment cela? — On a besoin de deux figurants pour la première de *Jean Dacier*; je connais le régisseur; nous allons nous présenter. — Tu crois qu'on nous prendra? — Pourquoi non? Nous ne sommes pas plus mal tournés que les autres. — Et nous verrons Coquelin? — Non seulement nous le verrons, mais nous pourrons lui parler. » C'est ainsi qu'Antoine fut admis à débuter chez Molière. Il n'en fallait pas tant pour éveiller sa vocation. Elle fut pendant longtemps contrariée. Il échoua au Conservatoire; il dût partir pendant cinq ans sous les drapeaux, et se montra soldat modèle — à tel point que le général Deffis et le général Philibert le choisirent comme secrétaire. A son retour, il entra chez Firmin-Didot, et à la Compagnie du gaz, où il devint commis, aux appointements de 150 francs par mois. Il ne songeait plus au théâtre, ses idées avaient pris un autre cours : il comptait suivre honnêtement la filière administrative et conquérir, au bout de beaucoup d'années, le rond de cuir de chef de bureau, et terminer sa vie dans une maisonnette à volets verts, en pêchant à la ligne le long de la Marne. Mais, certain soir, quelques camarades l'amenèrent dans un Cercle d'amateurs, le *Cercle Gaulois*, composé de jeunes gens qui s'amusaient à jouer la comédie... Antoine reçut le coup de foudre. C'en était fait de sa destinée.

Le *Cercle Gaulois* donnait ses représentations dans un édicule en planches, qui s'intitulait pompeusement Théâtre de l'Élysée des beaux-arts. Il montait de vieilles pièces de Labiche et d'Alexandre Dumas. « — Pourquoi ne cherchons-nous pas des œuvres nouvelles? demanda Antoine à ses compagnons. — Dame! Si vous en connaissez! »... Il se mit en campagne. Il se fit présenter à Paul Alexis, à Émile Bergerat, à Léon Hennique, à Théodore de Banville; son enthousiasme les séduisit; ils promirent leur concours. Antoine arrêta le programme de la première séance, qui comprenait : *la Cocarde*, par Jules Vidal; *Un Préfet*, par Arthur Byl; *Mademoiselle Pomme*, par Paul Alexis, et *Jacques Damour*, par Léon Hennique, d'après Émile Zola. Antoine avait choisi la date du 31 mars 1887, le dernier jour du mois, car il comptait user de ses appointements pour payer la location de la salle. Il avait envoyé des invitations à tout ce que Paris compte de gloires. Très peu d'hommes illustres répondirent à son appel. La critique était représentée par Henry Fouquier, Lapommeraye et Maurice Drack. Par une noire malchance, Francisque Sarcey se trouvait à Bruxelles, et ne put assister à cette inauguration. Avant le lever du rideau, Antoine décida que le *Cercle Gaulois* changerait son titre et s'appellerait désormais le *Théâtre en Liberté*. Dans ce berceau naquit le Théâtre-Libre, dont les destinées devaient être si bruyantes....

Ce fut une étrange soirée que cette soirée de début. Rien n'était prêt; il semblait qu'un mauvais sort voulût faire sombrer la tentative dans le ridicule. Un jeune élève du Conservatoire, M. Burguet, est chargé de dire le prologue d'ouverture; il se trouble, balbutie et reste bouche bée devant l'auditoire, qui commence à ricaner. Antoine découvre au dernier moment qu'on a oublié d'installer sur la scène un fauteuil, — accessoire essentiel. Il court chez un brocanteur du boulevard de Clichy, loue pour deux francs un horrible siège recouvert de reps bleu et l'apporte lui-même sur la tête, en courant à perdre haleine. Enfin, tant bien que mal, la représentation s'achève. Le public, d'abord gouailleur, se laisse prendre à la flamme de ces artistes improvisés. *Jacques Damour* obtient un succès de larmes. M. Porel, qui avait refusé la pièce, la redemande. Et le surlendemain, Émile Bergerat annonce aux lecteurs du *Figaro* la fondation de ce théâtre, qu'il baptise, d'ores et déjà, le *Petit Odéon*. Antoine contractait envers le chroniqueur-poète une dette de reconnaissance dont il s'acquitta plus tard en donnant l'hospitalité au *Capitaine Fracasse*.

Je ne suivrai pas tous les errements du Théâtre-Libre. Ceci m'entraînerait trop loin. On sait l'importance considérable qu'il a prise. Pendant cinq ou six ans, il a été le foyer où s'est renouvelée notre littérature dramatique. Il a produit peu d'ouvrages parfaits; il en a peu révélé d'indifférents. Réellement, les auteurs, qu'il a groupés, avaient à dire quelque chose de nouveau; leurs paroles ne ressemblaient pas exactement à celles que nous avions coutume d'entendre. Ils avaient une autre façon de concevoir la vie, d'exprimer leurs idées et leurs sentiments. Cette amertume dans l'observation, cette brutalité qui allait jusqu'au cynisme, secouèrent violemment le public. Il n'en fut pas rebuté. Il y goûta même du plaisir; et sans doute, dans ses applaudissements, il entrait bien un certain parti pris d'engouement et de paradoxe. Ces spectateurs, qui appartenaient aux classes privilégiées de la société, éprouvaient une joie délicieuse à voir bafouer leurs préjugés les plus chers, à écouter des doctrines subversives que, partout ailleurs, ils eussent repoussées avec la plus véhémente indignation. Enfin, l'extrême vivacité des peintures qu'on leur servait chatouillait leurs sens blasés et excitait en eux des curiosités malaisées à définir. Mais cela n'eût pas suffi à expliquer la vogue prolongée du

Théâtre-Libre. S'il a duré, s'il a laissé une empreinte, c'est qu'il répondait à un besoin réel, et non pas factice ; si M. Antoine a réussi dans son entreprise, c'est qu'il arrivait à l'heure exacte où il pouvait être utile... Il y a des moments, en art comme en histoire, où l'on attend l'avènement d'un Messie. Vers 1887, le théâtre languissait et se traînait péniblement dans les ornières du drame et du vaudeville. Les maîtres s'étaient retirés. Émile Augier n'écrivait plus ; Alexandre Dumas avait déposé la plume après le triomphe de *Francillon* ; Eug. Labiche moissonnait ses blés en Sologne ; Édouard Pailleron continuait de palper les droits du *Monde où l'on s'ennuie*. Et c'était tout. Les scènes de genre étaient exploitées par un syndicat d'auteurs dramatiques de troisième ordre, affiliés à quelques grands journaux parisiens et qui, en bons commerçants, faisaient le vide autour d'eux et éloignaient la concurrence... Toute pièce qui n'était pas signée Albert Millaud ou Jules Prével, ou Gondinet, ou W. Busnach, ou Albert Wolff, ne pouvait espérer franchir le seuil des Variétés, du Palais-Royal, ou du Gymnase. Les manuscrits s'empilaient contre ces portes fermées. Lorsque Antoine parut et s'écria : « Place aux jeunes ! » un immense cri d'allégresse et de reconnaissance monta vers lui. D'autre part, les deux ou trois mille dilettantes qui font et défont à Paris les réputations et qui étaient un peu fatigués de voir Gaston s'unir invariablement à Caroline au dernier acte des comédies se jetèrent avec gourmandise, vers ce répertoire qui leur procurait des impressions singulières. Le directeur du Théâtre-Libre sut tirer parti de ce double « état d'âme » ; il tint en haleine la curiosité de son public : il lui révéla les œuvres les plus célèbres des littératures étrangères ; il contribua à développer le *tolstoïsme*, il fournit à l'*ibsénisme* l'occasion de naître. On était sûr de trouver chez lui de l'inédit. Il en donnait tout au moins l'illusion. On a souvent raillé les singularités de sa mise en scène, son affectation à jouer le dos à la rampe : c'était, de sa part, le dernier mot de l'habileté ou, si vous aimez mieux, de la *roublardise*. En prenant résolument le contre-pied de ce qui se faisait ailleurs, il avait l'air de faire autre chose. Et ce fut le génie de M. Antoine de pénétrer le snobisme contemporain et de le faire servir au progrès des lettres.

LES COQUELINS

C'est une dynastie...

Les Coquelins ont pour eux la gloire; ils ont aussi l'argent; ils sont mieux dotés et mieux rentés que ne le furent les Talma, les Lekain, et Poquelin lui-même, — leur maître. Mais, en plus de ces avantages, ils possèdent ce que n'avaient leurs prédécesseurs : ils sont entourés de la considération publique. M. Coquelin aîné et M. Coquelin cadet comptent parmi les plus importants citoyens de ce pays.

S. M. Coquelin aîné fût demeuré tranquillement au Théâtre-Français, il serait aujourd'hui doyen de la maison, professeur au Conservatoire et décoré; — c'est-à-dire qu'il occuperait un des échelons les plus élevés de la hiérarchie sociale. Il a mieux aimé recouvrer son indépendance et devenir, à l'exemple de sa camarade Mme Sarah Bernhardt, un artiste cosmopolite. S'imagine-t-on ce qu'est au juste l'existence d'une étoile (mâle ou femelle) en tournée? Quelques

livres ont paru, qui nous renseignent sur ce chapitre.
Et nous avons, par ailleurs, les confidences plus ou
moins véridiques des intéressés qui achèvent
d'éclairer notre religion. Ce serait, pour un psychologue, un incomparable sujet d'étude et une mine
inépuisable d'observations, que de tenir avec exactitude le journal d'un de ces voyages. Il y verrait
s'épanouir dans toute leur force la vanité, l'ostenta-
tion, la jalousie et quelques autres passions qui
appartiennent à l'humanité et qui se concentrent
avec une force particulière, chez le comédien. Il y verrait, par contre, briller des qualités remarquables :
l'énergie, l'activité, l'endurance à la fatigue, l'entrain,
la présence d'esprit, qui font que M. Coquelin, quand
il circule autour du monde, ressemble à un général
d'armée menant ses troupes à la bataille. Il lui faut
penser à tout et veiller sur tout. L'imprésario qui
l'accompagne et qui est pécuniairement responsable
de l'expédition, s'occupe du détail. Mais la direction
et l'orientation incombent au capitaine. C'est à ce
dernier qu'on s'en prend au cas de non-réussite; c'est
lui que l'on exalte après la victoire. Il est sans cesse
en représentation et non pas seulement lorsqu'il
joue son rôle. Dès que sa présence est signalée dans
une ville, il est assailli par le flot des gazetiers; il est
obligé de répondre à leurs fiévreuses interrogations
et de peser ses paroles, qui vont être imprimées et
commentées; s'il a le goût de la politique, il peut
dire son mot sur les affaires courantes, sur la question

d'Orient, toujours pendante, ou sur le panslavisme ou sur l'expansion coloniale. Il ne saurait circuler dans les rues sans apercevoir le long des murs son image coloriée et enjolivée de flatteuses épithètes ; il saisit les murmures dont on salue son passage. Il arrive même, chez de certains peuples, où l'admiration revêt une forme démonstrative, que les spectateurs détellent sa voiture et le portent en triomphe jusqu'en son hôtel. Ce suprême hommage est plus ordinairement dévolu aux femmes qu'aux hommes.

Enfin, il est des moments critiques où l'Étoile incarne, aux yeux des étrangers, l'âme de la patrie absente. Elle met son amour-propre à ne pas être inférieure à ce grand devoir. On me citait, à ce propos, un trait caractéristique qu'il serait fâcheux de laisser perdre. Il y a quelques années, le bruit se répandit à Munich de la prochaine arrivée de M. Coquelin aîné. Ce fut un émoi dans la ville. La colonie française résolut de l'accueillir chaudement et de se trouver au premier rang, le jour de ses débuts, pour l'acclamer. Par malheur, la température était, en cette saison, caniculaire, et, comme on avait triplé le prix des places, M. Coquelin fut obligé de jouer *les Précieuses ridicules* devant une salle qui n'était qu'à demi pleine. Il exhala son mécontentement, qu'une gazette locale s'empressa d'enregistrer, en y joignant des réflexions aigres-douces. La feuille teutonne s'étonnait lourdement que l'on n'eût pas jeté sur la scène une couronne tricolore aux armes de l'Alsace et de la Lorraine. Les étudiants français de Munich ne lurent pas sans dépit cette diatribe, et ils résolurent de se conformer à ce conseil ironique. Leurs cervelles s'échauffèrent. Ah ! l'on portait un défi à leurs sentiments chauvins ! Immédiatement, ils se cotisèrent ; ils achetèrent un superbe bouquet qu'ils enveloppèrent dans un immense ruban bleu-blanc-rouge, et, le lendemain, à l'heure du spectacle, ils l'allèrent porter au concierge du théâtre, qui s'engagea, moyennant une honnête récompense, à le déposer entre les mains de M. Coquelin après le troisième acte du *Gendre de M. Poirier*. Dès que le rideau se lèverait pour le rappel, il remettrait son trophée à l'artiste, devant le « Tout-Munich des premières » et devant la presse munichoise au grand complet. Ce plan bien arrêté, nos conjurés regagnèrent leurs fauteuils. L'avouerai-je ? Ils avaient le cœur serré. Si le public prenait de travers cette manifestation ? Si seulement un coup de sifflet s'élevait du parterre ? Si nos chères couleurs étaient insultées ? Quelle émotion et quelle responsabilité !...

Le moment solennel arrive. Le troisième acte s'achève... La toile tombe... Applaudissements... Elle se relève... Coquelin s'avance et salue... Une porte s'ouvre... (Oh ! que nos petits Français étaient troublés !)... Le portier apparaît, chargé du fameux bouquet ; et, derrière le portier, traînant jusqu'à terre, le large ruban, semblable à un drapeau déployé, avec un large nœud de velours noir... Coquelin saisit les fleurs, les presse sur sa poitrine. Et alors, se sont des ovations sans fin, des cris, des trépignements. Ajoutons que la presse munichoise prit galamment son parti de l'incident et couvrit de louanges le comédien patriote. Concevez-vous les sensations qu'il dut éprouver en cette occasion, et dans vingt autres semblables? Les artistes qui arrivent à ce degré où l'on peut dire que leur renommée est universelle ont des jouissances infiniment vives. Ils ne peuvent se résoudre à y renoncer, quand une fois ils les ont goûtées... L'existence qu'ils mènent à Paris, y fussent-ils royalement traités, leur paraît fade et monotone. Ils ont besoin de changer d'atmosphère, de contempler d'autres horizons. Le mal de mer ne leur déplaît pas; ils y découvrent un élément de pittoresque. Et leur joie la plus raffinée est de faire applaudir les vers de Racine par des nègres qui n'entendent pas le français. C'est ce qu'ils appellent travailler « à la diffusion de notre littérature ». Telles sont les voluptés que M. Coquelin aîné a savourées. Il a été le Napoléon de ces tournées théâtrales dont Mme Sarah Bernhard est la Sémiramis et Mme Réjane la Cléopâtre. Un jugement le condamne à reprendre sa place dans les rangs de la Comédie-Française. Autant lui proposer l'exil sur le rocher de Sainte-Hélène. Il ne reviendra chez Molière que pour y mourir — le jour où ses nerfs ne pourront plus endurer la trépidation de l'express-européen.

... M. Coquelin cadet a connu, lui aussi, la douceur des triomphes exotiques. Mais il en a usé avec prudence et discrétion. Sa vie est un modèle de sagesse. Lorsqu'il entra au théâtre, son frère y était déjà célèbre... Tandis que Constant Coquelin déclamait devant la bourgeoisie boulonnaise les tirades de Victor Hugo, ce cher Cadet, petit mitron vêtu d'hermine, trimballait dans sa manne le baba de Mme la Colonelle et le vol-au-vent de M. le Receveur des contributions... Il se décida, malgré l'oposition de son père, qui préférait la pâtisserie, à embrasser la carrière dramatique. Il y avança péniblement et n'y remporta pas de victoires immédiates; il se tint dans la pénombre, gêné par le truculent voisinage de son frère, qu'il aimait, du reste, tendrement, car aucune rivalité de métier n'altéra jamais leur affection réciproque. Il eut médiocrement à se louer de M. Émile Perrin, qui le confinait, de parti pris, dans les silhouettes, dans les seconds rôles, où il était incomparable. Et, peu à peu, sa personnalité se dégagea.

On s'amusa à comparer les deux Coquelin et l'on finit par les traiter avec la même faveur. L'un avait le rire en large et l'autre le rire en long. Coquelin aîné était l'homme de Molière, de Regnard, le valet effronté, au nez court, aux grosses lèvres, à la voix impudente et claironnante. Coquelin cadet avait le comique anglais, étrange et flegmatique. Avec de la gymnastique, il eût fait un clown délicieux. Le monologue, qu'il éleva à la hauteur d'une institution nationale, consacra sa popularité et faillit consommer sa perte. Pendant dix ans, M. Cadet fut l'incarnation de ce fléau, qui sévit sur toutes les maisons de France, sur les palais et sur les chaumières. Il était le premier monologuiste du monde, mais ce n'était qu'un monologuiste. Il se dégagea, Dieu merci, de cette ornière; et, ne pouvant décider son frère à demeurer au bercail, il se résigna à l'y remplacer et à prendre possession de son emploi. Il y fait aujourd'hui grande figure. Son jeu et sa diction ont acquis de l'ampleur. Il a toujours l'oreille des foules. Dès qu'il entre en scène, un frémissement d'allégresse court de l'orchestre aux loges. Mais s'il continue d'exciter la joie, il se mêle à ce sentiment une nuance, non pas de vénération — ce serait aller trop loin, — mais d'estime pour la dignité de sa vie et la persévérance de son labeur... Bref, on sait que M. Cadet, chevalier de la Légion d'honneur, sociétaire à part entière, membre du comité est digne, par ses vertus, non moins que par ses talents, de servir d'exemple à la jeunesse...

Ainsi, en suivant des voies différentes, les fils du boulanger de Boulogne sont parvenus à la fortune. L'aîné, conquérant intrépide, monte à l'assaut de la toison d'or, le cadet, plus modéré dans son ambition, ne gagne tous les ans que cent mille livres de rente.

Que nous voilà loin de Ragotin et des héros besogneux du *Roman comique*! MM. Coquelin frères n'ont rien de commun avec ces faméliques personnages. Ils ne leur ressemblent que par un côté, qui suffirait à les rendre sympathiques : ils sentent le charme des beaux vers, et s'honorent de vivre dans la familiarité des poètes.

M. FRÉDÉRIC FEBVRE LITTÉRATEUR

M. Frédéric Febvre, ex-vice-doyen de la Comédie-Française (tel est le titre officiel qu'il s'attribue), consacre aux belles-lettres les loisirs que lui a faits sa retraite. Il est encore dans la force de l'âge ; il a des trésors d'énergie à dépenser ; il court le monde et, pour se reposer, entre deux voyages, il rédige une page de mémoires ou, s'abandonnant aux caprices de son imagination, il trousse un proverbe de salon et compose des contes et des nouvelles. Or, M. Frédéric Febvre n'est pas un écrivain de profession. Il a mené une vie très laborieuse, tout entière consacrée aux multiples devoirs de son métier. Si j'en crois ses biographes, il monta sur les planches dès l'âge le plus tendre, n'ayant pas achevé ses humanités ; il débuta dans des théâtres infimes, roula la province, mangea, comme on dit, de la vache enragée, et conquit ses galons à la force du poignet. C'est un enfant de la balle qui, avant d'entrer chez Molière, passa par mille vicissitudes. Comme il avait du talent, un grand désir d'arriver, un physique avantageux, on ne tarda pas à l'apprécier. Il devint le jeune premier à la mode; on imita ses cravates et la coupe élégante de ses vestons; les auteurs célèbres se le disputèrent. Il acquit, peu à peu, ce mystérieux prestige qu'on nomme l'*autorité* et qui en impose aux foules; puis l'âge venant, il quitta les amoureux pour incarner les rôles à caractères, les traîtres de haute allure (Don Salluste, de *Ruy Blas*), les généraux, les amiraux. En cet emploi, il fut incomparable. A le voir sur la scène, ses cheveux blancs en brosse, sa rude moustache, sa mine décidée, à écouter cette voix brève, habituée au commandement, l'illusion était complète. M. Febvre semblait avoir derrière lui vingt campagnes et autant de blessures; il était superbe, il était plus beau que nature. Et, à force de jouer les soldats et les seigneurs, il en avait gardé quelque chose; son existence intime était comme dorée par un reflet de ses personnages; il conservait dans le monde et dans la rue une raideur, une correction hautaine qui sentait d'une lieue son gentilhomme. Il n'aimait pas la canaille; il fréquentait de préférence parmi les gens de *la haute*. Ajoutons que ceux-ci lui témoignaient un empressement flatteur. Ce n'est un secret pour personne que le prince de Galles lui fit cadeau de plusieurs cannes, incrustées de diamants, et daigna, un jour, s'appuyer sur son bras pour descendre l'avenue des Champs-Élysées. D'autre part,

Mme la duchesse d'Uzès lui offrit plusieurs fois l'hospitalité en l'un de ses châteaux, et recourut à son expérience pour organiser des représentations de charité. M. Febvre, chevalier de la Légion d'honneur, vice-doyen du Théâtre-Français, interprète favori d'Alexandre Dumas fils, confident d'un prince héritier, commensal d'une duchesse, put légitimement se croire devenu le roi des comédiens et le comédien des rois. Et quand, arrivé au point culminant de sa carrière, il jetait un regard sur l'humilité de ses débuts et la comparaît à l'épanouissement actuel de sa gloire, il devait éprouver le sentiment de l'Empereur se rappelant — tandis qu'on le couronnait à Notre-Dame — qu'il avait été lieutenant d'artillerie... M. Frédéric Febvre n'est donc pas un homme vulgaire ; il a connu, en leurs extrémités, la bonne et la mauvaise fortune. Et puisqu'il se mêle d'écrire, nous devons fatalement retrouver dans ses ouvrages un reflet de son âme. Ils ne sauraient ressembler aux productions d'un littérateur quelconque. Il y a certainement en eux des traits par où se trahit le pli professionnel de l'auteur. En lisant un chapitre de M. Frédéric Febvre, on doit, à des signes certains, reconnaître qu'il a été pensé et rédigé par M. Frédéric Febvre, c'est-à-dire par un acteur riche, considéré, décoré, modéré, appartenant aux classes dirigeantes, gonflé d'aspirations aristocratiques, fier d'étaler ses brillantes relations, remarquablement intelligent et imprégné du suc de sept ou huit cents pièces de théâtre.... Je convie le lecteur à cette petite vérification psychologique.

Le principal ouvrage littéraire de M. Febvre est intitulé l'*Héritage de M*^{me} *Naudin*. Ouvrons-le à la table des matières. Nous y trouverons une première indication. Sur les neuf nouvelles dont se compose le volume, quatre portent des titres significatifs : *Rien sans Dieu! Tante Marie, Sœur Marthe, Cœur français.* Quoique ces mots n'aient par eux-mêmes qu'une signification vague, il s'en exhale je ne sais quoi d'ému et d'édifiant; l'auteur est bon chrétien et bon Français : cela est de toute évidence. Si nous tournons les feuillets, nous voyons que chaque conte est dédié à des personnalités illustres : à Henri Meilhac, à Jules Claretie, à Alexandre Dumas, à Mme la baronne de Rothschild. Mais il n'y a rien là qui puisse nous offusquer, M. Frédéric Febvre ayant le droit, ainsi que les poètes lyriques, de faire hommage à qui bon lui semble de ses productions... C'est dans ces productions mêmes, dans l'esprit qui les pénètre, qu'il faut aller puiser des renseignements; et, pour ne pas étendre outre mesure mon champ d'expérience, je prendrai, comme type, un des récits notés plus haut : *Rien sans Dieu!* Il nous suggérera des observations qui s'appliqueront à tous les autres.

M. Febvre nous transporte au temps de la guerre, de cette terrible guerre de 1870 (je cite ses propres termes) « qui enveloppe encore d'un long voile de deuil les armes de nos soldats »... Dans une tranchée, un soir de bataille, deux blessés sont étendus, deux frères d'armes, un lieutenant, un simple troupier. Le lieutenant se meurt de soif; son compagnon saisit une gourde à demi pleine qu'il arrache à la ceinture d'un ennemi mort, et lui fait avaler une gorgée de rhum. Les deux hommes, appuyés l'un sur l'autre, gagnent péniblement une maison voisine qui se trouve être un couvent. Ils y sont merveilleusement soignés. Le lieutenant subit l'amputation du bras et succombe après quelques jours d'agonie; le soldat, plus robuste, guérit; il s'en va, le cœur pénétré de reconnaissance, et porte un dernier adieu à la fiancée du pauvre officier... Cette anecdote, sèchement résumée, est la banalité même. Vous allez voir ce qu'elle devient grâce à d'ingénieuses amplifications. D'abord le lieutenant appartient à une noble famille; il se nomme Georges de Blagny; il doit prochainement épouser Mlle Hélène de Seilhac; et cette jeune fille habite avec la comtesse de Coudray, près de Nantes, aux confins de la Bretagne. Le petit troupier qui l'accompagne est son frère de lait, il se nomme Lazare. Il lui est dévoué comme un caniche, mais il ne partage pas ses opinions, il est anticatholique, il n'aime pas les curés... D'où un contraste éminemment dramatique entre les deux hommes. Ils pénètrent au couvent. Georges, brisé de fatigue, s'appuie au bras d'une religieuse. Et l'imagination de M. Febvre évoque une image grandiose : « On eût dit le Courage s'appuyant sur la Foi »... Cependant le lieutenant

songe à sa mère, à sa fiancée, il demande à la sœur
Marie-Louise de leur écrire, puisqu'il ne peut plus
s'acquitter de ce devoir. Il rompt les engagements
qui le liaient à Hélène, ne voulant pas qu'elle sacrifie
sa jeunesse à un époux infirme et mutilé, et il lui
renouvelle l'expression de son inaltérable tendresse.
Marie-Louise rougit à l'idée d'écrire une lettre
d'amour, mais elle se rappelle qu'elle aima jadis et
fut aimée, avant d'entrer dans les ordres, et une
larme d'attendrissement lui vient aux paupières...
La réponse d'Hélène arrive et elle est telle qu'on la
pouvait pressentir, venant d'une jeune personne parfaitement élevée et appartenant à la plus haute
lignée. Mlle Hélène est suffisamment émue — pas
trop, — elle exprime sa ferme résolution de se
dévouer à celui qui a « payé de son sang la dette
sacrée à la patrie ». Elle n'oublie pas, en finissant,
d'envoyer une « modeste offrande » à la supérieure
du couvent; et elle souhaite que Lazare, dont l'im-
piété l'a si souvent attristée, s'amende au contact
de cette sainte demeure... La prière d'Hélène est
entendue. Les yeux de Lazare se dessillent. Il se
confesse, il demande à communier, et un autre sentiment se glisse en son sein ; la bonne grâce, la douceur de Marie-Louise lui ont inspiré un profond
amour. Lazare cache ce secret à tout le monde; il
n'ose se l'avouer à lui-même. Et après la mort de son
lieutenant, il entre comme novice chez les moines de
Saint-Julien-du-Bois, emportant une chère relique,

la médaille que Marie-Louise lui a donnée. Ajoutons que la mère de Georges n'a pu survivre à tant de secousses, elle est morte *à l'heure même* où mourait son fils... « *Leurs âmes*, ajoute M. Febvre, *allaient au-devant l'une de l'autre.* »

Admirez l'arrangement de cette narration, comme tout y est théâtral et artificiel. Les personnages qu'elle met en scène ne donnent pas l'impression d'être des hommes éprouvant des sentiments simples et forts; ce sont des silhouettes de comédie. On les croirait éclairés, en dessous, par la lumière de la rampe. Ils éveillent de confuses réminiscences. Nous connaissons cet incrédule converti, pour l'avoir aperçu dans les vaudevilles de l'ancien Gymnase. « Le lieutenant blessé et sa fiancée » ont traîné dans les romans-feuilletons au rez-de-chaussée des gazettes populaires; quant à la sœur ambulancière, tous les peintres, depuis vingt ans, nous ont montré son front angélique et ses yeux bleus. Pas une ombre sur ces figures, pas une ride. Elles sont toutes idéales, exquises, confites en vertus. Elles ne vivent point, hélas! elles sont figées en des attitudes qui semblent appeler l'objectif du photographe. Le récit pourrait se diviser en tableaux comme une pièce bien faite et chacun de ces tableaux trahit l'expérience d'un habile régisseur. *Premier tableau* : Après la bataille. (Lazare verse entre les lèvres de son chef quelques gouttes de cordial.) *Second tableau* : Le courage et la foi. (Le lieutenant s'avance, soutenu par la religieuse, et lui jette un regard de reconnaissance.) *Troisième tableau* : La lettre... (Sœur Marie-Louise, assise près du lit du moribond, écrit à sa fiancée. Charmante expression de physionomie, l'embarras se mêlant à la pudeur), etc., etc. Je crois inutile de poursuivre. Vous voyez comment une histoire qui, sous la plume de Guy de Maupassant, eût pu être poignante (il en a écrit d'aussi banales et qui arrachent des larmes), arrive à perdre tout caractère d'humanité. M. Febvre a trop appris de phrases de mélodrames, il a trop vécu dans l'atmosphère des planches. Trop de *poncifs* hantent sa mémoire.

Ne croyez pas que j'aie choisi à dessein sa plus médiocre nouvelle pour en tirer d'affligeantes déductions. Je pourrais noter, un peu partout, dans le volume, des traits semblables... M. Febvre n'est pas un conteur ennuyeux et gauche. Il est plutôt trop adroit; il arrange, il prépare, il tire de longueur ses « effets »; il enjolive l'émotion, ce qui équivaut à l'abolir. Il superpose les mots d'auteur aux mots de nature. Par exemple, il conte l'aventure d'une malheureuse paysanne qui a perdu ses trois fils à la bataille et qui vient exposer ses doléances au général. Que dit cette pauvre vieille ? Elle pleure ? Elle pousse des cris inarticulés ? Elle s'emporte contre les horreurs de la guerre ?... Vous n'y êtes point... Elle s'écrie (sur le ton de Mme Marie Laurent dans les *Erynnies*) : « Ce qui est affreux, c'est de penser que je n'ai plus d'enfants à donner à la patrie ! »... Ces choses se débitent en alexandrins dans les tragédies de Corneille. Encore le vieux poète, qui connaissait le cœur humain, a-t-il soin d'opposer les furieux regrets de Camille à la barbarie d'Horace. En réalité, une paysanne ne parle pas en ces termes de la Patrie qui lui a pris ce qu'elle avait de plus cher. C'est là un mot de théâtre, auquel succède un geste de théâtre. En effet, le général, enthousiasmé par ce langage héroïque, donne l'ordre de battre au champ, fait ranger les troupes devant son logis, offre le bras à la paysanne et paraît avec elle sur le seuil, criant : Portez armes! présentez armes!... Voyez-vous, dans ce rôle, M. Frédéric Febvre, se redressant, cambrant la taille, s'avançant à la cantonade et montrant aux soldats enthousiasmés sa camarade, Mme Pauline Granger, déguisée en vieille ramasseuse de fagots... Quelle scène! Et quel succès!

Dans la langue même de M. Frédéric Febvre nous discernons l'influence d'un demi-siècle de tripatouillage dramatique. Des phrases de mélo se glissent sous sa plume, sans qu'il en ait conscience : « Comme on est heureux dans ce petit coin où Dieu, tout en les bénissant, permettait que la mort les oubliât »... Et çà et là nous notons des manières de voir, de sentir, des préférences et des habitudes spéciales aux comédiens. M. Frédéric Febvre, comme tous ceux qui en ont été longtemps privés, adore la campagne, et il l'aime d'un amour immodéré; il y a, du moins, quelque emphase dans la façon dont il définit cet engouement : « Les nerfs sont calmés, on se recueille, on se reprend à vivre d'une vie nouvelle, la *vraie*, la *seule*. » La *seule*... Ce qui n'empêche qu'au bout d'un mois de retraite le comédien le plus campagnard s'ennuie, et brûle de reparaître aux chandelles! D'autre part, M. Frédéric Febvre s'est si souvent insinué dans la peau des vieux généraux et des gentilshommes à particules qu'il en arrive à penser et à parler comme eux. L'armée lui inspire une vénération sans bornes. Il ne se sent pas d'aise, quand le hasard, ou la prévoyance, ou la malice d'une maîtresse de maison le place auprès d'un officier supérieur... Il l'interroge avidement, il couche dévotement par écrit ce qu'il en obtient. Mais jugez de sa joie quand cet officier supérieur est en même temps un grand seigneur, un *marquis*!... Et il s'oublie à prendre des airs de marquis, il traite avec une commisération non dépourvue de morgue, les humbles, les deshérités. Il prête à un de ces personnages cette surprenante réflexion : « La douleur d'un restaurateur n'est pas aussi touchante que celle d'un artiste. » Tout cela sent l'apprêt, le mot répété devant la glace, la pirouette étudiée, la patte de lièvre, la poudre de riz...

Lorsque M. Frédéric Febvre consent à être simple et sincère (il l'est quelquefois), il est charmant. Il réussit mieux dans l'anecdote que dans la longue nouvelle, — il la trousse comme pas un : vous en avez des exemples dans certains petits chapitres qui sont des modèles de bonne grâce. Il a, du reste, beaucoup d'esprit. Sa verve est intarissable et mordante... Les fureteurs du prochain siècle puiseront dans ses souvenirs des traits piquants, comme nous en cherchons aujourd'hui dans les *Mémoires* de Fleury.

Mᵐᵉ SEGOND-WEBER

Regardez-la, quand, dans *les Erinnyes*, elle descend les degrés du palais d'Agamemnon... Son corps mince et flexible ondule lentement sous ses voiles noirs ; elle avance tristement vers la tombe du héros ; son profil se détache sur l'horizon clair — profil admirable, d'une pureté, d'une fierté souveraines. Elle lève vers le ciel ses yeux noyés de mélancolie ; et, d'une voix profonde, dont les accents vous frappent au cœur, elle laisse échapper la divine plainte du poète :

> Femmes de la maison, douces à ma jeunesse,
> Conseillez mon cher cœur amèrement troublé.

Ce n'est pas une fille de théâtre, ce n'est pas une tragédienne qui marche devant nous, c'est une figure antique ressuscitée en pleine jeunesse ; c'est une statue toute palpitante de vie et de passion, c'est une évocation des siècles passés.

Et, maintenant, causez avec elle, si vous avez la bonne fortune de la rencontrer dans un cercle d'intimes ou dans un salon ami. Vous serez tout surpris de sa vivacité, de sa grâce, de la malice de ses paroles, de l'exubérance de ses gestes. Électre, Hermione ou Phèdre auront disparu et feront place à une petite Parisienne spirituelle, intelligente et écervelée, descendue de Belleville dès l'âge le plus tendre, et ayant gardé dans l'allure, dans l'accent, dans la façon d'être un je ne sais quoi qui rappelle le faubourg. La métamorphose est complète. Cette voix, qui déclamait tout à l'heure des alexandrins, prend des inflexions gamines; ces grands yeux où luisait la flamme tragique vous dévisagent d'un air moqueur; ce corps qui portait noblement la tunique à longs plis s'agite et se trémousse avec drôlerie. Autant Mme Weber est belle à la scène, autant elle est jolie à la ville; elle est plus que jolie, elle est piquante; cette princesse de Racine vous a, par instants, des vivacités de grisette... Il faut l'entendre raconter ses débuts, l'histoire de son enfance, de ses premières misères, des luttes opiniâtres qu'elle dut soutenir pour suivre sa vocation. Elle naquit rue de la Roquette, elle fut élevée dans une obscure maison, entre sa mère et son grand-père. Elle avait froid l'hiver, elle avait faim quelquefois; l'argent était rare... L'enfant grandit ainsi au hasard, vivant au jour le jour, sans s'inquiéter de l'avenir... L'avenir? C'était pour elle un atelier de fleuriste ou une boutique de blanchisseuse, où elle travaillait dix heures par jour pour gagner un maigre salaire. En attendant l'âge de l'apprentissage, on l'envoya à l'école communale, rue des Taillandiers ; elle étonna ses professeurs par la précocité de son esprit, par la richesse de sa mémoire, par l'étrangeté de son regard et de sa physionomie. Ils donnaient à apprendre des fables, que les camarades de la petite Weber ânonnaient à qui mieux mieux ; mais elle, d'instinct, y mettait le ton, tâchait de pénétrer le sens du poème, variait ses intonations selon les personnages mis en scène, ne faisait pas parler l'agneau comme le loup, ne prêtait pas la même voix au renard et au corbeau. On remarqua cet effort ingénieux, on encouragea l'enfant, on lui fit des compliments. Sa jeune vanité s'éveilla, elle entrevit le moyen de briller, de s'élever au-dessus de sa condition. Elle ne songeait pas encore au théâtre, car elle ne savait guère ce que c'était ; elle se mit à travailler, uniquement pour mériter les louanges de ses maîtres.

Trois ans se passèrent. La petite Weber récitait supérieurement les vers ; elle était l'honneur de sa classe, et passait dans son quartier pour un phénomène d'intelligence. Sur ces entrefaites, la Ville organisa un concours de déclamation. Un prix de cent francs devait être décerné. L'école de la rue des Taillandiers envoya naturellement sa meilleure élève. Weber avait choisi comme morceau de concours *la Conscience* de Victor Hugo. Voyez-vous cette fillette de treize ans récitant *la Conscience*, s'appliquant à rouler des yeux terribles et lançant de sa voix grêle le vers farouche :

> L'œil était dans la tombe et regardait Caïn.

Elle eut le prix ; elle revint triomphante dans sa pauvre maison de la rue de la Roquette et y apporta un premier rayon de gloire. C'est alors qu'elle conçut l'espérance de devenir comédienne. En effet, son succès à l'Hôtel de Ville avait attiré l'attention sur elle ; on la recherchait, on lui offrait de réciter des poésies dans des matinées à bénéfice. La petite acceptait avec beaucoup d'émotion et de joie ces occasions de se produire en public ; et elle rentrait toute grisée de ce qu'elle avait vu, des costumes, des décors, des lumières ; son amour-propre d'enfant s'épanouissait sous les louanges dont on la comblait, et ce n'était jamais sans un serrement de cœur qu'elle regagnait, à la nuit tombante, les hauteurs de son faubourg. Que ce retour était triste ! Quelle mélancolie, quand il lui fallait quitter sa robe blanche — son unique robe des dimanches — et revêtir le pauvre costume de tous les jours, le corsage en alpaga usé au coude et le tablier d'indienne !... L'enfant demeurait pendant des heures songeuse, les yeux vagues, poursuivant un rêve, puis elle ouvrait un livre, le dévorait fiévreusement, s'emplissait la mémoire de vers et de prose, et s'en allait par les rues, ou plus loin sur les remparts, ou encore dans les allées solitaires du Père-Lachaise, et déclamait avec une ardeur désespérée ces pages qu'elle venait d'apprendre par cœur. Elle les criait aux nuages, aux oiseaux, aux petits chiens. Un jour, elle attrapa un malheureux toutou qui trottinait devant elle, le coucha sur ses genoux et lui débita d'une voix passionnée le premier acte d'*Esther*..... Peu à peu, dans son esprit, le désir d'entrer au théâtre, l'obsession de la scène prit l'intensité d'une idée fixe; on ne tarda pas à le remarquer autour d'elle, on s'en alarma. Sa mère opposa une résistance désespérée à cette impérieuse vocation. C'était une brave ouvrière pleine de bon sens et de préjugés, qui ne pouvait deviner le futur talent de sa fille et ne voyait dans la carrière dramatique que des dangers, des hontes.

« Tu seras blanchisseuse.

— Je serai tragédienne... »

Ce fut un point résolu. Weber comptait à peine seize ans; elle avait travaillé beaucoup, conquis son premier brevet, elle quitta l'école, courut le cachet, donna des leçons de grammaire; elle passait ses jours à trotter, ses nuits à apprendre et à réciter des vers classiques. Un an plus tard elle se présentait au Conservatoire, elle y était reçue, entrait, non dans la classe de M. Worms, ce qu'elle eût souhaité, mais dans celle de M. Got, qui l'effarouchait par ses brusqueries, et au concours de fin d'année elle remportait de haute lutte un premier prix. Ses qualités et ses défauts avaient frappé tout le monde, le jury, le public et les directeurs des théâtres subventionnés. M. Porel, entre autres, qui cherchait une tragédienne pour créer *les Jacobites*, de François Coppée, fut transporté de joie. Mlle Weber avait l'âge et le physique du rôle, une voix superbe et frémissante, des yeux ensorceleurs, qui par moments devenaient durs et sauvages. L'engagement fut signé tout de suite et, le 21 novembre 1885, la jeune artiste débutait à l'Odéon. Ce fut un triomphe, presque sans précédent, dans l'histoire du théâtre. On cria au miracle, on évoqua l'ombre de Rachel, tous les journaux illustrés donnèrent le portrait de la débutante, orné par le poète de dédicaces flatteuses. Pendant plusieurs semaines, il ne fut question que de Weber. Tout Paris défila aux fauteuils de l'Odéon. Ce qu'elle reçut de lettres, de billets, de fleurs, de témoignages d'admiration est inimaginable. Un souverain étranger, de passage chez nous, alla jusqu'à lui offrir un trône en Asie. Il y avait, dans ces hommages, de quoi troubler une tête de dix-huit ans, une tête déjà exaltée et un peu folle. Mlle Weber se forma une haute opinion de ses mérites; elle se crut arrivée au premier plan; elle travailla avec plus d'insouciance et de mollesse : elle ne tarda pas à s'en repentir.

Il est très glorieux de débuter par un coup d'éclat, de conquérir en un soir une renommée presque européenne, mais ces succès foudroyants sont fatalement suivis d'un retour d'opinion. Après avoir fêté le nouveau venu, on lui garde rancune de sa trop prompte réussite. Puis l'amour-propre s'en mêle, on craint de s'être mépris, de s'être « emballé » sur une piste douteuse, — et, lorsque l'artiste aborde son second rôle, il a devant lui des spectateurs hésitants, méfiants et mal disposés. Il en est un peu des comédiens comme des auteurs. Pendant dix ans, M. François Coppée est resté accablé sous la vogue du *Passant*; il devait à ce délicieux badinage sa précoce renommée; on le lui opposa sans trêve ni merci. Publiait-il un nouveau recueil, on lui parlait du *Passant*; le nommait-on dans un journal, c'était l'auteur du *Passant*! Toujours le *Passant*, l'éternel *Passant*! Coppée finit par détester cette fleur de sa jeunesse, et ce n'est qu'après de longs efforts qu'il put enfin la mettre à son plan, lui assigner le vrai rang qu'elle doit occuper dans son œuvre générale. Dans une moindre mesure Mlle Weber a subi la même épreuve... Pendant près de dix ans elle demeura la créatrice des *Jacobites* et supporta le fardeau de ce succès. En vain se montra-t-elle dans *Macbeth*, dans *le Songe d'une nuit d'été*, dans *Michel Pauper*, dans *Andromaque*, dans *les Erinnyes*, le public continua de la voir sous les haillons de Marie... Soyons équitable... La jeune artiste n'agit pas tout d'abord comme il eût fallu, pour dissiper cette prévention. Elle s'essaya de bric et de broc sans se fixer nulle part; elle quitta l'Odéon, elle poussa une pointe sur les boulevards; elle traversa comme un cyclone la Comédie-Française, elle courut la province et l'étranger.

Quelqu'un a comparé Mme Weber à une hirondelle. L'image est ingénieuse. De l'hirondelle, Mme Weber a le profil fuyant et la fine silhouette; de l'hirondelle elle a l'humeur voyageuse. Elle ne peut demeurer en place; elle est dévorée d'un besoin de changement. Que demain on lui propose de faire le tour du monde, d'aller donner des représentations en Australie, de visiter le Japon, ou simplement l'Italie et la Sicile, elle oubliera tout, ses engagements en cours, ses intérêts les plus précieux, elle bouclera sa malle, elle montera sur le paquebot, avec une joie d'enfant, et se lancera gaiement dans les aventures. Elle paraît avoir renoncé à ses velléités de vagabondage. Il est à craindre qu'un nouveau caprice ne l'éloigne au moment, prochain sans doute, où les portes du Théâtre-Français s'ouvriront pour la seconde fois devant elle. C'est là qu'elle devrait être; elle y a sa place toute marquée. Mlle Dudlay, qui porte sur ses épaules le répertoire tragique, a décidément besoin d'être secondée. Elle est mûre pour l'emploi des mères; il faut trouver une autre Hermione, une autre Ériphyle, une autre Roxane, une autre Chimène. Mme Weber peut incarner, mieux que toute autre, ces rôles superbes; il lui suffirait de le vouloir. Ah! que n'a-t-elle un peu de l'énergie de Mlle Dudlay! L'histoire de cette actrice est un curieux exemple de ce que peut la volonté unie à la patience. Lorsqu'elle entra à la Comédie-Française, Sarah Bernhardt y occupait le premier rang; elle se glissa dans son sillage, joua sans jamais se plaindre tous les rôles qu'on lui confia, peina sans relâche, atténua sans parvenir à le corriger ce terrible défaut de prononciation dont la nature l'avait affligée, agrandit sa position, acquit de l'autorité, se fit apprécier du public, et finit, après six ans de luttes obscures, par s'imposer. Cette royauté lentement conquise, Mlle Dudlay ne la devait ni à sa beauté, qui est ordinaire, ni à son jeu, qui manque d'éclat, mais à son invincible, à son admirable volonté. Mme Weber a reçu des dieux tous les dons que peut ambitionner une tragédienne. Elle possède la plus belle voix qui soit au théâtre, une taille de déesse, un profil de statue, une vive intelligence, des instincts et des goûts d'artiste. Le seul don qui lui manque, le seul que la bonne fée qui fut sa marraine ait omis d'épancher sur son berceau, c'est la *persévérance*; l'opiniâtreté, l'égalité dans l'effort.

Elle déconcerte ses plus fervents admirateurs. Un jour elle les ravit et le lendemain elle les navre. En tout, elle manque d'ordre et de mesure. Mme Weber a du génie. Quand consentira-t-elle à n'avoir que du talent?

LA VOLIÈRE DE M. SILVAIN

« Mon cher Silvain, lui dis-je, vous êtes un homme heureux !... »

Et, en effet, ce jour-là, l'excellent tragédien présentait l'apparence d'une complète félicité. Il était assis dans son jardin, sous une tente de coutil gris et rose, et achevait de déjeuner. Sa charmante femme, sa petite fille (qui dit déjà les vers comme père et mère) et quelques vieux amis se pressaient à ses côtés. Autour de nous s'élevait un gai babil de volières. Les innombrables oiseaux de Silvain exhalaient la joie qu'ils avaient de voir leur maître par de tumultueux gazouillements. Les rossignols, les aras, les huppes, les martins-pêcheurs, les faisans, les coucous, les pies-grièches et les colibris mêlaient leurs ramages et leurs plumages. L'un de ces volatiles, un toucan de l'Amérique du Sud, s'était posé gravement sur la table et picorait des grappes de raisin. Il faut vous dire que Silvain a une grande tendresse pour ce toucan, auquel il a donné le nom de François. Il le traite avec familiarité et l'admet à l'honneur de partager ses repas. Ainsi Mithridate, roi de Pont, avait-il à sa cour des favoris qui excitaient par leur insolente fortune la jalousie des princes.

Un tiède soleil d'automne éclairait cette scène biblique. Le moka fumait dans les tasses ; l'heure était propice aux confidences. Silvain nous conta sa vie, dont le début fut traversé de dures épreuves. Je voudrais pouvoir reproduire l'accent qu'il mit dans son récit. Les comédiens, quand ils sont intelligents et lettrés, sont des narrateurs incomparables. Ils joignent au verbe l'action, la mimique, la physionomie ; ils montrent les choses et les font vivre.

« Si jamais vous parlez de moi, rappelez ce que je dois à mon père, qui fut un héros. »

Il était capitaine aux armées d'Afrique, sous le commandement du duc d'Aumale. Son régiment, le 33ᵉ de ligne, prit part à d'innombrables combats et s'en alla plus tard, en Italie, guerroyer contre les Autrichiens. Le capitaine Silvain reçut la rosette d'officier sur le champ de bataille ; il n'avait échappé que par miracle à la mort vingt fois affrontée. Il a retracé lui-même les épisodes de cette journée, dans une lettre que son fils a conservée pieusement. Le vieux soldat s'y peint tout entier. Ce ne sont pas de longs discours, mais des phrases brèves et qui ont l'air de marcher au pas de charge. On ne saurait joindre plus de courage à plus de simplicité :

« Ce pauvre 33e, qui n'a assisté qu'à une seule affaire, a été bien étrillé. Mon pauvre commandant, M. Desarbes, le capitaine Combes, le lieutenant Carbussier, les sous-lieutenants Bonnet et André ont été tués raide. Le lieutenant-colonel Rey, le capitaine Kiffer sont morts par suite de leurs blessures. Onze ont été blessés plus ou moins grièvement. Quant à moi, je l'ai échappé belle; car, me trouvant à cheval en tête de colonne, à côté du colonel, du lieutenant-colonel et de mon commandant quand ils furent tues ou blessés, je pris le commandement de cette portion de colonne et la portai en avant pour déloger les Autrichiens des positions avantageuses qu'ils occupaient; je restais donc à cheval, exposé aux plus grands dangers, quand, tout à coup, mon cheval fut littéralement criblé : il reçut trois balles dans la figure, dont deux se logèrent dans les mâchoires. La troisième, passant en travers dans la bouche, lui coupa la moitié de la langue; une quatrième lui laboura le poitrail; une cinquième vint se loger dans mon caban, roulé en portemanteau, pendant que je cherchais à mettre pied à terre. A mes côtés, c'était rempli de tués et de blessés. Enfin j'eus la chance de ne point être touché. Maintenant c'est une affaire terminée. Au mois d'avril prochain j'aurai trente et un ans de service et douze ans de grade; je demanderai ma retraite, qui sera de 2400 francs. »

Le capitaine ne jouit pas de sa retraite. Il succomba aux suites de ses campagnes. Quand il mourut, son fils avait seize ans. Longtemps après, comme ce dernier venait d'être nommé sociétaire à la Comédie-Française, il rencontra dans le monde le duc d'Aumale, qui l'accueillit avec son ordinaire affabilité.

« Est-ce que votre père n'a pas servi en Afrique au 33ᵉ de ligne? lui demanda-t-il.

— Si fait, Monseigneur.

— Je l'ai beaucoup connu. Et j'ai conservé sa silhouette, dessinée par Raffet.

— Vous êtes plus heureux que moi, Monseigneur; je ne possède aucun portrait de mon père... »

La semaine suivante, Silvain était tout étonné de recevoir un présent dont il fut profondément touché. C'était une copie du crayon de Raffet, accompagnée d'un billet affectueux. Le duc d'Aumale se montra en cette circonstance, comme il fut toujours, le plus délicat des gentilshommes.

Notre futur tragédien était tout jeune quand son père le conduisit au prytanée de la Flèche. Le capitaine considérait qu'il n'est pas de plus beau métier que celui des armes et l'idée ne lui fût pas venue qu'un garçon issu de son sang en pût exercer un autre. Lorsqu'ils arrivèrent au collège, ils le trouvèrent tout frémissant d'enthousiasme et d'ardeur patriotique. Nos récentes victoires avaient enflammé le cœur des écoliers qui se formaient en deux camps, pendant les récréations, et renouvelaient à coups de pied et à coups de poing les exploits de nos troupes d'Italie. Silvain fut entraîné, bon gré, mal gré, dans la bagarre. Il défendit du mieux qu'il put l'honneur du drapeau français. Mais, son audace ayant été jugée insuffisante, on lui décerna le surnom de « pomme cuite », qui était d'un bien mauvais présage pour la carrière qu'il devait choisir plus tard. Sa vocation lui fut bientôt révélée. L'étude des sciences ne lui plaisait qu'à demi : il lui préférait celle des lettres. Il apprenait par cœur de longues tirades de Corneille et les déclamait avec une chaleur qui lui attirait les compliments ironiques de ses maîtres ; un seul l'encourageait. C'était un fin poète, républicain convaincu et fougueux voltairien, qu'on avait envoyé en disgrâce à la Flèche pour ses idées subversives. Il s'appelait Dyonis Ordinaire ; il avait été le camarade d'About, de Taine, de Sarcey, et devait devenir l'ami de Gambetta ; il composait, pour charmer ses ennuis, des vers spirituels, qui avaient, avec plus de lyrisme, la franchise et le tour classique de ceux de Boileau. Il les communiquait à son élève, qui s'en ornait la mémoire et qui s'en souvient encore après trente ans écoulés. Il n'en fallait pas tant pour achever de tourner la tête d'un adolescent qui rêvait d'atteindre à la gloire de Talma. La guerre de 1870, à laquelle il prit part comme lieutenant de francs-tireurs, ne le détourna pas, bien au contraire, de son idée. Se voyant en 1871 orphelin et sans ressources, sur le pavé, il accepta à Marseille un modeste emploi dans les bureaux de son oncle, et, chaque soir, sa besogne terminée, il se répandit dans les cafés de la ville, récitant *la Grève des Forgerons*, mêlant le grave au doux, et s'essayant même à chanter la chansonnette. Un jour, il assista, comme « romain » (et il avait des battoirs solides), à une représentation de Mlle Agar. Ce fut le coup de grâce. Il s'embaucha dans une troupe de hasard, courut se faire siffler à Nîmes, à Arles et en d'autres lieux, puis il passa les mers, visita l'Algérie, mal payé, mal nourri, et cependant heureux, car il jouait, sans concurrence possible, les premiers rôles du répertoire. Après quelques mois de cette existence vagabonde, il débarqua à Paris, en plein hiver, n'ayant sur soi, pour toute garde-robe, qu'un pantalon de nankin et une veste d'alpaga un peu usée. Il se fit admettre au Conservatoire et réussit à forcer les portes du théâtre Beaumarchais et du théâtre Déjazet. Ce dernier avait été décoré par son directeur, M. Ballande, d'une étiquette plus solennelle. Il s'appelait le Troisième Théâtre-Français; et l'on avait l'impression, en y pénétrant, que ce n'était pas un lieu frivole. Des bustes de plâtre en ornaient l'entrée, et ces bustes étaient ceux de nos grands classiques. On défilait, pour gagner son fauteuil, sous l'œil désabusé de Molière et sous le fier regard de Rotrou. Mme Ballande siégeait avec dignité au bureau de location et M. Ballande accueillait d'un bienveillant sourire les gens de goût qui venaient dans son établissement se saturer d'une saine littérature. Ce brave homme, qu'on a beaucoup raillé, avait eu le mérite de fonder une institution qui devait enrichir ses successeurs. Il avait créé les matinées dominicales avec conférence. Notre oncle Sarcey, l'aimable et chevelu Henri de Lapommeraye, Ernest Legouvé, Auguste Vitu, Paul Féval, lui prêtaient un concours désintéressé, et les potaches et les étudiants se pressaient à ces fêtes de l'esprit. Les bonnes heures que l'on passait là! La mise en scène était médiocre, les costumes défraîchis, l'interprétation inégale. On s'amusait tout de même. Parmi les acteurs économiques qu'avait recrutés Ballande, Silvain paraissait un astre. On appréciait en lui, déjà, cette simplicité, cette maîtrise, cette ampleur de diction, ce goût de vérité, qui sont les traits distinctifs de son talent. Émile Perrin remarqua ces qualités, il s'attacha le jeune artiste, qui eut enfin la joie, après tant de déboires, de toucher au port. Il débuta à la Comédie-Française dans *Mithridate*, qui est peut-être son plus beau rôle, celui qu'il a joué avec le plus de puissance et de perfection.

Et maintenant, les mauvais jours sont passés. Lorsqu'un acteur bien doué et ayant l'amour de son art pénètre dans la maison de Molière, il n'a plus à s'inquiéter de l'avenir. C'est comme un bon officier sorti des écoles. Il suit sa carrière méthodiquement, il franchit les étapes qui le conduisent au grade suprême; le maréchalat pour le comédien est le sociétariat à part entière. Des actions d'éclat, c'est-à-dire de brillantes créations, peuvent l'y mener plus rapidement. Mais il est assuré d'y parvenir, même si ses services sont d'un ordre secondaire. Eugène Silvain avait un trop grand talent pour demeurer longtemps dans une situation subalterne : la retraite de Maubant le mit en possession des premiers rôles tragiques. Il est devenu chef d'emploi, il a pris sa place au Comité ; on lui a confié une chaire au Conservatoire ; il a reçu la croix, comme son père, sur le champ de bataille ; on l'a décoré dans le Théâtre antique d'Orange, au sortir d'une représentation des *Erinnyes*. Il est prospère, il n'a rien à souhaiter. Sa plus belle victoire fut de se vaincre lui-même et de dompter un certain penchant qui lui faisait rechercher les émotions des jeux de hasard. Il n'a plus désormais qu'un vice, qui est le canotage et la pêche. Son bateau est un noble bateau qui s'est appelé successivement le *Mithridate*, le *Gannelon* et qui porte présentement le nom gracieux de *Griselidis*. Avec quelle magnificence Silvain jette l'épervier, je ne le saurais décrire. La physionomie est redoutable, le geste auguste : les poissons, par avance médusés, se laissent envelopper sans résistance dans les mailles du filet. Ayant vaincu les enfants de l'onde, Silvain charme les enfants de l'air. Il possède des grands-ducs, objets d'effroi, auxquels il prodigue de tendres caresses. Et quand il invite ses amis Armand Silvestre, Frémine, François Fabié, et qu'ils récitent leurs derniers ouvrages autour de la table hospitalière, la musique des vers se mêle au gazouillis des oiseaux. Et cela forme un concert charmant et dont la nature est réjouie. On s'interpelle, on se répond, on échange des pensées dans le style d'Homère, quelquefois on s'invective après boire, puis aussitôt après, la paix est scellée. Le pauvre Paul Arène prenait une part active à ces jeux, et, dans des strophes empreintes d'une subtile ironie, il a raillé les aptitudes nautiques du bon Silvain.

> Quand le sociétaire Silvain
> Sur son bateau s'en va-t-en Seine,
> L'avertisseur crîrait en vain :
> « Monsieur le sociétaire, en scène ! »
>
> Quand Mithridate, roi du Pont,
> Drapant son épervier en toge,
> Tourne autour des piles du pont,
> Mons Thaunus ferait son éloge.
>
> Mais quand rêvant aux martins bleus,
> Il naufrage sur quelque pierre,
> Silvain pousse un tel « nom de Zeus »
> Qu'il en scandalise saint Pierre !

On assure que Silvain médita, pour se venger, d'organiser une catastrophe où Paul Arène, François Fabié et Ch. Frémine eussent péri. Il s'en tint heureusement à l'intention, ne voulant pas priver la France de ces excellents poètes.

LA COMÉDIE EN VOYAGE

I

HUIT JOURS A ORANGE

(PROFILS DU FÉLIBRIGE)

Je vais vous conter l'Odyssée des Félibres en Provence, vous dire leurs actes et leurs paroles, évoquer leurs physionomies imposantes ou sereines...

La descente du Rhône en galère.

Le vendredi matin 10 août, le *Gladiateur* est venu se ranger sur le quai du Rhône à Lyon, entre le pont du Midi et le viaduc du chemin de fer. Le *Gladiateur* est l'embarcation qui doit nous emporter vers le pays du soleil. C'est un robuste steamboat peint en noir, affecté ordinairement au transport des bestiaux, mais ennobli pour la circonstance et baptisé *galère fleurie* par M. Paul Mariéton, chancelier du Félibrige. Il est là, cet excellent chancelier, veillant à toutes choses, criant, gesticulant, s'évertuant à rétablir l'ordre et la discipline. Il a fort à faire... Vous pensez bien que le voyage des Félibres a éveillé d'ardentes curiosités. Chacun voudrait en être, et se glisser sur le pont de la « galère », et goûter les délices de cette glorieuse traversée. Or le nombre des places est limité. Ceux-là seuls sont admis qui peuvent se recommander de la Cigale. M. Paul Mariéton, campé sur la passerelle, dévisage les postulants; son œil perspicace discerne, à des signes infaillibles, les consciences sans tache, et, nouveau saint Pierre, il entr'ouvre avec circonspection les portes du Paradis.

Enfin nous y voici... Nous pouvons visiter cette « galère » à laquelle est liée notre fortune. Elle n'est pas très élégante; elle ne porte ni guirlandes de roses, ni tapis de pourpre, ni joueurs de viole, ni banderoles flottantes, ni rameurs éthiopiens tenant en main l'aviron d'ivoire... Mais trois drapeaux (dont un russe) sont attachés à la proue, un piano à queue est roulé sur le pont, et partout de longues tables ont été dressées, où s'empilent les victuailles et les rafraîchissements. Il y a de quoi se distraire et se restaurer. L'esprit et le corps seront également nourris.

Un coup d'œil aux arrivants... Beaucoup de têtes célèbres... D'abord la Comédie-Française, représentée par les deux Mounet, Silvain, Baillet, Mlle Hadamard, Mlle Lerou, quelques confrères, Jacques Normand, Niel, Félicien Champsaur, Édouard Petit, le poète

Émile Trolliet, Émile Berr, Charles Formentin, Chassaigne de Néronde ; des hommes politiques, Édouard Lockroy, Maujan, et Mme Maujan qui eut l'honneur, autrefois, d'inaugurer le théâtre d'Orange en interprétant le principal rôle de *l'Empereur d'Arles*, d'Alexis Mouzin ; l'architecte Camille Formigé et Mme Formigé, M. et Mme Adrian, et cent autres Félibres que je ne puis vous nommer, car il faudrait les nommer tous, depuis Sextius Michel jusqu'à Paul Arène, en passant par Maurice Faure et Albert Tournier.

Coup de sifflet... Le *Gladiateur* dérape... Et nous jetons, en un long cri, nos adieux à la ville de Lyon. Après quoi chacun s'installe pour supporter commodément ces douze heures de navigation. Les premiers moments qui suivent le départ comportent toujours un certain embarras. S'amusera-t-on ? Telle est la question que l'on se pose... Ici la question est résolue.

Tout le monde est décidé à se divertir. Les Parisiens qui emplissent les flancs de notre « galère » ont déjà la cervelle très échauffée. Ils se sont juré d'être à la hauteur des méridionaux, d'égaler et même de surpasser leur exubérance. Et ma foi ! ils sont en train d'y réussir... Une jeune tragédienne de l'Odéon, Mlle Hartmann (qui n'est pas, à coup sûr, d'origine avignonnaise), commence par enlever son chapeau et, ses beaux cheveux flottant aux vents, elle demande à danser la farandole. Paul Mariéton se met au piano.

Et *zou!* la farandole commence. Puis ce sont des quadrilles, des polkas, un bal improvisé, tandis que filent, dans un poudroiement de lumière, les rives du Rhône...

Soudain, une voix tonitruante s'élève... Que dit cette voix? Elle chante une chanson montagnarde, une naïve complainte, mais elle y introduit des modulations de grand opéra, des trilles, des points d'orgue, de formidables roulements, et des notes qui éclatent comme une fanfare. Le *Gladiateur* est secoué jusque dans ses fondements et nous sommes stupéfaits d'admiration. Nous regardons le chanteur. C'est un superbe gaillard, râblé, musclé, bistré, à la forte bedaine sanglée dans une chemise de flanelle dont la cordelière de soie est négligemment nouée ; il a l'œil ardent et le poil noir. Et il se remue, et il pérore, et il déambule de bâbord à tribord, dans un flux de paroles et de rires. On l'aperçoit partout à la fois, à l'avant du bateau et sur la dunette, criant, buvant, raillant, dissertant, baisant la main aux dames, éblouissant les hommes par sa vaste érudition. Si celui-là n'est pas du Midi !... Son nom, d'ailleurs, est célèbre : Eugène Lintilhac, professeur de rhétorique, critique et conférencier, auteur d'une thèse sur Beaumarchais qui lui valut les honneurs du doctorat...

Cependant le temps s'écoule parmi ces honnêtes divertissements. Les villages riverains sont en rumeur. Dès que notre « galère » est annoncée, la population accourt et se presse sur les ponts. Et nous recevons au passage des fleurs, des papiers multicolores et parfois des friandises. Un bouquet, en tombant sur la « galère », fait entendre un bruit sec. On se précipite, et l'on ramasse, précieusement empaquetée, non pas une bombe, rassurez-vous, mais une bouteille de quinquina. *Quinquina préparé par Cuminal, à Serrières.* L'attention est délicate et nous envoyons, de loin, nos remerciements à cet ingénieux distillateur.

Est-ce la vertu du quinquina de Serrières ou l'excitation de la brise, ou l'éloquence de Lintilhac, nous sentons poindre un formidable appétit, et nous saluons de joyeux vivats le clocher de la ville de Tournon, où nous devons déjeuner... Sur le ponton de débarquement, les autorités de Tournon sont réunies : un homme tricolore, c'est le maire ; des casques luisants, ce sont les pompiers. Les suaves accents de la *Marseillaise* s'élèvent dans les airs. C'est la fanfare « tournonnaise » qui nous donne un échantillon de ses talents. Et le Tout-Tournon fait la haie, tandis que nous défilons dans les rues étroites.

« La table (dit le programme) sera dressée sous les ombrages du parc du lycée. » Et le programme n'a pas menti. Les ombrages du lycée sont de vrais ombrages, des ombrages séculaires. Le couvert dressé est fort avenant. Les nappes sont blanches, les pains dorés, les flacons arrondissent leurs panses où scintillent les rubis. Quant au menu, nous le jugeons, à première vue, irréprochable. Voyez plutôt :

SAUMON, SAUCE ARDÉCHOISE

ANDOUILLES TOURNONNAISES

HARICOTS VERTS AU BEURRE DE SAINT-AGRÈVE

FILET DE BŒUF DU MEZENC

GALANTINE VIVARAISE

GLACE, MOKA, VANILLE

VINS :

Hermitage blanc, Hermitage rouge, Mornas,
Saint-Péray mousseux.

Certes, ces plats sont dignes d'estime, et le beurre de Saint-Agrève vaut tous les beurres normands. Mais enfin, nous ne sommes pas venus à Tournon pour manger du beurre. J'aurais voulu, pour ma part, tâter de la cuisine provençale, goûter aux *aïolis*, aux *brandades*, aux mets épicés et parfumés qui font la délectation de Tartarin. M. Charles Formentin, qui naquit sur les confins de Marseille, partage ces regrets ; il les exprime au garçon dans le dialecte de son pays. Et le garçon médusé lui apporte, dans le creux de sa main, un petit morceau de glace, ayant cru comprendre que notre vin avait besoin d'être rafraîchi.

Aussitôt après les haricots verts, commencent les *bans* et les *toasts*... Un ban pour les cuisiniers qui ont préparé ce déjeuner de Gamache. Un toast aux négociants de Tournon, qui ont offert leurs meilleurs vins. Un ban pour la municipalité, un toast aux belles filles de Tournon. Et là-dessus le chancelier

Mariéton, qui n'a pas encore pris la parole, nous exhorte à regagner la « galère ». Nous nous pressons, tandis que Lintilhac-à-la-Voix-de-Bronze debout sur une chaise, le geste arrondi, l'œil inspiré, adresse une sublime apostrophe aux génies de la Provence.

Imaginez le bruit que peuvent faire sur une « galère » cent cinquante Félibres qui viennent de sabler avec entrain l'Hermitage et le Saint-Péray mousseux... C'est à ne pas s'entendre. Seul Mounet-Sully conserve, au milieu de ces folies, sa majesté olympienne. Il songe à la journée de demain, aux triomphes qui lui sont promis, et il s'enfonce avec M. Camille Formigé dans une savante dissertation sur l'architecture des théâtres grecs et romains.

Cependant une cérémonie nous attend à Valence, et même une double cérémonie. Il s'agit de poser deux premières pierres : la première pierre d'Émile Augier, la première pierre de Montalivet. Nous abordons sous les rayons d'un soleil de feu, et nous suivons le cortège. M. Claretie est là, solide au poste; Émile Augier lui appartient, c'est *son mort*, selon l'expression académique. Et il tire un papier, où le mort est célébré en termes émus. A ce moment surgit un petit homme ganté de blanc, qui tire, lui aussi, son papier. Ce sont des vers... Hélas! Un poète du cru a voulu célébrer la gloire de l'auteur de *Philiberte*. Les strophes s'allongent et coulent. Les rimes succèdent aux rimes. Deux pages, trois pages, dix pages... Et ce n'est pas fini. Et nous

courbons la tête, anéantis. Enfin, le lecteur s'arrête...
Il ruisselle... M. René Baschet s'approche de lui et
sur le ton d'une exquise politesse :

« Très bien, votre sonnet », dit-il.

Vous pensez si le mot a eu du succès. C'est ainsi
que l'on se fait des amis.

Qu'ajouterai-je sur les dernières heures de la traversée ? C'est un enchantement... Les rives du Rhône
sont merveilleusement pittoresques, elles ont gardé
la physionomie qu'elles avaient autrefois; les villages
qui y sont semés semblent de vieilles forteresses sarrasines, avec leurs murs crénelés, leurs tours carrées,
leurs châteaux forts à demi ruinés, leurs toits couverts de tuiles noirâtres. Et, à mesure que tombe le
crépuscule, la végétation prend des teintes féeriques.
A un moment, nous poussons un cri d'étonnement :
le Rhône s'est élargi; ses ondes rapides et les arbres
qui s'élèvent au loin, de tous côtés, brillent d'un
reflet surnaturel. Ce n'est plus la lumière du soleil;
ce n'est pas encore la lumière de la lune, c'est une
lumière irréelle, infiniment douce et transparente.
La Belle au Bois dormant, quand elle eut clos ses
paupières, devait être illuminée de ces rayons argentins...

... Un coup de feu nous arrache à nos rêveries...
Et nous apercevons au loin un homme qui nous
acclame, en jetant son chapeau en l'air et en brandissant sa carabine... Ce brave garçon a quitté son village, il est venu saisir au passage notre « galère » et

il nous exprime sa bruyante joie. Voilà de l'enthousiasme, ou je ne m'y connais pas. Peut-être aussi est-ce un chasseur de casquettes échappé de *Tartarin*.

Autre détonation plus puissante... Est-ce encore Lintilhac?... Ce n'est que le canon d'Avignon qui annonce notre arrivée aux populations. Et, en effet, le Château des Papes dresse à l'horizon sa masse imposante. La nuit est venue, et, quand la « galère » aborde, nous avons peine à distinguer la foule qui grouille dans l'obscurité. Nous apercevons de vagues silhouettes, un homme à cheveux gris, que l'on nous dit être Félix Gras, capoulié du Félibrige, et qui prononce, en forme d'homélie, un compliment de bienvenue.

Le capoulié se retire. Nous sommes libres; — libres de coucher à la belle étoile. Avignon éclate en ses remparts, tant les étrangers y affluent. Les hôtels sont pleins... Bah! Nous comptons sur la Providence qui n'abandonne pas ses élus. Nous hélons un fiacre, et nous y grimpons avec nos bagages. Le fiacre trop chargé se renverse. C'est une affreuse marmelade de valises, de robes blanches, de parapluies et de vestons dégoulinant pêle-mêle. Les Avignonnais nous réconfortent avec de bonnes paroles. Ils soutiennent la « robe blanche » qui s'est légèrement foulé le pied.

« Pauvre petite femme, dit un indigène à mine rougeaude. Elle défaille... je crois... Faites-la boire! faites-la boire!... »

Et de sa bouche s'exhale un parfum d'ail et de vin, à ressusciter un mort...

... Après mille détours, nous avons trouvé un gîte... Et nous mangeons — ou plutôt nous dévorons — une certaine poule au riz qui nous paraît succulente. Rien ne creuse comme le grand air. Et nous nous endormons du sommeil du juste, dans la vieille ville depuis longtemps assoupie... Ainsi s'achève notre première journée de pèlerinage...

D'Avignon à Orange.

... O merveille ! le ciel est d'azur ! pas un nuage ! Sommes-nous assez loin du triste ciel de Paris ! Nous avons hâte de parcourir la ville des Papes et d'admirer ses beautés moyenâgeuses. A peine dehors, nous croisons des figures de connaissance : c'est Sarcey tout ragaillardi par la nuit qu'il vient de passer en chemin de fer et suivi de son excellent ami et architecte M. Charles Reynaud; c'est Mlle Bartet, qui est heureuse, quoiqu'un peu émue, d'essayer sa voix sur l'immense scène du théâtre antique... Et nous prenons le train, tous ensemble, pour Orange, but suprême du voyage.

De bonnes âmes nous avaient avertis : « Vous ne trouverez à Orange ni une chambre, ni un lit, ni un matelas, ni un billard, ni quoi que ce soit où vous puissiez vous étendre. » Mais je vous ai dit que la

Providence nous protégeait. Elle nous envoie une gentille Orangeaise, avec qui nous pouvons nous accommoder, à des conditions honnêtes. Nous avons une vaste chambre, ornée de belles gravures, représentant le départ et le retour de l'Enfant prodigue, et de beaux chapelets bénits par le pape de Rome ou par celui d'Avignon...

Il s'agit de savoir ce qui se passe... Nous allons flâner vers le café du Commerce où se colportent les nouvelles. Or les nouvelles sont graves, très graves... D'abord, le poète Paul Arène soulève un conflit. D'autre part, l'Anarchie relève la tête... C'est un double sujet d'inquiétude. Et d'une voix haletante un jeune reporter me met au courant :

Incident Paul Arène. — On doit jouer ce soir, avant *Œdipe roi*, *l'Ilote* de Paul Arène et Monselet. Au dernier moment, M. Jules Claretie vient de décider que *l'Ilote* ne sera joué que demain dimanche et qu'il sera remplacé aujourd'hui par *la Revanche d'Iris* de M. Paul Ferrier. Et Paul Arène proteste de toutes ses forces!... Comment! la Provence tout entière se dérange pour écouter les vers d'un de ses enfants, et on lui fait l'affront de modifier l'ordre du spectacle!... On prive de *l'Ilote* ces rudes bouviers de Camargue qui sont venus applaudir leur « petit Arène »... Je sais bien qu'il leur reste *Œdipe roi*. Mais Sophocle n'est pas Arène. Ils ignorent Sophocle, ils connaissent Arène qui a écrit *Jean des Figues* et qui, depuis vingt ans, exalte dans les journaux la gloire des Arlésiennes... Conclusion : *l'Ilote* sera représenté tout à l'heure, *c'est moi qui vous le dis!!!*...

Les anarchistes. — Un complot vient d'être éventé, des émules de Ravachol doivent s'insinuer dans l'enceinte du théâtre et lancer une bombe à la tête du ministre. Le maire d'Orange épouvanté a contremandé la matinée gratuite qui devait être donnée à cinq heures, et il a supprimé du même coup le discours de M. Deluns-Montaud et la conférence de M. Eugène Lintilhac... Enfer et damnation!

Pauvre maire d'Orange! Il est houspillé par tout le monde. Et, au milieu de ces soucis, M. Capty est obligé de faire la bouche en cœur et de prononcer des harangues. Par bonheur les méridionaux ont l'éloquence facile. Ils parlent comme on respire...

La représentation d' « Œdipe roi ».

Huit heures... La foule emplit les rues et se dirige vers le théâtre. D'immenses queues s'allongent à toutes les portes. Nous pénétrons, après une forte bousculade dans l'hémicycle. Le coup d'œil est grandiose... Sur les gradins, à demi remplis, grouillent déjà cinq ou six mille personnes, qui s'interpellent, gesticulent, se font passer des couvertures et des coussins. La nuit sera fraîche, le vent souffle avec fureur et il est bon de prendre ses précautions... De temps à autre le public se retourne et pousse des clameurs enthousiastes; il accueille de la sorte les têtes illustres qui apparaissent dans la tribune officielle... Vive Mistral! Vive Leygues! Vive Sarcey! Vive Clovis Hugues! Chacun reçoit son ovation, et les cris sont ponctués par le bruit des bouchons qui sautent... Hourra! hourra! Pan! (On débouche une limonade.) *La Marseillaise!* clame une voix. Et la fanfare orangeaise entame *la Marseillaise.* Quelqu'un demande l'*Hymme russe!* Et l'orphéon, docile, exécute l'*Hymme russe...* Chut! chut! les murmures s'apaisent. La représentation va commencer. Une déesse paraît sur la scène, soutenue par de suaves accords.

Cette déesse n'est autre que Mlle Bréval de l'Opéra, qui doit chanter un hymne inédit à Pallas, dont les paroles sont de M. Croze et la musique de M. Saint-Saëns. La jeune artiste est très troublée, mais divinement belle. Sa tunique blanche, secouée par la brise, dessine de sculpturales rondeurs. Elle ressemble ainsi, dans ses draperies flottantes, à quelque Victoire Ailée subitement animée par Pygmalion. Et nous comprenons soudain la grâce des statues grecques, modelées par l'artiste, non dans la froide immobilité de l'atelier, mais dans la réalité palpitante de la vie...

Mlle Bréval applaudie, M. Saint-Saëns traîné sur la scène (le grand compositeur s'est prêté sans trop de répugnance à cette flatteuse manifestation), place est laissée à la Comédie. *L'Ilote* commence. Car Paul Arène a triomphé. Nous avons *l'Ilote.* C'est un badinage odéonien, agréablement rimé, et Silvain, le tumultueux Silvain, s'y taille un succès très personnel. Les hors-d'œuvre sont épuisés. Il est temps de nous servir la pièce de résistance.

Je voudrais pouvoir vous rendre exactement l'impression de cette grande soirée, vous dire notre émotion croissante, l'art prodigieux de Mounet-Sully, ses cris d'angoisse, ses frissons d'horreur et sa douleur surhumaine. Nos yeux étaient pleins de larmes. Nous eûmes, pendant une seconde, la vision des limites où peut atteindre la beauté tragique et nous comprîmes qu'il n'y avait rien au delà. Si réellement, comme on l'a si souvent répété, le Bayreuth français est institué, si l'on donne à des intervalles réguliers sur le théâtre d'Orange des représentations classiques, j'exhorte ceux qui aiment les lettres à venir savourer ces pures jouissances. Je n'en sais pas de plus vives et qui laissent dans l'âme un plus noble souvenir...

... La représentation terminée, nous traversons la ville et nous nous dirigeons vers la demeure d'un aimable habitant d'Orange, M. de Falconnet, fin dilettante, qui adore le théâtre et qui nous a conviés à un petit souper littéraire. Nous y trouvons naturellement des poètes de passage et toute la Comédie assemblée. Mistral est là, le roi des Félibres, Mistral simple et majestueux, et silencieux, cachant sa timidité sous un calme imperturbable d'Idole. Lorsqu'il voit entrer Mounet-Sully encore tout bouillant de la bataille, ayant du rouge aux joues et dans l'œil l'éclair radieux de la victoire, il s'approche du tragédien et, sans lui dire un mot, il lui donne l'accolade, muette étreinte plus éloquente que de longs discours.

Et l'on cause... Les langues se délient, sous l'influence du champagne... On conte des anecdotes, on fait des mots...

« Les *Félibres*, dit Mlle Bartet, sont en réalité des *fébriles*. Voilà le nom qu'ils devraient porter... »

J'ai un furieux désir d'entendre Mistral chanter ses fameux couplets de la *Coupo Santo* et je m'en épanche à mon voisin :

« Mistral, me dit M. Jules Claretie, ne chante cet air sacré que dans les circonstances solennelles, au banquet de la Sainte-Estelle, ou sous les ombrages de la Berthelasse, les soirs de banquets félibriens. »

Rien ne coûte d'essayer... Un cigalier de Marseille, M. Rondel, se détache en ambassadeur. Et je dois dire que sa prière est bien accueillie. Mistral s'exécute, et d'un organe légèrement chevrotant et fatigué, mais dont le timbre est très doux, il exalte le saint mystère de la coupe fraternelle...

Nous levons nos verres... Paul Mounet déclame avec une farouche énergie quelques versets de *la Reine Jeanne*, et le grand homme s'en va, suivi dans sa retraite par son chancelier fidèle, Paul Mariéton...

Et quand nous sortons nous-même, le vent s'est calmé, des étoiles brillent au ciel, l'haleine des fleurs nous caresse. Les dieux propices nous préparent pour demain une journée radieuse.

La représentation d' « Antigone ».

Bonne nouvelle... Le mistral est tombé...

Le soleil luit, un soleil implacable, terrible, le soleil d'août en Provence. Je ne sais pourquoi les méridionaux ont cette haine violente contre le mistral. Ce vent du nord est fort agréable, il tempère la chaleur. Il l'est moins, la nuit, quand il souffle dans le théâtre et gèle la figure des spectateurs. Et encore, hier, nous a-t-il procuré quelques émotions inattendues. J'ai dit son heureuse influence sur les draperies de Mlle Bréval. Mounet-Sully n'a pas eu à s'en plaindre, le mistral l'a merveilleusement secondé. Lorsque OEdipe est apparu, à la fin du drame, la face sanglante, les yeux crevés, une rafale a soulevé sa tunique et l'a jetée, comme un voile sur son visage. On eût dit que Jupiter voulait dérober aux mortels la vue de cette triste victime. Ce fut un coup de théâtre dont tout le monde fut secoué. Comme j'en parlais à Mounet-Sully :

« J'ai été sur le point d'écarter ma tunique, m'expliqua-t-il, et de lutter contre le mistral. Mais je me suis dit qu'OEdipe, étant aveugle, ne devait point remarquer ce voile dont sa tête était brusquement couverte »...

Vous reconnaissez, à ce trait ingénu, les scrupules du grand tragédien.

Nous profitons du beau temps pour faire en carriole le tour de la ville. Et nous pénétrons dans le théâtre où Mlle Bartet est en train de répéter *Antigone*... Les ordres sont sévères. N'entre pas qui veut... L'infortuné Silvain en a fait hier l'expérience... Il se présente au guichet. Le cerbère aposté par M. Capty lui oppose sa consigne. Et Silvain s'en retourne courroucé, et il rumine les termes d'une véhémente protestation. Un édile d'Orange a vent de ces choses et gourmande le portier...

« Comment, malheureux, vous renvoyez M. Silvain, un des grands artistes de la Comédie-Française!... Triple imbécile! idiot que vous êtes!... »

Le portier reste ahuri de cette semonce. Sur ces entrefaites, arrive M. Charles Formentin, à qui l'on demande ses noms et qualités... « Je me nomme Silvain, dit en riant notre confrère. — Entrez, monsieur, entrez vite », s'écrie le concierge épouvanté...

Nous n'avons pas besoin d'avoir recours à ces subterfuges; nous suivons le sillage de M. Camille Formigé, l'éminent architecte, le restaurateur d'Orange (l'amitié d'un grand homme est un bienfait des dieux). Et nous voici dans la place. Mlle Bartet est en scène, avec les frères Mounet et Leitner et Boucher et toute la troupe. Sarcey, assis à l'ombre d'un figuier, se repose de ses tribulations officielles. Il vient de prononcer, du haut d'un balcon, une harangue où les beaux yeux des femmes d'Orange ont été célébrés sur le mode pindarique, et il a eu toutes les peines du monde à se dérober à l'empressement des Orangeaises qui voulaient lui témoigner leur reconnaissance. A tous les étages des gradins sont braqués des objectifs. M. Clément Maurice, M. Mairet sont là, fidèles au poste, s'ingéniant à trouver des points de vue. Et ils n'ont que l'embarras du choix.

Tout à coup, nous entendons un grand bruit... C'est M. Eugène Lintilhac... Il est beau comme le jour. Il a troqué sa flanelle contre un linge éblouissant, sa vareuse contre l'habit noir. A sa boutonnière est suspendue une croix toute neuve — en diamants.

« Venez », nous dit-il...

Nous le suivons, incapables de résister à sa voix impérieuse. Nous enjambons des crevasses, nous franchissons des murailles, nous passons par des échelles de ramoneurs. Au bout d'une demi-heure d'ascensions périlleuses, nous nous trouvons au faîte de l'édifice. Alors M. Lintilhac commence à parler... Juste ciel! c'est sa conférence qu'il nous débite!... Il nous tient prisonniers, à trente-cinq mètres au-dessus du sol. Et devant nous s'ouvre un abîme... Un geste d'impatience, un faux mouvement : nous sommes perdus! Nous écoutons, avec respect, les périodes de l'orateur. Ajoutons que l'orateur n'est pas ennuyeux — bien au contraire. Ce diable de Lintilhac a tout vu, tout compulsé, tout annoté... Il nous montre, avec une incroyable certitude, l'emplacement du toit, des couloirs, des coulisses, des poutres, des charpentes, des gouttières, la niche où se dressait la statue de Marc-Aurèle. Et ne dites pas que cette statue n'était peut-être pas de Marc-Aurèle. Il est sûr de ce qu'il dit. Il voit Marc-Aurèle, il le voit *en bronze*, et n'ajoutez rien, car il le verrait *en or*. Grâce à Lintilhac, le théâtre d'Orange n'a plus pour nous de mystère. Et nous descendons éblouis, tout à la fois, par la splendeur de ces ruines imposantes et par la dialectique du conférencier...

Que prétendait-on que la représentation d'*Antigone* attirerait moins de monde que celle d'*Œdipe roi*? L'affluence y est énorme, surtout aux petites places, et le public paraît être en d'excellentes dispositions. A vrai dire, la pièce est un peu rude pour les bonnes gens qui sont venus l'écouter. Créon, ce tyran qui est toujours en colère, ce croquemitaine les effarouche. Mais Mlle Barlet est infiniment touchante, et sa silhouette est adorable, quand elle embrasse l'autel de ses deux bras suppliants, et sa diction est si nette que l'on ne perd pas un mot du rôle. Ceci est le triomphe des théories de Sarcey. L'organe le plus sonore est insuffisant, s'il n'est pas secondé par une élocution limpide. Avant *Antigone* nous avons eu *la Revanche d'Iris*. Et dans cette bluette, très étonnée à coup sûr de se trouver transplantée sur le théâtre d'Orange, M. Berr s'est fait furieusement applaudir, moins à cause des grâces spirituelles de son jeu qu'à cause de sa merveilleuse articulation. Au contraire, Mlle Rachel Boyer... Mais ne chagrinons personne... La représentation est longue... Une comédie, une tragédie, l'*Hymne à Apollon* retrouvé par M. Théodore Reinach, un prologue en vers de ce même M. Reinach. Les bons Orangeais éprouvent le besoin de s'amuser, et secouant l'horreur des fatalités antiques, ils se mettent à jongler avec les coussins dont les gradins de pierre sont capitonnés. Les coussins pleuvent, ricochent, rebondissent sur le crâne des spectateurs et sur le chapeau des spectatrices. Ce sont des cris d'indignation et des rires fous... Ainsi se termine la soirée... Et chacun va se coucher, saturé de poésie et littéralement rompu de fatigue...

Trois jours d'école buissonnière.

Les Félibres sont exquis, mais on se lasse des meilleures choses. Et nous voudrions ressaisir notre indépendance. Je propose à mes compagnons une promenade qui m'a laissé de superbes souvenirs. Je l'ai faite l'an dernier, avec quelques artistes de la Comédie-Française. Il s'agit de franchir en voiture la chaîne de montagne qui sépare Valence de Grenoble en passant par le défilé des Grands-Goulets. C'est un des notables de Valence, M. Genest, architecte et conseiller municipal, qui avait organisé cette excursion et l'avait chaudement recommandée à M. Jules Claretie. Je vois encore Claretie réveillé à quatre heures du matin, grelottant dans la cour de l'hôtel de la Poste, et pestant tout bas contre cette sotte manie des alpinistes qui ne savent pas rester en repos. Sa méchante humeur ne tarda pas à se dissiper et ne résista pas longtemps aux splendeurs des sites agrestes et à l'air pur des montagnes.

Malheureusement, M. Genest, retenu au rivage par une distribution de prix, ne saurait, cette fois, être des nôtres. Mais il nous délègue un de ses amis, M. Peyrouze, qui est un amateur photographe distingué, et, ne pouvant nous faire les honneurs des *Grands-Goulets*, il nous montre en détail sa bonne ville, qui possède cinq ou six monuments fort intéressants.

Le lendemain, à l'aube — et même avant l'aube, — le garçon vient nous réveiller, et nous voilà trottinant le long des couloirs de notre hôtel. Nous devrons prendre le train à cinq heures, jusqu'à Saint-Hilaire-du-Rosier... C'est à Saint-Hilaire que nous attendent nos équipages... Ils se composent d'un char à bancs, ou plus exactement d'une *pauline*, la meilleure des voitures pour fournir de longues courses. On y est bien assis et très haut perché; on domine le paysage et l'on n'avale pas trop de poussière...

Fouette, cocher!... Nous ne marchons pas depuis deux heures que déjà nos yeux sont charmés par le panorama de Pont-en-Royans, avec son pont hardiment jeté sur le torrent de la Bourne, qui mugit à 40 mètres de profondeur, et les maisons du village pittoresquement échafaudées... La voiture suit le lit du torrent, qui peu à peu se resserre; la route serpente au flanc des rochers abrupts, contourne des blocs monstrueux, s'enfonce sous des tunnels. Et, à chaque minute, ce sont de nouveaux spectacles, de sublimes points de vue. La nature se montre sous tous ses aspects, riante et sauvage, avec des coins verdoyants et des coins farouches. Ici, une nappe d'eau, glissant sur des pierres moussues, nous fait songer aux gras paysages de Courbet; là, un bois de sapins, aux profondeurs infinies, évoque l'image des mystérieux dessins de Doré. Jetez sur tout cela une lumière éclatante, enveloppez tout cela d'air et de soleil, ajoutez-y le parfum des menthes sauvages qui croissent le long des sentiers, le mugissement des cascades, le gazouillis des sources, le bruissement du vent dans les feuilles, et vous comprendrez la divine ivresse dont nos cœurs de Parisiens sont gonflés. Positivement, nous avons perdu la tête; nous babillons, nous chantons, nous rions, sans savoir pourquoi; nous savourons, à pleins poumons, la joie de vivre... Un ample déjeuner, servi aux Grands-Goulets et arrosé de saint-péray mousseux, achève de nous mettre en verve. Oh! ce déjeuner!... J'en ai presque honte, quand j'y réfléchis... Qu'avez-vous dû penser de ces étrangers bavards et intempérants, ô naïfs montagnards, et vous, notre guide, cher monsieur Peyrouze, digne et bienveillant Valentinois, quelle opinion avez-vous gardée de ces six Parisiens en goguette, de ces chroniqueurs, de ces architectes qui vous inspiraient peut-être quelque considération!... Consentirez-vous désormais à les prendre au sérieux?...

... Sept heures sonnent, quand nous débouchons à Grenoble, où l'hôtel Monnet nous tend les bras. L'hôtel Monnet!... Encore un souvenir... Il y a juste un an, j'y accompagnais Sarcey qui avait voulu revoir la ville où il avait passé quelques-unes de ses meilleures années. Le patron de l'hôtel, l'excellent M. Trillat, avait mis pour le recevoir les petits plats dans les grands et avait, en son honneur, confectionné certaines pommes de terre à la dauphinoise... Un délice!... M. Trillat était tout heureux de tendre la main à M. Francisque qu'il avait connu jadis quand M. Francisque était professeur. Et M. Francisque n'était pas moins heureux de serrer la main de M. Trillat!...

En arrivant, je cherche la cordiale figure de notre hôte, je m'apprête à lui demander une réédition de ses pommes de terre à la dauphinoise. M. Trillat n'est plus!... La mort cruelle a clos son sourire hospitalier... Mais sa veuve, aidée de ses fils, continue son œuvre. Mme Trillat, qui est la complaisance même, nous conseille deux excursions également remarquables : l'une, en chemin de fer, à la Mure, l'autre en voiture, à la Grande-Chartreuse. Et nous suivons son conseil. Et les deux derniers jours de notre voyage passent comme un rêve.

... Des gorges sauvages, des montagnes grandioses, un train qui s'élève à des hauteurs vertigineuses, dominant de 300 mètres le lit sablonneux du Drac;

un petit village aux maisons grises, un aubergiste de Montélimar, avenant et familier, nommé Marron, une courte visite au lac de Laffrey; un melon de Cavaillon aux chairs succulentes et fondantes, des aubergines à l'ail, le retour au moment du crépuscule, le lit du Drac illuminé à une insondable profondeur, par les rayons du couchant... Voilà nos impressions de la Mure... Joignez-y l'ombre auguste de M. Chion du Collet, le maire à jamais célèbre, que nous avons eu l'heur d'apercevoir...

... Une pluie diluvienne... De ravissants paysages entrevus dans le brouillard... Un déjeuner dévoré sur des coussins de voiture... Deux silhouettes de moines fuyant dans un corridor... Une horrible odeur de réfectoire... Des visiteurs gâteux ou grossiers, écoutant d'un air ahuri le boniment d'un jeune goitreux qui leur explique la vie des bons pères... Des sapins, des sapins, toujours des sapins... Coup de tonnerre... Nos chapeaux ruisselants... Nos couvertures trempées... Voilà comment nous avons vu la Grande-Chartreuse...

... Et maintenant nos vacances sont finies. Il faut rentrer au gîte et reprendre le collier, tandis que là-bas les cigales avignonnaises continuent de se chauffer au soleil et qu'Eugène Lintilhac, retiré en son castel d'Aurillac (car ce Provençal est un Provençal d'Auvergne), prépare de nouvelles conférences...

II

LE TOUR DE FRANCE

Pendant un mois, la Comédie Française a sillonné la France en tous sens, ballottée et cahotée entre des villes lointaines qui ne furent pas toutes hospitalières. Avant que le souvenir de ces tribulations s'évanouisse, laissez-moi vous les conter. Je dirai, non pas toute la vérité comme au tribunal, mais rien que la vérité; d'abord ce que j'ai vu de mes yeux, puis ce qu'ont vu d'autres yeux dont le témoignage est digne de confiance.

Sur ce, j'entre en matière et je vous conduis d'abord à

Lille.

Fâcheux début : accueil nuancé d'indifférence. Maigre recette. *Horace et le Dépit* sont annoncés et, à six heures du soir, le caissier n'a que 1400 francs de location. Mounet se précipite au télégraphe et deux dépêches sont échangées.

MOUNET A ADMINISTRATEUR GÉNÉRAL. — *Faut-il jouer quand même?*

ADMINISTRATEUR GÉNÉRAL A MOUNET. — *Lorsque Comédie-Française est affichée, elle joue...*

Langage d'un chef d'armée qui ne recule jamais et qui peut dire comme François à Pavie : *Tout est perdu fors l'honneur.*

La Rochelle.

A la bonne heure... Voilà des gens exquis, intelligents, galants et hospitaliers! Les turpitudes de Lille sont oubliées. Vive La Rochelle! Ç'a été une merveilleuse réception. D'abord le préfet, le maire, le Conseil, les autorités municipales se mettent à la disposition de nos artistes. Le théâtre est nettoyé et fleuri. Après *les Femmes savantes*, souper somptueux où le champagne et l'éloquence coulent à flots. Le lendemain, l'archiviste de la ville va rendre visite à M. Boucher, qui s'occupe de régler les conditions matérielles de la tournée, et qui prête à M. Claretie le concours de sa vieille expérience.

« J'ai une demande à vous adresser, murmure l'honorable fonctionnaire.

— Nous sommes à vos ordres, répond Boucher de sa voix la plus aimable.

— Ce serait de placer dans notre musée le buste de Molière qui figurait hier sur la scène au début de la représentation. »

Hélas! Boucher voudrait exaucer les vœux de M. l'archiviste de La Rochelle, mais Molière ne peut quitter ses enfants, il doit les suivre au moins jusqu'à Pézenas... M. l'archiviste est inconsolable, il emporte la promesse d'un dédommagement ultérieur et un programme imprimé des *Femmes savantes* qu'il place sous verre entre un billet d'Henri IV et une lettre du cardinal de Richelieu.

Le buste de Molière regarde, non sans un soupçon de mélancolie, s'éloigner M. l'archiviste de La Rochelle. Songez que ce pauvre Molière revient de Londres, où il s'est ennuyé à périr. Songez aussi que la main brutale d'un camionneur lui a écorné le bout de l'oreille. Il lui serait doux de se reposer dans l'atmosphère paisible d'un musée provincial. Ce rêve est pour le moment irréalisable. Molière est emballé, entouré de foin, déposé à la gare et dirigé sur

Bordeaux.

Aimez-vous les Bordelaises? Elles sont jolies, encore que dédaigneuses. Aimez-vous les Bordelais? Ils ont des vins remarquables. Bordelais et Bordelaises se promènent durant la belle saison. Et du mois de juillet au mois de septembre les allées de Tourny sont à peu près solitaires. Mauvaises conditions pour donner la comédie. Bah! on s'en tirera au petit bonheur. Got est là... Et Got est l'âme de ce voyage. Cet homme de soixante-douze ans déploie une activité et une verve étonnantes. Il met de la coquetterie à jouer tous les soirs, et quels rôles! Poirier, Noël de *la Joie fait peur*, le *Flibustier*, le père de *Denise*. Il ne mange pas, pour ne point fatiguer son estomac; il dort de bric et de broc, dans les salles d'attente et dans les coins des wagons, il a l'œil vif, le teint frais, le jarret souple. C'est à ne pas le reconnaître. Il ressemble aux vieux capitaines qui ne déploient jamais tant d'activité qu'au cours de leur dernière campagne.

Donc, Got lutte contre Bordeaux et il lutte avec succès. Si le public est restreint, il est enthousiaste, il acclame nos acteurs. Et ce n'est pas un mince triomphe. Car les Bordelais passent à tort ou à raison pour être irascibles. Quand ils ont pris en grippe un comédien, rien au monde ne saurait dissiper leurs préventions. Got, qui a sa poche pleine d'anecdotes, me narrait l'autre jour l'histoire du *Ténor récalcitrant*. La connaissez-vous? Elle vaut la peine d'être reproduite :

Il y avait une fois un ténor qui se croyait du génie et qui le confessait à tout le monde. Ce ténor arrive à Bordeaux, où l'appelait un brillant engagement, et va prendre, selon son immuable coutume, un apéritif au café du Grand-Théâtre. Là, sa cervelle s'échauffe, il verse dans l'oreille de l'ami qui l'accompagne ces mots imprudents :

« Tu sais, je me f... des Bordelais! Ce sont de purs imbéciles. Ce soir, je les mets tous dans ma poche ! »

Un Bordelais qui se trouvait là saisit au vol ces paroles, les répète à son voisin. Elles font le tour du café, puis des journaux, puis de la ville. Des groupes se forment, des colloques s'engagent. « Ah! il veut nous mettre dans sa poche. Attends, mon bon! » A huit heures la salle était bondée et houleuse. Une effervescence inaccoutumée régnait aux fauteuils d'orchestre, des signes mystérieux s'échangeaient parmi les loges. Le rideau se lève sur *les Huguenots*. Les premières scènes sont écoutées avec bienveillance, Nevers est chaudement applaudi. Mais dès l'instant où paraît Raoul (c'est notre ténor), tous les spectateurs sans exception, femmes, enfants, adultes, amateurs vieillis sous le harnais et militaires de la garnison, se lèvent tranquillement, tournent le dos à la scène et affectent de causer à haute voix. Raoul chante son air et s'en va. Soudain chaque auditeur reprend sa place et redevient attentif. Raoul reparaît. Le même manège recommence. Que vouliez-vous que fît ce ténor contre une telle coalition? Qu'il démissionnât!... Il dut s'avouer vaincu, et courut cacher sa honte dans une autre ville.

Dieu merci, la Comédie-Française n'a pas eu à essuyer un pareil affront. Mais il n'eût pas fallu qu'un de ses membres, fût-ce M. Joliet ou M. Falconnier, s'avisât de railler l'escalier du Grand-Théâtre ou d'affirmer la suprématie du vin de Bourgogne : on l'eût vertement reconduit à la frontière.

Ces Bordelais sont terribles...

... Cependant Molière, de plus en plus fatigué, pleurant la moitié de son oreille cassée, est, de nouveau, mis dans le foin, et prend le train de

Bayonne.

C'est la page néfaste de l'expédition... A Bayonne, une main blanche a levé l'étendard de la révolte; à Bayonne s'est accompli le fatal événement; à Bayonne Mlle Reichemberg a refusé de jouer *l'Avare*.

Mais non; n'en parlons plus... L'incident est clos et les journaux s'en sont occupés sous mille formes.

Je ne cacherai pas à la petite doyenne que ses camarades sont vivement émus contre elle, qu'ils la jugent sévèrement, et qu'elle va comparaître devant un aréopage animé de dispositions hostiles. Peut-être saura-t-elle l'adoucir. Mais il faudra qu'elle témoigne d'un profond repentir et qu'elle baigne de larmes le buste de Molière en jurant de jouer cent fois de suite le rôle de Marianne...

Molière a besoin de cette compensation. Il en veut beaucoup à Mlle Reichemberg, et il avait un air fort maussade en pénétrant dans les coulisses du principal théâtre de

Pau.

Molière ne se trompait pas. Les habitants de Pau, violemment indignés, saluèrent d'une bordée de sifflets l'absence de l'ingénue... *L'Avare, le Médecin malgré lui* se déroulèrent devant des banquettes frémissantes, et, le lendemain, la troupe se hâtait de déguerpir pour gagner les bords riants de

Toulouse.

Nous touchons ici la Terre promise. Les épreuves sont finies, et désormais le chariot de Thespis ne trouvera plus d'ornières ni de pierres sur la route. Il va rouler sur un lit de roses. Toulouse étant la patrie d'Armand Silvestre, il est décent de lui offrir *Grisélidis*. Tous les journaux ont publié le récit de ces ovations prodigieuses : les vers de Silvestre, scandés par Silvain et acclamés par une salle en délire; le banquet où tous les poètes du Midi s'étaient rendus pour trinquer avec le bon cigalier... Et l'émotion de Silvestre et l'émotion de Silvain! et les toasts, et les punchs, et les vins d'honneur!

Bouclons nos malles et précipitons-nous à

Perpignan.

Gracieuse population, mais pauvre théâtre. En vain la façade de ce monument est-elle décorée de branches de sapin et de feuilles de laurier. Il n'a pas été ouvert depuis de longs mois. On y respire une humidité de cave; des champignons poussent à l'abri des fauteuils d'orchestre. En pénétrant dans sa loge, Mlle Bartet dérange une famille de cancrelats qui semble y vivre en bonne harmonie. Et de cette loge, des couloirs qui y conduisent, des coulisses du théâtre s'exhale une odeur abominable que je n'oserai pas définir, l'odeur qui plane aux heures nocturnes sur les égouts de Paris, l'odeur qui nous arrive des plaines de Pantin sur les ailes de la brise... Mlle Bartet avance à pas timides, comme une chatte qui craint de se salir le bout des pattes, et voilà tous nos comédiens qui cherchent avec ardeur le corps du délit. Ils le trouvent enfin... C'est un édicule, grossièrement établi, qu'une main peu délicate a installé en plein foyer des artistes. Fatale, fatale combinaison !

Autre contretemps. Le buste est introuvable, il a pris une fausse direction. Ce coquin de Molière se ballade sur la frontière d'Espagne, tandis qu'on l'*espère* à Perpignan. L'employé préposé à sa surveillance perd la tête, prend le train et emporte le bulletin des bagages. Et l'heure avance, et les caisses sont à la consigne, et Mlle Bartet attend sa robe, et M. Baillet sa redingote, et M. Le Bargy soupire après ses belles cravates.

M. Got, admirable de sang-froid, rallie ses soldats et sonne le boute-selle. *Denise* déroule ses grâces mélancoliques aux yeux des Perpignanais. La pièce, interprétée en costumes de voyage, et jouée dans un décor contemporain du roi Louis-Philippe, soulève d'immenses acclamations. Ce succès est si flatteur que nos sociétaires en sont touchés aux larmes.

« Donnons-nous une seconde représentation? propose quelqu'un.

— Ah non! répond le chœur des voix féminines, ça sent trop mauvais!... »

Et le soir même, on s'achemine vers la cité phocéenne, vers la ville lumière, vers la reine du Midi, vers

Marseille.

Je regrette que les adversaires systématiques de la Comédie-Française n'aient pu assister aux six représentations qui y ont été données. Ils auraient acquis cette conviction que la Comédie n'a pas perdu tout prestige. Elle a réalisé des recettes dont la moyenne est supérieure à cinq mille francs. Notez qu'en cette saison tous les riches Marseillais sont à la campagne. Et cependant la salle était comble, et les fauteuils d'orchestre coûtaient seize francs, deux fois et demie ce qu'ils coûtent à Paris.

Il faut dire que le passage de la troupe à Marseille avait été merveilleusement annoncé et préparé. La salle des Variétés, où elle a reçu l'hospitalité, a pour propriétaires deux personnages considérables, un brillant avocat, M. Weil, et M. Rondel, qui est tout à la fois ingénieur de mérite, banquier richissime, fin lettré et amateur passionné de spectacles. Ces messieurs se sont littéralement multipliés. A leur appel, la haute société est revenue, quittant villas et châteaux, pour écouter *le Gendre de M. Poirier* et *la Fille de Roland*... Se joignant à cette élite, le peuple, le vrai peuple, est accouru, les petites places étaient bondées... Dès six heures du soir, une queue interminable s'allongeait sur la Canebière, attendant l'ouverture des bureaux... Décidément les Marseillais aiment le théâtre.

Et que n'aiment-ils pas? Ils aiment la bouillabaisse, la soupe au poisson, l'absinthe glacée, la flânerie le long du vieux port, le bavardage à la porte des cafés; ils aiment la lutte à main plate, les parties de dominos; ils aiment la politique et l'agiotage — tout ce qui constitue la vie des pays civilisés.

Ils ont une façon d'aimer ces choses qui n'est pas vulgaire. Leur esprit s'égaye d'un rayon de soleil et de fantaisie. Ainsi que l'a si bien dit M. Horace Bertin dans son joli livre, les Marseillais sont des Grecs d'Athènes, qui devisent sur la Canebière comme leurs aïeux devisaient sur l'Agora. Ils restent volontiers hors de chez eux, et, si j'en crois un Phocéen bien informé, ils accomplissent assez souvent le pèlerinage de Corinthe. Les brunes Marseillaises se consolent des frivolités de leurs époux en filant la laine au coin du foyer. Elles donnent aux Parisiennes un bel exemple de philosophie et de sagesse.

Arrêtons-nous! Les plus beaux voyages ont un terme, les plus longues chroniques doivent finir. Déposons la plume et reprenons le chemin de Paris, escortant avec respect le buste de Molière, qui, le nez cassé, l'œil poché, l'oreille fendue, n'en est pas moins enchanté de sa glorieuse expédition...

TABLE DES MATIÈRES

LES PROSATEURS

M. Émile Bergerat...	3
M. Georges Ohnet...	11
M. Hector Malot..	19
M. Joris-Karl Huysmans......................................	27
M. Ernest Legouvé..	35
M. Gustave Larroumet..	43
M. Gabriele Annunzio..	51
M. Marcel Prévost..	59
M. René Maizeroy...	69
Alphonse Daudet..	77
M. Aurélien Scholl...	85
M. Pierre Loti...	93
M. Georges Courteline..	99
M. Henry Fouquier..	109
Mme Edmond Adam...	115
Guy de Maupassant..	123
M. Paul Hervieu..	133

LES POÈTES

Sur un sonnet de M. Stéphane Mallarmé................	143
M. Armand Silvestre...	153
M. Henri de Régnier...	161

M. Jean Richepin.................................... 171
M. Jean Rameau..................................... 177
M. Léon Dierx...................................... 185
M. Maurice Rollinat................................. 193
M. Jean Lorrain..................................... 205
M. Paul Deroulède.................................. 213

LES DRAMATURGES

M. Henry Becque.................................... 227
M. Victorien Sardou................................. 235
M. Édouard Pailleron................................ 247
M. Georges de Porto-Riche........................... 255

LES COMÉDIENS

Mme Sarah Bernhardt................................ 265
M. André Antoine................................... 273
Les Coquelins...................................... 281
M. Frédéric Febvre, littérateur....................... 289
Mme Segond-Weber.................................. 301
La volière de M. Silvain............................. 311

LA COMÉDIE EN VOYAGE

I. — Huit jours à Orange............................ 323
II. — Le tour de France............................. 347

Coulommiers. — Imp. Paul BRODARD. — 251-93.

Original en couleur

NF Z 43-120-8

www.ingramcontent.com/pod-product-compliance
Lightning Source LLC
Chambersburg PA
CBHW050312170426
43202CB00011B/1863